文庫

増補改訂 剣の精神誌

無住心剣術の系譜と思想

甲野善紀

筑摩書房

目次

はじめに

宮本武蔵は、その著書『五輪書』のなかで、「諸流の兵法者に行合、六十余度迄勝負すといへども、一度も其利をうしなはず」と自信をもって述べているが、江戸時代中期、この武蔵の頃とは時代環境が異なっているとはいえ、一千回を超える他流との試合に一度も敗れなかったという桁外れの記録を持っていた剣客がいたのである。

その名を真里谷円四郎源義旭という。

本書は、この他に類をみない記録と、門弟が、大名、旗本、平士、その他で一万人以上にも及んだ、というほどの経歴を持ちながら、日本の剣術史のなかで抹殺されたに近い扱いを受けてきた真里谷円四郎という異端の天才剣客の成立の過程と、その背景に焦点を当てて、世界に類をみない剣術を骨格とした、日本の「武」の精神文化史を、いままでに発表されていない資料等を十分に駆使して（また、いままでに発表されていたことの誤認等をも指摘しつつ）探査してゆこうというものである。

＊　　＊　　＊

『剣の精神誌』は、私個人としては今までに出したどの著書よりも時間と手間をかけた思い出に残るものである。それだけに、その後、この書の中で論じた無住心剣術を巡るいくつかの重要な資料の発見や、それによって明らかになった新事実を、何とか、この『剣の精神誌』と抱き合わせた形で発表したいと願ってはいたのだが、近年あまりにも多くのジャンルとの関わりを持ったためか、時間に余裕がまったくないままに、ついつい年月を送っていた。

そこへ今回、筑摩書房から具体的な文庫化のお話をいただき、これを踏ん切りとして、ここ十年来の課題であった『剣の精神誌』の大幅増補改訂版を出すことにした。

増補改訂版を出すに当たっては、その後明らかとなったいくつもの新事実については、主にその資料収集に当たっていただいた篤志家、宇田川敦氏にまとめていただき、それを元本の新曜社版の本文の中に加える形をとることにした。

当初は注として各章か節の末尾につけ加える予定であったが、宇田川氏の発見された新事実が単なる補足程度のものではない大きな発見であったので、注の範疇にはおさまらなくなったからである。

したがって本書は、元本となった新曜社版よりはるかに大きな歴史史料的価値をもっていると思う。

本書が情熱のある日本武術の研究者や、修業者のお役に立つことを何よりも願っている。

本文中《　》内が今回増補したところである。

ただ、文章の流れ上、《　》で囲むよりも、底本の新曜社版の文章の中に自然と入れた方が読みやすい場合が、しばしばあったので、短い増補の場合は、地の文の中にそのまま入れた。しかし、あまりにも大幅な増補、つまり重要な新事実の発見は、それまでの文の流れの中に入れたのでは不自然なので、その新事実を《　》で入れた。そのため、読み流すと戸惑われるところがあるかもしれない。しかし、その場所こそが今回大幅な増補改訂版を出した意義のあるところであり、よく読み込んでいただきたい。

また、本書の表記は、現行の漢字字体を用いたが、一部旧字体を残したところもある。なかには元の（手書き筆写してある）資料のなかに、当時は略字であった常用漢字に相当する文字、たとえば真里谷円四郎の円の字が、旧字の圓ではなく円と書かれていた場合などがあり、漢字表記や仮名遣いに関しては若干新旧不統一なところもあるが御了解いただきたい。

増補改訂 剣の精神誌

編集協力　宇田川敦

一　無住心剣術の幻影

1　現代社会にみる剣術思想の影響——小林秀雄の武蔵観

現在、日本および日本人を論じたものは出版物にしても、放映、放送物にしても数多くあるが、明治以後日本が近代化に向かう以前、数百年もつづいた武家統治で育成されてきた文化について、本気で向き合って論じたものはほとんど見受けられず、なにか識者、評論家もそれについては避けて通っている感が拭えない。

その大きな原因は、良質の情報がきわめて少なく、戦前の刊行物は、「世界に冠たる大日本帝国」を誇示するための手段として、かなり脚色されたものが多いという点も挙げられると思う。また武家統治すなわち封建主義ということで、うかつにこれを評価するようなことを書くと、変なレッテルを世間から貼られてしまう、ということへの懸念もあるのかもしれない。

しかし、一時的な軍事政権とは異なり、数百年もの間、日本人の感性に大きな影響を与えてきた武家文化の影響は、やはり看過することは出来ないと思う。

その証明の一つと思われるのは日本を代表する知性の一人といわれた評論家の小林秀雄

の宮本武蔵に対する関心の深さである。小林秀雄は、その著『私の人生観』のなかで何度か武蔵について触れ、相当に思い入れの濃い文章を遺している。これからの本書の展開の上からも興味深いので、やや長文にわたるがその一部をここに引用してみたい。

私が、武蔵といふ人を、偉いと思ふのは、通念化した教養の助けを借りず、彼が自分の青年期の経験から、直接に、ある極めて普遍的な思想を、独特の工夫によつて得るに至つたといふ事です。戦国時代といふ時代は、言ふ迄もなく、教養より、もつぱら実地経験に頼るものが成功した時代で、様々な興味ある実行家のタイプを生んだのであるが、かやうな経験尊重の生活から、一つの全く新しい思想を創り出す事に着目した人は絶無であつたと言つてよい。武蔵は、敢て、それをやつた人だと私は思つてゐる。彼の孤独も不遇も、恐らく、このどうにもならぬ彼の思想の新しさから来たのであつて、彼の方から、殊更世間を避けたといふ様な形跡は全くない。この徹底した現実主義者に、遁世の趣味などあつた筈がなく、僅かな文献から推察するのだが、彼の日常生活には、豪傑風の濫費も隠者めいた清貧もない。極めて合理的なものであつたらしい。

武蔵は自分の実地経験から得た思想の新しさ正しさについて、非常な自負を持つてゐたに相違なく、彼は、これを「仏法儒道の古語をもからず、軍記軍法の古きを用ひず」語らうとした。これは無論、当時としては異常な事だつたし、又、厳密に言へば、不可能な事でもあつた。両方とも「五輪書」が証明してゐます。伝統を全く否定し去つて、立派な思想建築が出来上るわけはない。併し、彼の性急な天才は、事を敢行して了つたのである。だから、「五輪書」は、作者が言ひたかつた事を、充分に言ひ得た書であるかどうか疑問だが、言はばその思想の動機そのものは、まことに的確な表現を得てゐる。さういふ文章になつてゐる様に思はれる。それでよい。それが武蔵といふ人物であつた、といふ意味では、思想の動機即ち彼の思想であつた、と言へるでせう。これは極めて独創的なものであつて、無論、二天一流を相伝した剣術使ひ達とは何の関係もないものであります。

彼は、青年期の六十余回の決闘を顧み、三十歳を過ぎて、次の様に悟つたと言つてゐる。「兵法至極にして勝つにはあらず、おのづから道の器用ありて、天理を離れざる故か」と。ここに現れてゐる二つの考へ、勝つといふ事と、器用といふ事、これが武蔵の思想の精髄をなしてゐるので、彼は、この二つの考へを極めて、遂に尋常の意味からは遥かに遠いものを掴んだ様に思はれます。器用とは、無論、器用不器用の器用であり、当時だつて決して高級な言葉ではない、器用は小手先の事であつて、物の道理は心にある。太刀は器用に使ふが、兵法の理を知らぬ。さういふ通念の馬鹿々々しさを、彼は自分の経験によつて悟つた。相手が切られたのは、まさしく自分の小手先によつてである。目的を遂行したものは、自分の心ではない。自分の腕の驚くべき器用である。自分の心は遂にこの器用を追ふ事が出来なかつた。器用が元である。目的の遂行からものを考へないから、すべてが転倒してしまふのだ。兵法は、観念のうちにはない。有効な行為の中にある。有効な行為の理論は、あまり精妙で、これを観念的に極める事は不可能であるから、人は器用不器用などと曖昧な事で済してゐるだけなのである。必要なのは、この器用といふ侮蔑された考への解放だ。器用といふものに含まれた理外の理を極める事が、武蔵の所謂「実の道」であつたと思ふ。

私は、武蔵といふ人を、実用主義といふものを徹底的に思索した、恐らく日本で最初の人だとさへ思つてゐる。少くとも、彼の名が、軍国主義や精神主義のうちに語られた時、私は、笑はずにはゐられなかつた。兵法家が、夢想神伝に仮托して流儀を説く事は、当時普通の事で誰も怪しまなかつた。又、沢庵の様な、禅を以て剣を説く坊さんがゐた様な時代で、見識ある兵法家は、奥伝秘伝の表現に、禅家の語法を借りるのも、一般の風であつた。武蔵には、禅も修した形跡があるが、さういふ風潮からは超脱してゐた。自分の流儀には、表も裏もない。「色をかざり花をさかせる」様な事は一切必要ない。ただ「利方の思ひ」といふものを極めればよい。さういふ考へから、当時としては、恐らく全く異例な、兵法に関する実際的な簡明な九箇条の方法論が生れたのであるが、その中に「諸職《しよしき》の道を知る事」といふ一条がある。又「諸芸にさはる事」といふ一条がある。「道の器用」は剣術に限らない。諸職の道にそれぞれ独特の器用がある。又「目に見えぬ処を悟つて知る事」といふ一条がある。器用といふ観念の拡がりは目で見えるが、この観念の深さ、様々な異質の器用の底に隠れた関連は、諸芸にさはる事によつて悟らねばならぬ。武蔵は、出来るだけ諸芸にさはらうと努め、彼の言葉を信ずるなら「万事に於いて、我に師匠なし」といふ処まで行つた。今日残つてゐる彼の画が、彼のさはつた諸芸の一端を証《あか》してゐるのは言ふ迄もないが、これは本格の一流の絵であつて、達人の余技といふ様な性質のものではない。技は素人だが、人柄が現れてゐて面白いといふ様なものではない。彼は、自分の絵の器用が、自分の剣の器用に及ばぬ事を嘆いたが、余技といふ文人画家的な考へは、彼には少しもなかつたと思ふ。それも、器用といふものの価値概念が、彼にあつては、まるで尋常と異つてゐたからだと思ふのです。

そこまで来ると、彼の考へ方は、当然、次の様に徹底したものとなるのである。それは、思想の道も、諸職諸芸の一つであり、従つて道の器用といふものがある、といふ事です。兵法至極にして勝つにはあらず、といふのは思想至極にして勝つにはあらずといふ事だ。精神の状態に関していかに精しくても、それは思想とは言へぬ、思想とは一つの行為である。勝つ行為だ、といふ事です。一人に勝つとは、千人万人に勝つといふ事であり、それは要するに、己れに勝つといふ事である。武蔵は、さういふ考へを次の様な特色ある語法で言つてゐます。「善人をもつ事に勝ち、人数をつかふ事に勝ち、身を正しく行ふ道に勝ち、国を治むる事に勝ち、民を養ふ事に勝ち、世の礼法を行なひ勝ち」、即ち、人生観を持つ事に勝つといふ事になりませう。

武蔵の言ふ名人を、さういふ意味に解するなら、それは決して古くならぬいつの世にも必要な人間である。歴史上の優れた人がとことんまで考へつめた事には、変らぬ真理があるものだ。

この文章を読んで率直に感ずることは、「小林秀雄が、本書でこれから論じようとする真里谷円四郎や、その師匠に当たる小出切一雲、さらには一雲の師夕雲、またこれらの人物の影響を濃く受けて幕末近く天真兵法を開いた白井亨などの人物について、詳しい情報を得ていたならば、さらに深い思索を展開することが出来たであろうに」という残念な思いである。

すなわち、それほどにこれから述べる、これらの歴史上の剣術者達はユニークで、日本の武家思想を探究してゆく上ではもちろんのこと、人間そのものを掘り下げてゆく上でも、非常に重要なものを呈示しているからである。

さて、ではまず本書の主人公ともいえる真里谷円四郎の剣術の流儀から紹介してゆきたい。「まりや」あるいは「まりやつ」円四郎の剣術の流儀は、日本剣術史上「心法の剣」として現在でも非常に高い評価を受けている無住心剣術《むじゅうしんけんじゅつ》である。

無住心剣術は通称を夕雲流《せきうんりゅう》といい、破想流あるいは離想流などという別名で呼ばれたこともあったようである。開祖は針ケ谷《はりがや》（針谷）夕雲。この夕雲から真面目《しんめんもく》と呼ばれる印可を受けて後を継いだ二代小出切《おでぎり》（小田切と書く場合もある）一雲《いちうん》が後に出家して空鈍《くうどん》と名乗ったことから空鈍流とも称したようである。円四郎は、この一雲に就いて学び、無住心剣術の三代目を継いだ人物である。

現在、無住心剣術開祖、針ケ谷夕雲と、二代小出切一雲の名は「心法の剣術の名人」ということで、日本の剣術に関心のある人びとにはかなり知られるようになったが、それでも宮本武蔵や柳生一門（石舟斎や宗矩、十兵衛、連也など）、それに千葉周作などにくらべれば、はるかに知名度は低く、そのことは、かつて『週刊朝日』誌が、著名作家十人に、戦国末期から幕末までの日本の代表的な剣客十人を割り当てて『日本剣客伝』という小説の執筆を依頼した時のエピソードからもうかがえる。

この時、この十人の剣客の一人に針ケ谷夕雲が選ばれたのであるが、夕雲を担当した有馬頼義は、その書き出しの部分で次のように述べている。

この剣客伝の第一回の広告が、週刊朝日に出たとき少なくとも私の知っている範囲の友人知己たちの誰もが、針谷夕雲の名前を知らなかった。彼等、特にこのシリーズの執筆者の一人である吉行淳之介は私に、「何でお前さんは変なのを引き受けたんだ」と云った。

何でだか知らないが、その時は、私は自分が無学で、夕雲を知らないのだとばかり思っていたのである。それが調べはじめると、全く見当違いで、夕雲を知らない方が当り前だということになってしまった。

こう述べながらも有馬頼義は、「江戸時代に於ける、宮本、小野、柳生、千葉等著名な剣客の中で、針谷夕雲が最も強かったという伝説があるが……」（傍点引用者）とも述べ、この謎に包まれた人物を小説化するのに苦労をした話にかなりの紙数を割いていた。

針ケ谷夕雲が謎に包まれた人物でありながら、江戸時代を通じて「最も強かった人物ではなかったか」という説があるのは、禅を欧米に広く紹介したことで知られている鈴木大拙が、無住心剣術・夕雲流の最大特色である「相ヌケ」を高く評価して喧伝したためであると思う。

こうした禅界の人びとにまで夕雲の名を広めたのは、昭和十九年、中央公論社から刊行された、富永半次郎著『剣道に於ける道』の力であろう。この本のなかで富永半次郎は、歴代の日本の剣客のなかで、夕雲の見識が最も高いと評価している。

しかし、この富永が夕雲を知ることが出来たのは、富永以前に、夕雲や一雲に注目し、その伝書を編纂して自著のなかで発表した、直心影流十五世、一徳斎山田次朗吉の存在があったからである。

2　山田次朗吉と『日本剣道史』

有名な文学賞のひとつである「直木賞」は、作家の直木三十五に因んで創設されたものであるが、この直木三十五と、直心影流の剣客、山田次朗吉との出会いがなかったら、この賞はおそらく生まれることはなかったであろう。なぜならば、直木が作家として名声を得るようになった原動力ともいえる剣豪小説の種となった資料や逸話は、ほとんどすべてこの山田次朗吉との交流によって得られたからである。

直木が、いかに山田に傾倒していたかは、当時、世上で最も人気のあった剣客宮本武蔵を、手ひどく批判し、武蔵びいきの菊池寛と論争したことなどからもうかがえる。

昭和七年、『文藝春秋』に「上泉信綱と宮本武蔵」なる論説を発表した直木は、文壇、武道界、さらに歴史学者等にも当時圧倒的に人気のあった武蔵を真向から批判し、それに対するに、新陰流の開祖である上泉伊勢守信綱をもってこの人物こそ、日本一の剣豪だと主張したのである。この直木の挑戦ともいえる過激な論説は、当時世人の注目を集めたようであるが、この直木の説は、山田次朗吉の「武蔵観」にもとづいたものである。

世間をアッといわせたい、と思っていた直木にとって、世上の定説、称賛とは、真向から衝突する山田の武蔵批判の弁には、激しく胸の躍るものがあったことは想像に難くない。

こう書くと、なにやら山田は世を拗ねた反骨の変人で、作家に自説を焚きつけて書かせたような感じがしてくるが、実際の山田次朗吉は、そのような人物ではなかったようだ。

幕末の文久三年(一八六三)富裕な名主の長男として生まれた山田が、一念発起して、明治初期、当時山岡鉄舟とともに最も著名な剣客であった、直心影流の榊原鍵吉の許へ入門し、凄絶な荒稽古に耐え抜いて、榊原の後継者となったことは、明治以後の日本の剣術(道)史では有名な話であり、その人柄も、大変な硬骨漢でありながら粗暴なところがなく、年少の初心者に対しても、その人の人格を尊重する風で接したといわれている。

ただし、温厚ななかにも、その日本の剣の道に対する俊烈な思いは、まったく他との妥協を許さぬところがあり、そのため榊原鍵吉の後継者という、大変著名な存在であったにもかかわらず、《榊原鍵吉の後継者は、一説に野見鍉次郎であるという。》東京高等商業学校（後の一橋大学）と、府立第三中学校の剣道師範を務めた他は、数年間、東京帝国大学、北白川宮家の剣道師範を務めた程度で、一般の剣道界との交流はほとんどなかった。

もちろん、山田が、いわゆる剣道界との交流を持たなかった理由は、当時の剣道界が山田からみれば、軽佻浮薄な競技運動の団体と映っていたからに相違なく、そのため、当時の全国的剣道組織であった大日本武徳会などの側からみれば、いささか煙たい、目障りな存在であったようだ。また、山田は晩年、超常的な予知能力とでもいえるものが備わりはじめ、たとえば事前になにも連絡がない不意の客の来訪を、しばしばいい当てることがあり、人を驚かせたようだ。

当時の雑誌『新時代』（大正八年刊）に、山田の横顔を紹介したものがあるので、ここに引用してみよう。

「斯る時弊を超脱して高く自ら守り真に古剣道の妙諦を体得せる人に山田一徳斎なる奇骨がある、彼は今上野御徒士町に住み、僅に高商と府立第三中学とに剣道の指南役を受持つに止まり、決して売名を計らず、名門に媚び富豪に阿《おもね》る市井の諸剣客の道を敢て踏まないが、彼の超俗の気宇気概は既に多くの帰伏者を持つてゐる」そして、「彼は神秘を信ずる、否神秘を行ひ得ると信じてゐる」と、当時の山田の言動に触れ、「大正十三年迄に此帝都に一大天災、恐らくは大地震があつて、市民の三分の二は死滅するといふのだ」と、後に有名になった山田の関東大震災の予言について述べている。

このようないわば、「天地を相手にする」というような心境になっていた山田にとって、当時の剣道界には、もはやなんの未練もなく、またなんの期待も持っていなかったであろう。

ただ、それだけに山田は、せめて後世の人間に、「日本の剣の道とは、このようであった」ということを伝えておきたいと思ったようで、晩年は、もっぱら著作に力を入れることになる。そして成ったのが『剣道集義』『続剣道集義』(大正十二年刊)である。この本は、山田が精魂を傾けて蒐集した古伝の剣術の伝書のうち、特に山田が優れていると判断した伝書を編纂して活字としたもので、現在も、日本剣術を研究する上で非常に貴重な資料となっている。そして、二年後、次朗吉畢生の大著ともいえる『日本剣道史』が刊行される。

『日本剣道史』は、日本の剣術技術の発生の考察から、諸流儀の発達経過、各流儀の開祖や著名な剣客の経歴や逸話の紹介などを記した、いわば日本剣術のガイドブックである。もとより、なんの組織も背景もない一人の研究者の研究発表の本であるから、錯誤や、不備な点もあるが、明治になってからというよりも、日本剣術史上初めて出された、最も詳しく、信頼のおける解説書であり、著者自身が剣術の専門家であることもあって、現在でも重要な資料となっている。

3　白井亨の役割

この『日本剣道史』のなかで、山田が「実に二百年来の名人として推賛の辞を惜しまぬ者であつた」と称揚している二人の剣客がいる。その二人とは、天真一刀流の開祖、寺田五右衛門宗有と、寺田の弟子で、同流の二代を継ぎ、後に天真兵法を自ら開いた白井亨義謙である。

この、寺田、白井と同時代の幕末初期といえば、日本剣術史上最後の隆盛期であり、後世にも広く知られている剣客としては、まず北辰一刀流の開祖、千葉周作成政がおり、また、山田の恩師榊原鍵吉の師であり、山田自身としては、おそらく幕末の諸剣豪のなかで誰よりも尊敬していたと思われる、山田の自流、直心影流の十三世男谷下総守信友、そして男谷の片腕ともいわれていた島田虎之助見山、中西派一刀流では千葉の先輩にあたり、「音無しの勝負」――立合う相手の竹刀を、自分の竹刀に触れさせることなく勝負を決めてしまったので、そう呼ばれた――で有名であった高柳又四郎義正、また、文盲に近かったため、剣客として表舞台へはあまり出ることはなかったが、斎藤塾の閻魔鬼神と謳われ、他流試合ではついに無敗であったという、神道無念流の仏生寺弥助等、多士済々であったが、山田は、これらの剣客と、その剣名をよく承知していながら、「二百年来の名人」と断定したのは、寺田、白井の二人であった。

ところで、山田は、なぜ「二百年来」といったのであろうか。「二百年来」とわざわざ断わるからには、二百年前にやはり傑出した「名人」がいたということになる。寺田、白井が活躍した幕末初期、文政、天保の頃から二百年ほど前といえば、寛永の頃となる。
当時、著名であった剣客といえば、鍵屋の辻の決闘で有名な荒木又右衛門や宮本武蔵が挙げられるが、仇討の事蹟以外、荒木を特に評価していないことから、山田が荒木を特に名人として称揚するわけはないし、反武蔵党である山田が、武蔵を傑出した名人と認めるはずはない。

その二百年前の名人が誰であったかを山田も明確に書いていないが、『日本剣道史』の「通論」のところで、「古来、此極に達したる者は多くはない。剣聖とも剣哲ともいふべき人を措《おい》て。名人、達人も蓋《けだ》し少数である。針ケ谷夕雲、小出切一雲、金子夢幻、山田蓮意（これは山内蓮心の誤りであろう）、寺田宗有の如きは、名人として称揚せらるゝ人々であるが」と述べているところがあり、年代的にみて、山田が考えていた寺田、白井よりも二百年以前の名人とは、この夕雲、一雲、夢幻、蓮心らのことと思われる。そして、なにやら「しりとり」のようになるが、山田次朗吉が挙げたこの四人の名前は、いずれも山田が「二百年来の名人」として称揚した白井亨が、尊崇して、自著『兵法未知志留辺《みちしるべ》』のなかに記載している人物なのである。

白井亨と白井が開いた「天真兵法」については、後に詳しく述べるが、ここで、白井がどれほどの力量を持った剣客であったかを知るために、若干のエピソードを紹介してみたい。

幕末三舟の一人で、西郷隆盛と江戸城明け渡しをめぐって歴史に名を残した勝海舟が、島田虎之助に就いて、直心影流を修業していたことは広く知られている。この島田虎之助の師が『日本剣道史』を書いた山田次朗吉の師、榊原鍵吉の師にもあたる男谷下総守信友で、いまも述べたように幕末の剣客のなかでは山田が最も高く評価している人物である。

いま白井亨について述べているところであるが、この白井像をより浮き立たせるために、ここで少しこの男谷について触れてみたい。山田は寺田、白井を二百年来の名人として称揚はしたが内心寺田、白井は「剣の技術者としてはなるほど名人だが、ただ、それだけのことだ」という、もちろん軽蔑というほどではないにせよ、ややそれに近い感情があったように思われる。なぜならば、山田が、いま引用した「針ケ谷夕雲、小出切一雲、金子夢幻、山田蓮意（山内蓮心）、寺田宗有の如きは、名人として称揚せらるゝ人々であるが」という記述につづいて、

亦翻て考へて見れば。列記の人々は皆禅法に参じ、大悟の上剣法と同化して妙を得たまでに止まり。之を世用に施すの意義に乏しかつた。故に之等は剣仙とでもいふべきで。後進を誘導し。人性を善化し。一般人間に与ふべき慈悲心を欠いてある。則ち自からの徳性は養つたかも知れないが。仁愛惻隠の情に冷やかで、社会といふ上より見れば寧ろ無用の道具たるに過ぎない。

と、かなり痛烈に批判しているからである。

こう述べた山田にとって、山田自身が最も理想とする剣術の流儀――というより、山田が真に尊敬する剣客を生み育てた流儀――として称揚したものは、他ならぬ山田自身が学んだ直心影流であり、そのなかでも男谷個人を最も称賛している。したがって山田は、『日本剣道史』のなかでも、かなりのページを直心影流のために割いており、なかでも男谷の紹介と顕彰に相当の筆を費やし、最後に「かくして剣神と呼ばれた英魂は深川増松寺の墳塋《ふんえい》に名残を留めたのである」と結んでいる。

事実、男谷は、山田が「剣客として古今罕覯の伎倆があつたのみならず、頗る明識な頭脳の所有者であつた」と述べているように、非常に人間的にも優れた人物であったことは確かなようだ。男谷は、当時大変な評判であった千葉周作をも推服させるほどの実力があり、剣をとっては日本一と噂されるほどであったが、他流試合を望んで来る者があると、どれほど下手な相手にも、三本のうち一本は譲って花を持たせ、驕らず、見下さず、丁重に相手をしたという。さらに日常は、朝起きれば居室は自ら掃除し、晴れていれば弓を稽古し、雨が降っていれば読書をして朝食を待つ。かつて一度も、その妻や使用人達を叱りつけたことがなく、妻に先立たれてからは、忠僕に一切を任せて、再び娶らなかったという。また、酒は好んだが、飲んでも決して酩酊せず、時に画を描いて一人楽しみ、後に幕府の講武所頭取として三千石の旗本となったが、操行は死ぬまで変わらなかったという。

剣道は「精神を修養し、人格を磨くためである」という言葉は、現在では単なるスローガン、建て前的なひどく珍腐でむなしい響きさえ感じられるが、男谷ほど、この言葉に真実味を感じさせる人物はきわめて稀である。しかも男谷は、その操行の教科書的な真面目さから、ともすると、固陋で保守的な人物を連想させるが、実際にはきわめて近代的な、そしてあくまでも実地を尊重した見識の持ち主であり、もし、男谷のような人物が、現在の剣道界に存在していたら、その明識さのためにかえって疎まれる存在となっていたであろう。

この男谷と勝海舟の家とは、実は親戚関係にあり、勝が島田虎之助に就いたのも男谷の斡旋によるものといわれている。

勝は、勝一流のホラを吹く癖があり、勝自身で語ったその逸話も、時にかなり割り引いて聴かなければならないが、この島田虎之助の許での剣の修業に関しては、勝が後に、「本当に修業したのは剣術ばかりだ」と語っているとおりに、実際に剣を把ってもかなり使えるところまで行っていたようである。

さて、その勝が『鉄舟随感録』のなかで次のように、白井亨と会った時の強い衝撃について述べている。

なに、剣だつて禅だつて、字こそ違へ、名こそ異なれ、畢竟同じことだ。己《お》れも曾て剣道修行の時に、白井亨と云ふ達人に就て教を受けた事がある。己れは其時頗る心に利得した事がある。此人の剣法は、大袈裟に云へば丸で一種の神通力を具へて居たよ。彼が白刃を揮うて武場に立つや、凜然たるあり、神然たるあり、迚も犯す可からざるの神気、刀尖より迸りて、真に不可思議なものであつたよ。己《お》れらは迚《とて》も其真正面には立てなかつた。己《お》れも是非此境に達せんと欲して、一生懸命になつて修行したけれども、惜乎《をしいかな》、到底其奥には達しなかつたよ。己《お》れは不審に堪へず、此事を白井に話すと、白井は聞流して笑ひながら、それは御身が多少剣法の心得があるから、私の刃先を恐ろしく感ずるのだ。無我無心の人には平気なものだ。其処が所謂剣法の極意の存在する処だと言はれた。己《お》れは其ことを聞いて、そぞろ恐れ心が生じて、中々及ばぬと悟つたよ。

勝のような一筋縄ではゆかない人物が、ここまで評価するということは、白井の剣の実力が、当時の剣客のなかでは、よほどとびぬけて優れていた証しであろう。

さらに、白井は、筑後柳川の出身で、身の丈七尺、五尺の長竹刀をもって江戸中の道場を荒しまわった大石神影流の開祖、大石進と立合って完勝したという。

当時、江戸の剣壇は、大石の前に総倒れの状態となり、当代一といわれた男谷下総守も、一度は勝ったが、その後、工夫を凝らしてきた大石の突きをどうしても躱《かわ》しきれなかったという。

ただ、こうした記録は、負けた側としてはいいたくないことであり、潤色が多いことはやむを得ない。大石と男谷の立合いにしても、男谷側の資料では、男谷が勝ったということのみ伝わっており、後日の再試合では敵わなかった、という記録は残っていない。また、北辰一刀流で著名な千葉周作との立合いでは、千葉が四斗樽の蓋を鍔として、盾のような道具を持って臨んだため、無勝負になったとの説もあり、これなどはどこまで信じていいのかわからない。（ただ非常に機転のよく利いた千葉のことであるから、この話は、案外事実であったかもしれないが。）

白井は大石に対して「下段と上段から打って二本勝った」というエピソードは笹森順造著『一刀流極意』に出ているが、白井亨の詳しい経歴を白井の晩年の高弟、吉田奥丞が記録した『天真伝白井流兵法遺方』には、この、大石との試合のことはまったく触れられておらず、筆者としては、かなり疑問が残る。しかし、なににせよ白井が当時群を抜いた使い手であったことは事実であったと思われる。

そして、白井をそれほどの使い手にした大きな力の一つが、白井亨終生の憧れであった無住心剣術なのである。

現在われわれが、決して多いとはいえないが、無住心剣術の資料を手にし、またなによりもこの無住心剣術に関心を持つことが出来たのは、白井亨という剣客の存在があったからといっても決して過言ではない。それほどに白井は、無住心剣術に深く心酔していたようである。特に白井は、無住心剣術の開祖夕雲よりも、二代目の一雲を高く評価し、自著『兵法未知志留辺』のなかで、針ケ谷夕雲、小田切一雲、金子夢幻、山内蓮心の四人の名を挙げ、「各兵法に於て微妙を得て其の所得を述べたるは天下人なきが如し」と解説した後に注を入れて、「右四人各名人なりと雖《いへども》殊《こと》に一雲を古今独歩とす……」とわざわざ書き残している。白井が、無住心剣術にというより、この一雲にどれほど傾倒していたかは、白井が開いた天真兵法——最初は一刀流別伝天真伝兵法といい、門弟達は天真白井流と呼んでいたようだ——の極意の伝書『天真録』が、一雲の著作である無住心剣術の奥義の書『天真独露』(『無住心剣術書』などの異称あり)そのものであることからもうかがえる。

筆者の知る限り、この白井亨のように、自分の流儀(白井は一刀流系統)とは縁も所縁《ゆかり》もない歴史上の流儀の伝書を、そっくりそのまま、自分の開いた流儀の奥義の伝書とした、という例は他に見たことがない。そして、その用い方は、決して剽窃的な用い方ではない。性格がひどく真面目な白井は、その天真白井流の奥義の伝書『天真録』に一雲の書いた『天真独露』の全文を引用した後、巻末に、この『天真独露』を書いた一雲の経歴と無住心剣術の開祖夕雲についての解説を載せている。つまり、世に白井亨は『天真録』を書いた、と伝えられているが、白井が実際に書いた部分は『天真録』二十六ページのなかで、巻末の一雲、夕雲についての紹介と解説の四ページだけである。

白井亨が、いったいいつ頃から小出切一雲を尊崇するようになったのか、その具体的な年月はわからないが、後に詳しく述べるように、おそらくは白井が丹田を意識する「練丹の法」に開眼した以後のことであろう。白井は寺田に就いてそう何年も経たないうちから、無住心剣術をはじめ、法心流や平常無敵流などの流儀についての一応の情報を寺田から得ていたと思われるが、本格的な研究に打ち込むようになったのは、やはり「練丹の法」でいささかの自覚を得てからのことであろう。

師の寺田から夕雲、一雲、金子夢幻、山内蓮心等の伝書を譲り受け、あるいは借り受けた白井は、その持ち前の情熱をもって、この伝書類を熟読の上にも熟読したことであろう。さらに、当時はすでに伝法そのものは絶えていたと思われる無住心剣術であるが、円四郎の曾孫弟子ぐらいならば生きていても不思議ではない年代であり、多少なりとも、この流儀にまつわる話を白井は積極的に聞き集めてまわったようである。それらの調査結果はいま述べたように『無住心剣術書』(『夕雲流剣術書』の異本で、白井が所蔵していたもの)や『天真録』の後に、発表されている。その調査過程のなかで、おそらく白井は一雲を最も尊崇するようになったのであろう。《今回の文庫化に伴う大幅な増補改訂版の最も大きな改訂点は、この円四郎に関する驚くような資料が発見できたことで、このことは追い追い詳しく述べるが、実際子孫は、白井が生まれた天明の頃まで円四郎の剣術を伝えていたようである。》

筆者の想像では、白井はひそかに自らを一雲に擬していたふしがある。そうすると師の寺田はさしずめ夕雲ということになるが、考えてみると、寺田は、白井が自著で「師は支体健剛世禄にして福気の相あり」と述べているように、雄偉で頑健な体を持っていたようであり、身の丈六尺、力は三人力あったという夕雲と面影がどこか似通うようである。また、この両者とも、禅僧に就いて本格的な禅の修行に打ち込み、その禅を通しての開悟によって、新しい剣術を創始している点も共通している。こうした師匠の類似点をも踏まえ、白井は自らと一雲との共通点をみつけることに、心のときめくものがあったのではないだろうか。

たしかに白井と一雲とは、不思議に暗合する面がある。白井は、それまで自分が修業してきた剣術に失望し、二十九歳で寺田の許へ入門するが、一雲が夕雲に入門した年齢も一歳違いの二十八歳であり、一雲が夕雲から印可を受けた三十三歳と同じ年齢の時、白井は「練丹の法」により最初の自覚を得ている。

また、両者とも、禅によって開悟した師を持ちながら、自分自身では本格的な禅はほとんどやらなかったようである。白井は『兵法未知志留辺』のなかで、

一日師と共に円応禅林に到り師鐘鼓の声を聞きて曰く子此を聞けども聾者の如くする事を得るやと。余擬議して答ふる事能はず、師復問ふ時に始て、真空此を包むの機を得て以て答ふ、師可とす。他日師復問ふ、趙州が無の字子が見得底如何と。余曰、天地間に充塞すと。

と、師の寺田と禅問答をしたことが述べられており、多少禅にも接近したようである。ただ、それはこの白井の懐古談にもあるとおりほとんど寺田を通してのことであったようで、禅僧に直接師事したことはなかったようである。白井の剣術大悟への直接のキッカケの一つは、僧は僧でも浄土宗の徳本上人の影響の方が大きく、後に白井が門弟を指導する際に使っている文献も、荘子はよく用いられているが、禅からの引用はほとんどない。

一雲も晩年出家して名を空鈍と改めているが、修業時代に禅をやった形跡はほとんどなく、この点でも白井と一雲は共通するところがあるようである。ただ、菩提寺の春桃院が臨済宗の禅寺であるところからみて、一雲の出家は、禅僧としての出家であったのだろう。しかし、なによりもこの二人に共通するところは、その性格である。インテリで、それだけにどこか線の弱さ、優柔不断なところが感じられる一雲は、門弟の植松三右衛門への手紙(『九ケ条』)などからもうかがえる老婆心あふれる細やかな情愛があったようだが、この特徴は、まったく白井の性格とも重なるものである。

白井は、自著『兵法未知志留辺』のはじめに、「余が流初学の人をして惑はざらしめ、余が如き無益の艱辛無からしめん事」を願って本書を書いた、と述べているように、じつに懇切丁寧なところがあり、その素行も、おそらく一雲もそうであったと思われるが、およそ肩肘を張ったものではない、謙虚で穏やかなものであったようだ。

白井は常日頃から自らも、そのことに心がけ、また門弟にも説いていたらしく、吉田が記した『天真白井流兵法譬咄留』には、次のようなことが述べられている。

治世ノ武術ハ晴天ノ雨具ト云フ事アリ、先生ノ仰ニハ天真兵法ヲ心掛ル者ハ人ニ剣術者ト見ラレヌ様専要也、又此ノ剣術ヲメカシタリ、慢ジタリシテハ天真ヲ失フ也、治世ノ武術ハ晴天ノ雨具ニテ遠方へ出ル時、又ハ御供ノ節雨具ナシニハ出掛ケ難シ、何時入ルカ知レズ、又朝出ル時雨天故足駄傘ニテ出掛ケ、帰リニハ晴天ニ成ルト我レナガラ足駄傘邪魔ニ成ル也、人カ見タラバ憮見《サゾミ》悪《ニク》シト思フベシ、又剣術者ト肩張テアルイタラ憮々人ガ悪ムベシ、唯武術ハ自分ノ嗜也ト心得ベシ。

すなわち、ここで白井は、平和時の武術を晴天の雨具にたとえ、なるべく目立たぬことを心がけるように説き、「雨（戦乱）でもないのに、これみよがしに剣術家然として歩くのは、晴れているのに雨具を身につけて歩くようなもので、人びとの顰蹙《ひんしゅく》をかうだけだ」と戒めている。いかにも白井らしい忠告であるが、おそらく一雲も、白井のこの考え方には積極的に反対はしなかったであろう。

このように、一雲に対して深い思い入れがあったと思われる白井であるが、白井は、白井自身が「古今独歩」と賞賛したこの一雲をはじめ、夕雲も、金子夢幻も、山内蓮心も「練丹」の重要性について説かなかったことは手落ちであり、これでは後人が学ぶ手掛かりを失ってしまうと批判して、『兵法未知志留辺』のなかで次のように述べている。

又昔年針ケ谷夕雲（初め五郎左衛門と云小笠原玄信弟子無住心剣術の祖） 小田切一雲（初め恕庵と云後一雲と改夕雲弟子六十歳にて出家し空鈍と号す筆剣の二芸を生涯の楽しみとす） 金子夢幻（高田侯の臣弥次右衛門と云法心流の祖） 山内蓮心（八流斎と云平常無敵流の祖） 等の遺書あり、各兵法に於て微妙を得て其の所得を述べたるは天下人なきが如しと雖、其書各練丹の事を論ぜず（右四人各名人なりと雖殊に一雲を古今独歩とす一雲死して後五年を経て宝永七庚寅白隠禅師始て練丹の術を城州白川の白幽仙人に学ぶ此れ近世へ伝る《な》の創めなり） 此れ其人敏にして、暗に其妙を得し者なり。其書真理に通ずと雖、練丹の法莫くして階梯莫きが故に空理に均し。

白井がこれほどに練丹の効を強調するのは、この白隠伝の練丹法によって難症の病を癒し、その上「法力」とでもいうような能力を多少得て、悟道への手掛かりを実体験したからであろう。たしかに人間は体験を通すと、それなりの信念も生まれ、言葉にも説得力が出てくるが、見方を変えていえば、逆にそのためにその体験にこだわり、「これこそ」と思い込み、視野が狭くなるおそれが多分にある。

白井自身は、この練丹へのこだわりが、無住心剣術を解明するための重要な手掛かりになったと思ったようだが、筆者は、この白井のこだわりが、無住心剣術そのものを理解する上では、ある面たしかに手掛かりになるが、終局的にはむしろ障害になったのではないかと考えている。ただ、念のためいっておきたいが、「だから白井亨はだめなのだ、間違いだ」ということではなく、「それぞれが、それぞれの異なった道を歩んだ」ということであり、このことは人間というものの多様さ、展開の広がりを感じさせてくれる点、むしろ後世のわれわれにとってはありがたい。

とにかく白井は、練丹によって得られた、自分自身の難病治癒と、いささかの得力に驚き、この方法をもってすれば、一雲の剣境に至れるかもしれない、と一途に思い込んでしまったようである。

4 「強さ」このはかりがたいもの

人間とは、じつに捉えがたい多要素をもって成立している奇妙な存在である。したがって、人間について、さまざまな異説異論——なかには正反対と思われるような——を立てて説明していっても、それなりに辻褄が合ってしまうものである。これは医術や健康法では非常に多くみられることであるが、同じようにこのことは、人間の心身相関による不思議さが——時に人間の極限状態を扱うだけに——最も端的に現われる「武術」においてはいっそう感じられることである。

幕末の志士で、剣をとっては北辰一刀流の遣い手として鳴らした土佐の坂本龍馬を、京三条下ルの近江屋で斬ったといわれる今井信郎は、山田次朗吉と同じく直心影流を榊原鍵吉に学び、我癖の強い「片手打」の実戦剣術を編み出し(一説に、この片手打で水戸藩士と試合った時、面の上からの打ちであったが、その打撃がよほど強烈であったのか相手が死亡したため、以後師の榊原から、この「片手打」を使うことを禁止されたという)大いに名を売って講武所の師範まで務めた。

この、いわば喧嘩実戦剣法で鳴らした今井が、晩年その子孫に語った話というのがきわめて興味深い。「免許とか、目録とかいう人達を斬るのは素人を斬るよりははるかに容易、剣術なぞ習わないほうが安全」(今井幸彦著『坂本龍馬を斬った男』、今井幸彦氏は今井信郎の直孫)。

この言葉は、京都見廻組時代に何度も実際に白刃の下をくぐり、その後の戊辰戦争では、箱館の五稜郭まで、会津、北越と各地を転戦し、数知れぬ修羅場を切り抜けてきた剣客の言葉だけにきわめて説得力がある。

たしかに、剣術などなんの心得もない者が、「窮鼠かえって猫を咬む」のたとえどおり、火事場の馬鹿力を発揮するようにして「思いもかけぬ力、思いもかけぬ動き」で逆襲してきたら、なまじ剣術の心得があって、そのなかで、定形化した動きを身につけている者より、ずっと扱いにくいことは確かだと思われる。

古来、素人が逆上すると、時に誰も手がつけられないような働きをすることがある、ということは、プロの剣客の間でもよく知られていたことであったようだ。身体をよほど鍛え込み、術を工夫し尽していても、思わぬ場面で、まったくズブの素人に不覚をとるということは、剣術の専門家としては、なんともむなしいことだったに違いない。

そのような「素人に対して不覚をとらないようにするにはどうしたらいいか」。これは、古来、剣術で名を挙げた剣客たちが、ずっと抱えていた重要な課題のひとつであったと思う。その答えと思われるもののひとつが、筆者は新陰流にみられる「相手を働かせて勝つ」という工夫であったと思う。すなわちこれは、相手を心理的に追い込まず――つまり、相手が窮鼠の状態となって、思いもかけぬ大胆な動きをしないように――つまり、こちらの剣の術技が、流儀の理合どおりに発揮できるようにしたのであろう。

柳生厳長著『正伝新陰流』に、

敵をすくめて（威圧して畏縮させ）勝とうとするを殺とし、敵をすくめずして、動《はたら》かして勝つを活とし、活人剣は新陰流が、位でも、先後の拍子にでも、あらゆる術理に本原とする極意である。

と出ているが、上泉伊勢守は、特に、素人が逆上して、一時的にせよ、名人の境地といわれる、いわゆる「夢想剣」の状態となることがある恐ろしさを十分に知っていたように思われる。

新陰流が柳生家によって徳川期、ただならぬ政治臭を帯びるのも、流祖伊勢守のこのような人間観察の読みの深さがあったからかもしれない。

これに対して宮本武蔵は、自著である『五輪書』のなかで、繰り返し相手をよく見抜くことの大切さを説き、相手の状態によっては、時に脅しをかけ、拉《ひし》ぎ、うろたえさせ、また時には、相手となじんで(「まぶるる」と武蔵は表現している)一つになり、あるいは、いらつかせ、意表をついて変化するなど、さまざまな面から相手につけ込むことの重要さを解説している。

これは武蔵が、戦国末期の剣客であり、さきに述べたように、剣術を常に合戦の縮小モデルとして考えていたところからみて当然といえるが、実際には、立合いに臨んで、ほとんどの場合、武蔵個人の特質(大柄異相で、並はずれた気力、体力を持っていた)から生じる威圧で、相手を竦ませて勝っていたように思われる。このことは『五輪書』で戦闘時の心持ちを説いた「火の巻」の内容の多くが、「枕をおさゆる」「おびやかす」「うろめかす」

「ひしぐ」「いわおのみ」など、相手を威圧するものが多いことからもうかがえる。

ただ、この武蔵の用いた威圧というのは、大声を上げたり、派手な身ぶりで相手を脅かすようなものではなく、「いわおのみ」という言葉からも感じられるような、静かで、重く底力のある、一種不気味なものであったと思われる。つまり、相手が追い込まれて窮鼠の状態となるよりも、いわば蛇に睨まれた蛙の状態となって肝が凍りつき、気力が萎えるような圧力のかけ方であったのだろう。

人間は火事場のような、いわば陽性の激しい恐怖に直面した場合、時としてその人間の潜在能力に火がつき、本人も思いがけない非常な働きをするが、幽鬼や魍魎《もうりょう》でも見たような「陰性の恐怖」に対しては、それによって気力が萎え、体が硬直したり、逃げ去ることはあっても、それに対して反撃するような、積極的行動には、まず出ないものである。

このように人間の行動における多面的な反応を体験した、歴史に残る傑出した剣客達は、その個性や気質、体質によって、いくつかの対応の原形をつくり、後世に伝えたのであろう。

そうした日本剣術の歴史のなかで、夕雲から円四郎に至った「無住心剣術」という特異な心法の剣術の流れは、どこにこの流儀の立処をおいていたのであろうか。

無住心剣術では、その伝書『夕雲流剣術書』の冒頭部分、
先師夕雲ノ談ゼラル丶ハ、当世ヨリ百年許《バカリ》以前ハ、兵法サノミ世間ニハヤラズ。其子

細ハ天下乱国ナルニヨリテ、武士安座ノ暇《イトマ》ナク、毎度甲冑兵杖ヲ帯シテ戦場ニ臨テ、直ニ敵ニ逢テ太刀打組合ヲシテ、運ノ強キ勇者ハ長《ナガ》ラへ、数度ノ場ニ逢テ自己ニ勝理ヲ合点シテ、内心堅固ニスワル事、当世諸流ノ秘伝極意ト云モノヨリモ猶タシカナル者多シ。

からもわかるように、夕雲自身も「道場剣法より、実戦場慣れの剣術の方が確かだ」として、いわゆる流儀として発達した剣術にあまり信頼をおいていなかったことがうかがえる。

また『天真独露』のなかで一雲は、

故ニ或ハ下学ノ人負ケ、上達ノ人勝チ、或ハ時ニ依テ下学勝ニ乗ジ上達負ケヲ蒙ル、時々勝負ノ定ラザル故ニ運ニ帰ス、運、何ゾ勝負ヲ主トセンヤ、本然ノ正理ニ非ザルナリ。

と、諸流剣術の不確実さを論評している。

かつて、小笠原玄信の門下にあって屈指といわれた剣客であり、かつ人一倍負けず嫌いで、求道心も強かったと思われる夕雲にとって、こうした剣術の不確実さは、ずっと心にわだかまっていたことであろう。ただ、青年血気の頃は、そうしたわだかまりを吹き飛ばすように、刃引の豪刀で相手を叩き殺すという、凄まじい気迫で剣を揮っていたようだ。

しかし、不惑の年を過ぎる頃から禅に接近した夕雲は、剣術が、このような不確かなものではなく、「自分より劣った者には勝ち、優った者には負け、同程度であれば相打になる」という、理論通りの結果になるにしても、「むなしさ」と満たされぬ思いを心に抱くようになったのであろう。

禅の見性悟道のように、どのような状況の許でも不滅の真実をみつけること（剣術でいえば「不敗の境地」を得ること）は、出来ないものかと、夕雲は禅に接近して東福寺の虎伯（虎白、虚白などと書いたものもある）と伝えられている禅師について、日夜精進したようである。

その精進が実り、大悟した夕雲の剣術は、熟練によって剣を使いこなす、といったものからはほど遠い「無住心剣術」であり、禅の師虎白から「流というべきようもなければ、名もなけれども」と、賞賛された捉えどころのない、剣術となったのである。

この剣術の姿の奇妙さは一雲が『夕雲流剣術書』で、

当流、夕雲ヲ元祖トシテ日本国中ニスグレ、一人一流ノ奇妙ノ兵法ノヤウニ

と書いているような、また、『前集』（『辞足為経法』などの異称あり）で円四郎が、

先生云、合気つきさりて本元明かになれば、万物にうばはれ覆はれ塞《ふさ》がるゝ事なし、故にものの相手にならず、見聞く事瞽者聾者のごとし、此時の剣術の姿嬰児の戯れの如く

になるを破《は》相《さう》といふ、仏説に云、破相の破にあらず、我が相を破尽《やぶりつく》す事、破相といふ也。

すなわち、「無住心剣術は現象の本質を見据え、心がさまざまな表面的現象にまどわされなくなっているため目先や耳先からの誘惑を退け、直に相手に迫るため、いわゆる技術らしさが消え幼児が棒を振って遊んでいるような姿になる」と解説しているようなものとなったのである。

この奇妙な剣術は、考えようによっては、「桁外れの素人剣法」「超素人剣術」ということが出来るかもしれない。つまり、この「超素人剣術」無住心剣術・夕雲流は、逆上して無我無心になって思わぬ働きをする素人の「一時的達人」とはまったく違った静かなものであるが、どうこうしよう、という作為分別がない、という点では通ずるところがあるからである。

それだけに、外見は人に笑われる「嬰児の戯れ」のような無住心剣術であるが、実際に立合えば、相手が驚嘆するような強さがあったようで、一雲は『夕雲流剣術書』のなかで、皮肉を交えながら次のように自信のほどを述べている。

無智盲昧ノ人、世間一切ノ所作兵法ヲ見馴タル眼ニテ、当流ノ柔和無拍子ノ稽古ナドヲ脇目ヨリ見バ、サマ〴〵嘲リ笑フベシ。必ソレヲ怒リ憤ル事ナカレ。若《モシ》又、太刀先ヘ懸ツテ直ニ負ケテ見タルモノハ胆ヲツブシ、在リトアラユル不審ヲ起シテ、神変カ魔法外道カ放下流ノ術カナド、驚キ褒メ崇ムベシ。是亦聞入ル、事ナカレ。邪理邪道ニ迷ヒ染ミ着テ、人霊ヲ失ヒタル畜生心ドモガ眼ニ、善悪ノ見ユベキ子細ハナキ筈ノ流ナリ。

これはすなわち、「当流（無住心剣術）のような、柔らかで動きに拍子、律動がないものは、世間一般の剣術を見慣れている、見る目のない人が見たならばおそらく嘲笑するであろうが、気にかけることはない。そういった者がもし実際に当流と立合ったなら、まったく手も足も出ず、胆をつぶして不思議がり、こんどはなにかの神法か魔法か、手品かなどと驚き有難がるであろうが、そんな下らない相手には、とても本物を見分ける眼などあるはずがないから放っておけ」ということであろう。

また一雲は、その凄まじい自信のほどを『夕雲流剣術書』のなかで、

イカヤウ《(如何様)》ニ奇妙不思議ノ兵法者出来タリトモ、至極ニテ当流ト相ヌケノ外ニ当流ニ勝ツ事アルベカラズ。

すなわち、ここでいう「当流」とは自分、つまり一雲を指しており、どれほどの名人でも、究極、最高位で自分と「相ヌケ」であり、それ以下は、どれほどの天狗魔神のような妙術を使っても必ず勝つと断言しているのである。

ではここで、どのようないきさつで、筆者がこの無住心剣術に関心を持つようになった

のか、その経過を、ふりかえってみたい。

5 本書執筆への軌跡

二十歳になる少し前、現代では正統とされている西洋医学とは異なった医療、健康法(いわゆる民間療法や東洋医学と呼ばれているもの)の世界に非常にすぐれた方法や思想があることを身をもって体感した筆者は、それまでそうした世界についての知識はほとんど持っていなかっただけに、まさにカルチャー・ショックと呼べるほどの衝撃を受け、遅ればせながら、人間が創ってきた文明、文化ということについて初めて本気で考えるようになった。そして、それ以後、種々の健康法や、それに関連した思想に触れ歩いた。そのあげく、現代社会への疑問と憤りがふくれあがり、悶々とした日々を送るうちしだいに挫折感とむなしさから厭世的な傾向が強くなりはじめ、荘子や禅書を読むことでようやく息をついている様になってしまった。

そうした日々を送るうち、さすがに、このままではこれからの自分の一生を見失うのではないかという恐れを感じはじめ、この状態をなんとか打破しようとさまざまな宗教や思想の核について考えはじめ、その結果、人間の運命は果たして決っているのか、いないのか、という課題と向き合うようになった。そして、禅の語録『無門関』の〝百丈野狐〟の話などから、「人間の運命は完璧に決っていて、同時に完璧に自由である」という二重性こそが、真実に違いないとの結論を得たのである。そして、この論理的には矛盾する結論を体感を通して自分のものとするため、子供の頃から興味だけはあった武道に志した。

ただ、武道も、現代では一般的な剣道や柔道などの競技武道では他のスポーツと、あまり違いが感じられず、人間の心身という原点に立ち返って私が深く自覚した「人間の運命が決っていて、同時に自由である」という気づきを、体感を通して実感したいと考えていた筆者には、あまり肌に合いそうになかった。

ただ、筆者がやりたいと思った、そういった競技武道ではない日本の古流の武術は、当時筆者が得た限りの情報では、とかく観念化に流れ、技も単なる伝統芸能の伝承といった程度のものが多かったため、種々考えた結果、現代の競技武道と、古流武術の接点にあるように思われた合気道を始めることにした。

始めてみると、体を通してものを学ぶことで張りが出、しばらくは稽古にのめり込んだ。しかし、古の達人を彷彿とさせた開祖植芝盛平翁なき後の合気道の稽古を重ねていて、自らの初志が遂げられるのだろうか、という疑問が大きくなり、再び鬱々とした日々を送るようになってしまった。

ちょうどその頃「今武蔵」と呼ばれ、名横綱双葉山を指導し、合気道開祖植芝盛平翁も立合いを避けたといわれる故国井道之師範（明治二十七年〜昭和四十一年）によって実質的に大成された鹿島神流に触れる機会を得、ここで初めて日本の古伝の剣術の精妙さと、剣術と体術（柔術）との具体的関連などについて目を開くことが出来た。

この体験によって、以前から関心を持っていた日本武術の主役ともいえる剣術への歴史的関心もいっそう深まり、剣術を中心に江戸期の日本武術に関する資料を系統的に考えながら読むようになった。そして、どうにも気になってきたのが、無住心剣術・夕雲流である。

その後、筆者自身の都合で鹿島神流の稽古がめったに行なえない状態となってしまったこともあり、筆者自身、より自由な立場で日本武術について独自に探究してゆこうと決心して、武術稽古研究会を創設、松聲館道場を構えた。

それによって、以前にも増して歴史上の武術の流儀や剣客に対する関心も高まり、また態勢も出来たので、まず、この気になる無住心剣術を出来る限り詳しく調べてみようと思い立った。

そう思うと不思議なもので、具体的な資料はほとんど残っていないようにいわれていた無住心剣術であったが、無住心剣術三代目の真里谷円四郎の言動を記録した『前集』にかなり具体的な記述が記されていることがわかり、にわかに、この『前集』と真里谷円四郎への関心が高まった。

いままで、無住心剣術・夕雲流に触れた本が夕雲流を賛美しつつも、いずれも二代小出切一雲までで筆を止め、稀に真里谷円四郎が三代目を継ぐという記述があっても、ただ、円四郎の名前と二十五歳で道統を継いだということが出ている程度で、それ以上の具体的な経歴やエピソードについてはなにも触れていないものばかりであった。そのため、無住心剣術といえば、開祖夕雲、二代一雲までで、三代目の円四郎は、流派の道統が絶えるのを憂えて、実力はそれほどでなくても、一雲が背伸びをさせて継がせたような印象があったのである。近代になって無住心剣術の存在を世に出した、富永半次郎著『剣道に於ける道』にも「『前集』を通して見た謂ふ所の三世真里谷義旭は一雲より又一段と降つたやうに思はれますが、これも亦已むを得なかつたでありませう」と出ており、夕雲流として評価できるのは、二代小出切一雲までであるとして、三代目の真里谷円四郎を埋没させようとする思惑が働いていたように思われる。

ただ、筆者は、一雲が円四郎に三代目を継がせたすぐ後に没したというのならば、二十五歳の若さの円四郎に背伸びをさせても、道統を継がせた、という理由も納得できるが、一雲が円四郎に真面目の印可を与え、無住心剣術の三代目を許した後も、約二十年ほど生きていたことを知った時、これは、背伸びをさせての継承ではない、なにか別の理由があったのではないかと思いはじめた。そして、とにかく、三代目真里谷円四郎の弟子、川村弥五兵衛秀東が編んだという『前集』(別名を『夕雲流剣術書前集』または『辞足為経法』『辞足為経法前集』)を探しはじめた。やがて、この『前集』が、前述した『剣道に於ける道』の巻末に資料として載っていることがわかり、このコピーを入手した。

いまでもはっきり憶えているが、帰りの車中で、入手した『前集』のコピーにある興味深いいくつもの記述にすっかり夢中になって読んでいるうち、後半に入り編者の川村が師である円四郎を擁護する大論陣を張っているところで、思わず息を呑んでしまった。

其夕雲先師へ一雲立向て相ぬけし給ひて、当流嫡伝の免許ありて真面目を得られし、又義旭先生も、一雲先師へ立向ひ、うつくしく相ぬけともの給はず、一雲自得の剣術の姿二度打破り給ひて、真面目を得られし、先生より外に一雲へ立向て打破りたる人有や否や、真面目の場に立たる人をいまだ不レ聞《きかざる》なり。

すなわち、円四郎（義旭先生）は師の一雲と二度立合い、決して敗れるはずのない一雲を相ヌケではなく打ち破っていたのである。「なんと！　一雲は円四郎に敗れていたのか!?」しばらくの間は呆然としてしまった。そして、呆然としつつも、円四郎がなぜ無住心剣術の系譜のなかで、夕雲、一雲につづいて、名前を喧伝されてこなかったかが明瞭にわかってきた。

相ヌケを称揚し、無住心剣術を素晴らしいと賛美している人びとにとって、「うつくしく相ぬけともの給はず、一雲自得の剣術の姿二度打破り給ひて、真面目を得られし」という、相ヌケの「神話」を崩し、古今の名人、一雲を破った円四郎は存在してはならない人物だったのであろう。

とにかく筆者は、この驚きの一瞬により、円四郎によりいっそう強い関心を持った。（本書を執筆したキッカケはこの時に生まれたといってもいいかもしれない。）このうえは是非とも、もっと詳しく円四郎のことを調べようと思い立ち、まずこの『剣道に於ける道』の『前集』の資料が本当に正確かどうかを確かめる必要があると思い、これを筆写した石塚寿男氏が原本にしたという内閣文庫本『夕雲流剣術書前集』（この『前集』は内閣文庫で

『夕雲流剣術書前集』と分類上名づけられていた）を探しはじめた。

やがて、この原本が九段の国立公文書館に保管されていることがわかり、やっと幕末の国学者、山崎美成が白井亭（亨の誤写であろう）から借りて書き写したという、奥書のあるこの『前集』の実物を手にすることが出来たのである。この写本は、全体が達筆な草書体で、すぐには全文を詳しくは読めないため、コピーを依頼し、コピー到着とともに詳しく解読に入った。その結果、『剣道に於ける道』に転載されたものには、若干の誤脱はあるものの、円四郎が一雲を破ったところはまったくその通りであり、いよいよ、この円四郎への思いは深まり、この円四郎と、無住心剣術の研究へのめり込んでいった。

一時は、あまり夢中になって、無住心剣術の術理を考えていたため、夢にまで見るようになったが、なにしろ、捉えどころのない剣術のため、夢に見るといっても、なんとも得体のしれない抽象概念が図形化したような（というより渦を巻くような）ものであり、それに対しては、恐怖や悲しみ、といった感情ではとても当てはまらず、感情がショートして錯乱状態になって目を覚ましたことを覚えている。

そうしたことが幾晩かつづくと、眠りに入るのが恐くなってくる。当時、一時的ではあったが、なかなか寝つかれず、多少ノイローゼ気味になってしまった。

真里谷円四郎と無住心剣術・夕雲流に関心を持ちはじめてから十年、不思議なもので、思いが募ると、自然と情報が集まってくるものである。

まず、円四郎が葬られたという、三田の南臺寺では、同寺の好意で同寺に長年保管されていた江戸時代の過去帳の真里谷姓の部分を写真撮影する機会に恵まれた。

ただ、その時から疑問であったのは、南臺寺の過去帳に載っていた真里谷円四郎（過去帳では郎を良と書いてあった）の法名が、「義性院大道哲勇居士」と出ていたことである。円四郎が真里谷大道居士という居士号を生前桂堂和尚より贈られていることと、義旭と名乗っていたことから、この法名は非常に円四郎にふさわしい法名であると思えるのであるが、没年の天明四辰二月、という記載がどうしても納得がいかないのである。天明四年といえば、一七八四年で、円四郎が生まれたと思われる寛文元年（一六六一）から百二十年以上も経ってしまう。（この疑問は、この折過去帳に記載されていた真里谷姓を残らず撮影しておいたことから、後に述べるが、この「義性院大道哲勇居士」が、無住心剣術三世の真里谷円四郎義旭ではなかったことが明らかとなり、現在他の記録にはまったく残っていないが、この人物が二代目の真里谷円四郎である可能性が濃くなってきた。）ただ、この過去帳のなかにある「享保十四酉年、葉室妙紅信女　真里谷円四郎妻」という記載は、年代的にみて、この女性は初代円四郎義旭の妻であったように思われた。

《以上は、本書を新曜社から一九九一年に刊行した折書いたことであるが、その後二〇〇二年暮れに、武術史研究の篤志家宇田川敦氏の努力により、真里谷円四郎の子孫の方が現在も健在なことがわかり、しかもその方真里谷繁氏の許に『武田真里谷家譜　全』なる先祖の事蹟を詳しく書いた文書が遺されていたのである。その『武田真里谷家譜　全』によれば、無住心剣術は真里谷円四郎義旭の後、二代目円四郎義品、三代目円四郎信栄と伝えられ、「義性院大道哲勇居士」は三代目の円四郎信栄の法名で、初代円四郎義旭の孫ということになる。また、「葉室妙紅信女」は、同書では「葉屋妙紅大姉」となっていて、「屋」の字の横に小さく「室」の字が書き加えられていることから、円四郎義旭の妻と確認できた。》

その後、一九八七年頃、天真白井流と開祖の白井亨に強い関心を持って白井に関する資料を集めて研究しているという、大学生の吉田健三氏から筆者の所へ、その多くの資料の内容についての問合せがあり、お陰で、この白井の線から、真里谷円四郎義旭と無住心剣術に関する多くの新しい事実を知ることが出来た。

なかでも『心定ノ抜書』という、白井の高弟、吉田奥丞有恒がわが子のために書いたという、奥丞が特に感銘を受けた諸本からの抜書のなかに、「辞足為経法抜書」という部分があり、その内容は、既知の『前集』とはまったく異なるものであっただけに、すっかり興奮してしまった。国立公文書館にあった『前集』の写本には、巻末に「右一巻、或曰、辞足為経法　以白井亭（亨の誤写であろう）本書写」とあり、『前集』がすなわち『辞足為経法』である、との印象であったからである。

吉田氏の話によれば、この資料を得た富山県立図書館には、無住心剣術に関する資料もあった、という。早速、富山に手紙を出し蔵書の目録コピーの送付を依頼した。まもなく送られてきた目録のなかに、『無住心剣術三代之伝法辞足為経法』や、法心流の開祖、金子夢幻が書いたとされている『梅華集』、山内蓮心の平常無敵流の伝書と思われる『谷神伝平常無敵流』等を発見し、すぐさま、それらのコピーを、同館に依頼した。

送られてきたコピーの量にまず、胸が高鳴った。特に『辞足為経法』は、ずいぶん多い。まず、もう暗記するほどに読み慣れた『前集』の部分が『辞足為経法前集』の題であり、内容は、国立公文書館にあるものとまったく同じであるようだった。『前集』が終わっても、紙数はまだ半分までいっていない。「さて、いよいよ次だ」というこの思いは、こうしたことの研究にこだわってきた者にしか味わえない醍醐味であろう。思いきって『前集』の次をめくると、『辞足為経法中集』という字が、まず目に飛び込んできた。この時の嬉しさというのは一寸たとえようがない。『前集』の題名の意味もこの時わかった。それから小一時間、まったく時間が経つのも忘れて『中集』を読みふけった。幸い、『中集』は『前集』のような、変体ガナの多い草書体ではなく、行書体の漢字混りのカタカナで、大変読みやすく、小一時間でだいたいの内容を把握することが出来た。

『中集』は、無住心剣術、真里谷円四郎伝の心法の記述に、そのほとんどを割き、吉田奥丞の『心定ノ抜書』のなかにあった「辞足為経法抜書」も、この『中集』から抜粋したものであることがわかった。

『中集』によっていくつもの興味ある新事実を知ることが出来たが、どうやら『中集』には『後集』？　とでもいう続編があるらしいことがわかり、さらにいっそうの興味を駆りたてられた。

《二〇〇二年に見つかった『武田真里谷家譜　全』によれば「其後義旭門人川村弥兵衛秀東・福井惣十郎精勝・土方市郎右衛門備正・税田新八好教相計、著辞足為経法前集中集二巻」とあるので、『後集』は存在しなかったと思われる。》

この『辞足為経法』とともに送られてきた『梅華集』も筆者にとっては「幻の本」であり、一入《ひとしお》嬉しかった。この『梅華集』を読んで一番驚いたことは、この本の跋文を、なんと無住心剣術二代の小出切一雲が書いていることである。後に述べるが、これは無住心剣術を考える上で大きな参考となった。

《ちなみに、『武田真里谷家譜　全』に一雲から円四郎義旭に与えられた伝書の題名が列挙されているが、その中に「無先之書　梅花集トモ云」とあり、『梅華集』が無住心剣術の伝書として扱われていたらしいということがわかる。》

これらの本の発見を、当時、校了直前であった拙著『武術を語る』（壮神社刊）の巻末に載せたところ、未知の読者から『後集』が、高知県立図書館にあるらしい、という情報が入り、早速、同館に無住心剣術に関する資料すべての送付を依頼した。

ほどなく送られてきた資料に、残念ながら『後集』はなかったが（いま述べたように、後集ははじめから存在しなかったようである）、『前集』と『中集』のまったく別系統の写本（富山県立図書館と国立公文書館の『前集』は、原本が白井亨が所蔵していた同じ本のため、きわめてわずかな誤写以外は、まったく同じ内容であった）があり、さらに『中集』の後に、『中集』を筆写した者がどこからか得た情報として、一雲と、一雲の晩年の高弟井鳥巨雲が立合った時の様子が書き込まれており、これは貴重な参考資料となった。（思うに、この書き込みが『後集』と間違って伝わったのであろう。）

高知県立図書館には、この『前集』『中集』が合わさった写本（ここでは『辞足為経法』という題はどこにも使われておらず、ただ『前集』『中集』とあって、両方まとめて『無住心剣伝』秀東著となっていた）と、また、同じく『無住心剣伝』の題名のもとに、空鈍著として、『夕雲流剣術書』と『天真独露』が一セットになっていた。どの本も筆跡からみて同一人物が筆写したと思われるが『夕雲流剣術書』の部分の後に、

鎗術当時無双師深井赤山斎先生以自筆本写尤不可為他見之誓約也
寛政元年極月八日　　大神好井書

という、これを写したと思われる槍術家らしい人物の門人の書き込みがあり、これらの伝

書が、寛政元年(一七八九)頃、書き写されたものであることを示している。

また、この『前集』および『中集』は、富山県立図書館のものと内容はほとんど同じであるが、章だてや字句にかなりの違いがみられ、それだけに参考になった。

この高知県立図書館での資料発見からほどなく、筆者の知人で、武術資料に詳しい小用茂夫氏から『剣士松崎浪四郎伝』を借りることが出来た。同書は、錯誤や校正ミスがきわめて多い本で、読んでいて、腐りかかった廊下を歩くような心もとなさを感じたが、無住心剣術に関する資料は多くあり、大きな発見としては、円四郎の没年が寛保二年(一七四二)であること、戒名が心流院一法不存居士であること、円四郎が久留米藩に仕えたのが有馬家六代則維の時代であることなどがわかった。しかし、なにしろ、誤字、誤脱の多い本なので、この本の著者である園田徳太郎が参考にしたという『加藤田文書師系集伝』(以後本書では『師系集伝』と略す)や『久留米小史』を見ようと、この本の出版元であった現、久留米市民図書館に問い合わせた。

幸いなことに、同館の調査研究室、研究員岡龍三氏の格別な協力を得、『師系集伝』『久留米教育小史』『久留米小史』等のコピーの他、同館所蔵以外の久留米藩有馬家の古文書『格』などの資料も筆者のもとへもたらされた。

その結果、資料の枚数こそ多くなかったが、非常に重要なことがいくつかわかってきた。

その主なものは、『師系集伝』に記載されていた、夕雲が落馬によって、無住心剣術へ開悟したというエピソード。一雲は幼い頃より剣術を好み十三の流儀を学んでいたということ。円四郎の初名が山名勝之助であり、没年は寛保二年二月四日で、法名は心流院一法不存居士という『剣士松崎浪四郎伝』の記述に誤りはなかったこと。そして、最も大きな発見は、夕雲の弟子で印可を受けた者が、一雲以外にもいて、その名前が片岡伊兵衛であること、などである。

『久留米教育小史』には、「剣術は梅厳公の時、真里谷円四郎義旭を聘した」と出ていたが、そのはっきりした年代は、岡氏の尽力によっても不明であった。ただ、調べてゆく過程で、久留米藩士に真里谷姓の人物が何人かいたことがわかってきたが、そのうちの数人、真里谷権太郎や真里谷太郎吉という名前は、三田の南臺寺の過去帳に載っていた人物と同じ人物のように思われる。また『格』という有馬家の古文書に、

明和三年　真里谷家八、竹之間組被召出
　十月十七日　円四郎倅

という記述があり、この円四郎が、無住心剣術三代目の円四郎義旭であるかどうかはわからないが、久留米藩と円四郎の間にはなにか深い関わりがあったことは、確かなようだ。

《『武田真里谷家譜　全』に載っている系図によれば、円四郎義旭の嫡男、義龍の所に、「義龍　真里谷権太郎、依父願、初竹之間組之士被召出《めしいだされ》、是我藩仕官之初代」と書かれて

いる。また、同書によれば、円四郎義旭は、以前から扶持をもらっていた有馬家から五百石で仕官の誘いをかけられた時に、自分は仕官はしないが、もう既に有馬家の士とも心得ているので、惣領の権太郎を召し抱えて欲しいと願い出たようだ。つまり、義旭は有馬家のいわば客分で、正式に藩士になったのは義龍からということらしい。ただ、有馬家の側は「既に不存（義旭のこと）に扶持遣し置ぬれハ、此方家来とおもふなり」と同書にあるように、藩士と考えていたようである。また、「真里谷権太郎」は義旭の嫡男で、義龍と名乗った。「真里谷太郎吉」は、義旭の血統上の玄孫（家督的には兄弟間の相続などで間に何代か入る）で、義彬と名乗った。「真里谷家八」は二代目円四郎の義品の嫡男で、後に円四郎信栄と改名した。したがって、この『格』に記載された円四郎は初代義旭ではなく、三代目信栄のことと思われる。》

こうしたことが明らかになり出している間に、筆者は、円四郎の故地、上総国真里谷、現木更津市にもなにか資料が残っているのではないかと思い、前述した白井亨の研究者、吉田氏に調査を依頼した。その結果『木更津市史　富来田編』に「真里谷武田氏の興亡」という章があり、木更津市真里谷にある真如寺の過去帳に次のような記載があることがわかった。

深流院一法不存居士　寛保二壬戌二月二十日

俗名　真里谷円四郎　住江戸麻布
遥見院妙成日昇大姉　文政十亥年十二月二十六日
真法院荷山良円居士　天保七丙申一月十六日
真里谷新右衛門　江戸大有馬藩中
如蓮院荷屋円大姉　文政十亥六月四日
真里谷新右衛門母

この、真里谷円四郎の法名は、『師系集伝』に載っていたものと、「深」と「心」の違いこそあれ、音は共通であり、没年も『師系集伝』記載のものとは、日が違うだけで、年月は合っているところから、同一人物とみてよく、さらに、「真法院荷山良円居士　天保七丙申一月十六日　真里谷新右衛門　江戸大有馬藩中」という記載も、南臺寺の過去帳にあった記載とほぼ一致することから、円四郎を中心に、有馬家と南臺寺、真如寺は濃い縁でつながっていることがはっきりしてきた。

《東京三田の南臺寺の過去帳と『武田真里谷家譜　全』によれば、「心流院一法不存居士」は初代の円四郎義旭の法名で、死亡日は寛保二年正月四日になっている。「遥見院妙成日昇大姉」は三代目円四郎の信栄の後妻の法名である。「真法院荷山良円居士」は、新右衛門信興の法名であるが、この信興は義旭の血統上の曾孫で、元の名は栗木鉄五郎と言った。

三代目の円四郎の信栄が壮年にして死に、その跡目をわずか八歳で継いだ息子の荘次郎も十四歳で病死して真里谷家が絶えようとしていたので、荘次郎の従弟の栗木鉄五郎が真里谷家の名跡を継いで、真里谷新右衛門信興と改名したのである。死亡日は天保七年十月十六日になっている。「荷屋妙円大姉」は新右衛門信興の妻の法名である。

木更津市真里谷にある天寧山真如寺は、円四郎の祖先で真里谷武田氏の初代といわれる三河守清嗣（別名信興）の開基の曹洞宗の寺で、開山は密山正厳。上総守護といわれた真里谷武田氏代々の菩提寺だった。三田の南臺寺の開山は真如寺十九世の興国隆繁。真如寺と南臺寺は曹洞宗密山派の本寺末寺の関係にあった。》

こうして、円四郎の足跡は、そのほとんど消えかかっていた状態から、少しはその形が見えはじめたように思えてきた。

さらに、一九八八年になってすぐ、きわめて幸運なことに、富永堅吾著『剣道五百年史』のなかの「真里谷円四郎」の項に引用されていた『切紙究理秘解弁』のコピーを、熊本の牧堂文庫の富永文男氏の格別の好意によって手にすることが出来た。

『切紙究理秘解弁』は、直心影流、長沼四郎左衛門の門下生で、親交が厚かったと思われる九人の武士が、お互いの情報を持ち寄って書いたという珍しい本であるが、これにより、円四郎の当時の世評と、夕雲の師であった小笠原源信斎（玄信）についての、いままでまったく知られていなかった事実がいくつか明らかになった。

また、同文庫に所蔵されていた、この『切紙究理秘解弁』を筆写した者と同じ人物の手によるとみられる『夕雲流剣術書』と『天真独露』の写本（ここでは『無住心剣伝法書』と題されセットになっていた）のコピーも、あわせて手にすることが出来た。これは、すでに筆者が所蔵している幾種類かの写本と同じ内容のものであったが、筆写した人物による書き込み、注が何ケ所かにあり、その点ありがたかった。

そして、本書執筆に熱が入ってきた一九九一年二月、筑波大学の武道文化研究会が非売品で小部数刊行した『剣術諸流心法論集』の上巻を、筆者の道場の会員である長谷川智氏の好意で手にすることが出来た。同書は上下二巻にわかれ、心法の剣術として名高い無住心剣術・夕雲流を筆頭に、弘流、雲弘流の伝書を集めて、上巻とし、下巻は平常無敵流と、天真白井流に関する諸資料を集めたものである。

無住心剣術・夕雲流に関しては、『夕雲流剣術書』『天真独露』『辞足為経法前集』『辞足為経法中集』と、すでに筆者が持っている資料と同じものであったが、最後に『九ケ条』という題のついた、一雲が門弟の植松三右にあてた手紙が掲載されており、これには思わず唾を呑み込んだ。（植松三右とは、後に触れるが、久世大和守の家臣で剣術諸流に達し、一雲に試合を申し込んで、羽箒をもってあしらわれた植松三右衛門のことと思われる。）

内容は、いわゆる伝書ではなく手紙であるだけに、一雲の思想と性格がいっそう鮮明に出ており、きわめて貴重なものである。

この『九ケ条』は手紙の後に、

右書翰之写、寺田先生所蔵、白井先生より伝ふ、予写置しが、書続も有り抔《など》して続悪き故に、安政七年庚申三月廿二日両夜の徒然に写し直すものは、一雲子が書翰、其叮嚀《ていねい》深切なる事、寺田天真翁先生自得之兵法之意味を以見る時は、少しも違ふ事なく、寺田翁之書翰とも思はれ候、……

と、筆写した人物による奥書があり、この資料もやはり白井亨のおかげで後世に伝わったものであることを示していた。

また、この『剣術諸流心法論集』に載っていた他の無住心剣術に関する資料は、いずれも筆者がすでに持っているものであったが、活字化されて読みやすくなっているため、他本との校合、本書への引用に際し、大変助けられた。

「すべてのものには時期があり、また縁がある」というが、以上約十年間に、筆者の手元に集まった無住心剣術と真里谷円四郎に関する資料は、質、量ともに、現段階では、専門の研究機関といえども、もうこれ以上集めることは不可能ではないかと思われるほどになり、またこの資料を筆者自身武術の稽古をしながら繰り返し読み込むうちに、無住心剣術が持っている特性と問題点がしだいに明らかになってきて、ようやく本書をまとめる見通しがついたのである。

二　無住心剣術の生い立ち

1　無住心剣術開祖、針ケ谷夕雲

義旭先生云、当流剣術之元祖針谷（針ケ谷）夕雲は、上野国針谷と云ふ所の人にて、俗名針谷五郎右衛門と云て、一生浪士にて居られし也、老年になりて夕雲と名を改て後は、江戸八丁堀に住居して、七十歳余計《ばかり》にて病死有しと也。

これは、真里谷円四郎義旭の門弟、川村弥五兵衛秀東が、師である円四郎からの聞き書きをまとめた『前集』冒頭の部分である。

ここで川村は義旭先生――すなわち円四郎――から聞いた事実として、「当無住心剣術之元祖針谷夕雲は、上野の国針谷の出身で俗名を針谷五郎右衛門といい、一生浪人で通し、晩年夕雲と名を改めてからは八丁堀に住み七十歳ほどで病死した」と述べている。

この針ケ谷という土地が、どこにあたるかについては、異説が二つあり、一つは、宇都宮市大字針ケ谷、もう一つは、埼玉県大里郡大字本郷針ケ谷であるが、現在のところ確定的な資料がなにもないためいずれともわからない。（『前集』にある上野の国に針ケ谷という地名は見当たらないようである。）ただ、前述した白井亨の「天真兵法」の伝書『天真録』の後に、おそらく当時白井自身が調べて書き込んだと思われる夕雲の出生地の記述がある。それには「武州針ケ谷村は、板橋海道《ママ》深谷宿より一里半ほど西南に当り、榛沢郡の内に有しと云」と述べられている。したがって、この白井の記述が、当時残っていたなんらかの記録か言い伝えをもとにしているとすれば、夕雲の出生地である針ケ谷村は、埼玉県大里郡をさしているように思われる。

また、夕雲の生年は、この『前集』にある「七十歳余計にて病死有しと也」という記述と、夕雲の後を継いだ、無住心剣術二世小出切一雲の書いた『夕雲流剣術書』（別名、異称が多数あり、たとえば、『無住心剣術書』『無住心剣伝法書』『剣法夕雲先生相伝』『一雲先生伝書』などと呼ばれ、伝系により漢字混りのひらがなとカタカナに分かれているが、内容は、筆写の際の誤脱と思われる若干の相異があるだけでどれも同じものである。無住心剣術の資料としては、最もよく知られているもので、何度か活字にもなっている）のなかにある記述と、前述の『天真録』のあとがき等をつき合わせて逆算すると、天正の末年か文禄の初め、西暦でいえば一五九〇年頃と思われる。天正、文禄年間といえば武蔵より十歳ほど年下とはいえ、少年時代は豊臣、徳川の抗争対立で、戦国期の余燼がまだ匂っていた頃であろう。

そうした時代環境の下で少年夕雲――当時針ケ谷五郎右衛門であろうか――は、十三、四歳頃から、いくつもの剣術や槍術の流儀を学んだようである。『前集』によれば、夕雲は身の丈六尺、力も三人力はあったというから、武蔵がそうであったように、少年の頃から、人一倍血気盛んなところがあったように思われる。

夕雲一生の内、他流と真剣の試合五十弐度ありし、真剣勝負の場にして、終に障《さわる》ものなしと也。

という『前集』の記述は、そういった若き日の夕雲の姿を髣髴とさせる。

年代的にいっても、また体格からいっても、その生涯の他流との試合数からいっても、夕雲と武蔵はどこか類似しているところがあるように思われる。ただ、武蔵と異なる点は、武蔵が、生涯特定の師に就かず、自分の剣術を組み上げていったのに対し、夕雲は少年時代から、さまざまな流儀を渉り歩き、やがて、当時、日本無双と謳われていた小笠原源信斎の門人となったことである。

小笠原源信斎（無住心剣術関係の伝書では小笠原玄信）は、通称、金左衛門尉長治、後に上総入道を称したともいわれているが、その経歴は、いま一つはっきりしない。ただどの伝書、伝系でも共通していることは、上泉伊勢守の開いた新陰流の流れを汲んでいることで、無住心剣系統の伝書では、玄信を伊勢守の直門としており、豊臣秀吉の旗本の一人であったと述べている。これに対し、直心影流の伝書では、伊勢守と源信斎の間に、徳川家康に剣術を指南したとされている奥山休賀斎を入れている。なお、直心影流では伝系により開祖を杉本備前守とし、上泉伊勢守を二代目としている。ただ、この杉本は松本の読み間違いと指摘する説もあり、どれがいったい正しいのか、現在のところ知る術はないが、主として無住心剣術系統の伝承では、さらに玄信は、徳川の治政となった当初、秀吉の旗本であった関係から、一度、日本を出、中国大陸へ渡ったとされている。彼の地で玄信は、新陰流の刀法を教授したという。この話がどこまで正しいのかわからないが、古い中国武術の書である茅元儀の『武備志』に猿が太刀を使っている陰流の目録が載っていることからみて、新陰流では一流の使い手であった小笠原玄信が彼の地でそれなりに遇されたということは、考えられないことではないかもしれない。そして、さらにこれはいかにも作り話めくが、玄信が新陰流を教えていた中国人のなかに、張良の子孫と称する者がいて、先祖代々「戈《ほこ》の術」というものを伝えていたという。張良といえば、劉邦の謀臣となった伝説的英雄であり、この言い伝えにはいかがわしさが匂うが、伝説的英雄を自流の開祖とする傾向は、日本の武術においても濃厚であり、明治以後いや戦後に突如として名乗り出た流派、会派にも、思わず首を傾けざるを得ないような歴史上の著名な人物を流祖、開祖にしていることが少なからず見受けられるから、似た傾向は中国にもあったのかもしれない。

とにかく、玄信は中国で、この張良の子孫と称する者が伝えていた「戈の術」と新陰流を交換教授して学んだという。それにより、玄信は、この「戈の術」に伝わっていた「八寸ノ延ガネ」というものを、自流の新陰流に応用して、かつてない優れた理合を自得したという。この「八寸ノ延ガネ」というものが技法上の一つのテクニックなのか、十手や振り杖のようななにか異種の武器なのか、現在、武道史研究者の間では意見が分かれているようである。ただ、筆者は一雲が『夕雲流剣術書』のなかで「玄信ハ戈ノ術ノ八寸ノ延ガネト云事ヲ我ガ神陰へ用ヒテ、以ノ外勝理ノ益ナル事ヲ自得ス」と述べていることからみて、技法上の使い方であると考えていたが、『切紙究理秘解弁』によれば、八寸ノ延ガネとは（同書では「八寸ノ延曲」の字を用いているが）、「順ニ打ト四寸延、足ヲ不出ニ躰ヲヒネリテ打ト八寸延ル故八寸ノ延曲ト云」と解説しており、八寸ノ延ガネとはやはり純然たる剣および体の技法上の使い方であったようである。

余談になるが、この玄信の八寸ノ延ガネに対し、幕末、無住心剣術を深く敬慕した白井亨は、一時期、自らの剣術に「八寸ノ伸金」ということをしきりに用いていたが、これは、自分の持っている剣の剣先が、さらに八寸伸びている、ということをイメージする心理的な剣の使い方であった。

いずれにしても、日本の剣術では、この八寸という寸法が手頃で語感もよかったためか、「延ガネ八寸ノ大事」とか「柄ニ八寸ノ徳アリ」というふうに、諸流の剣術において用いられていた。

玄信は、この「八寸ノ延ガネ」を会得してからほどなく、徳川の治政も落ち着いてきたこともあってか、日本へ帰ってくる。帰朝した玄信は、とにかく、この「八寸ノ延ガネ」の成果を試したいという思いが、うずくほどにあったようである。すでに恩師、上泉伊勢守は没していたが、高弟で疋田陰流の開祖とされている疋田文五郎と立合ったという。

疋田文五郎といえば、上泉伊勢守の高弟で神後伊豆（この人物は謎が多く、その実在も疑われているが）とともに双璧と称された人物であるが、『夕雲流剣術書』によれば、疋田は一足も動かすことが出来ず「奇異ノ感歎浅カラズ」であったという。その後さらに、柳生但馬守に対して試合を申し込んだところ、但馬守がいうには、「自分は立合うつもりはない。自分としては、恩師伊勢守の道統を守ること以外に了簡はなく、近年、沢庵和尚に禅を学んでいるが、とても現在の其の方の兵法の理に立向って勝てるとは思えない」——「奇妙ノ兵法ゾト深ク嘆美シテ、終ニ試ミモナシ」——と称賛したという。そして、その後、およそ日本で剣名を噂されるほどの剣客とは、出会う度に試合をしたが、「一人トシテ玄信ニ勝タルモノナシ」という次第であったという。

一雲による、この『夕雲流剣術書』の記述は、あるいは、多少根拠になる言い伝えが残っていたのかもしれないが、明らかに師夕雲の卓絶した剣の技倆と、無住心剣術という自流の栄光を引き立たせるための布石、舞台装置であることは否定できない。ヒーロー登場まで仇役の強さを十分観客に見せつけておく、という手法は、洋の東西を問わず、また古今を問わず、最もよく使われている方法だからである。

その例に違わず、この玄信の強さの強調も、「これほどに強い玄信」を、やがてその弟子である夕雲が、一方的に打ち破る場面を盛り上げるために使われているのである。筆者が、このような、皮肉ともとれることをここで述べるのは、この玄信のエピソードが、年代的にみて辻褄が合わないからである。

つまり、『前集』によれば、玄信は秀吉の旗本の一人で「大坂落城の後は関東へはばかりて、唐へ渡り、一年を過て、また日本へ帰りし人なり」となっているが、大坂城落城は元和元年（一六一五）であり、玄信が中国へすぐ行って帰ってきたとしても、疋田文五郎が没したと伝えられている慶長九年あるいは十年（一六〇五）からは、十年近くも年がズレており、文五郎が生きているはずはないのである。また柳生但馬守についても、沢庵との交際等からみても、年代的にみても明らかに、柳生但馬守宗矩のことであろうが、文中から察するに、どうも伊勢守の直弟子であった宗矩の父、柳生但馬守宗厳すなわち柳生石舟斎と混同しているようである。もっとも、こうした錯誤は、現代と違って情報が極度に少なく、伝承も口伝えが多かった時代では、珍しいことではない。一雲は、この『夕雲流剣術書』のなかで他にも、たとえば上泉伊勢守の経歴を「秀吉公ノ天下ヲ治メ玉フ時分ニ当テ、鹿島ノ生レニ上泉伊勢ト云者有テ」と書いているが、実際の伊勢守は、上州大胡城の城主の子として生まれたのであり、時代も、秀吉が天下をとる時代よりも一時代前の人物である。

したがって、一雲の「玄信が疋田に勝った」という記述も、一雲が故意に創作したものとも思えないが、無意識のうちにも「玄信が非常に強かった」という話を、当時伝わっていた説のなかから選びとった——すでに述べたように、その玄信に師の夕雲が勝った、ということを引き立たせるために——ということは想像できる。

しかし、おかしなことに、というか気の毒なことにというか、この「日本無双」と謳われたという小笠原玄信（源信斎）は、夕雲とは別の高弟で、直心流を名乗った——さきに述べた『日本剣道史』を著わした山田次朗吉の流儀、直心影流の実質的流祖ともされている――神谷伝心斎とも、似たようなエピソードの相手役をつとめさせられ、伝心斎の名を高める引き立て役となっているのである。そのエピソードも含め、『日本剣道史』から神谷伝心斎の項を引いてみよう。

直心流は新陰流の五世、神谷伝心斎が流名に呼んだものである。伝心斎初名丈左衛門、幼名を幸之助といひ、松平周防守の児小姓であつた。後に水野出羽守未だ隼人正と謂はれた頃に奉仕して居つたといふ。兵法の熱心家で、若年より十五流に渉つて修業し、遂に小笠原源信斎の門に入つて推敲を重ねた。其頃宮本武蔵が二刀の兵法評判が高かつたのを、丈左衛門は詮議して、宮本とても鬼神でない以上、彼を打込ぬことはあるまいと言つた。源信斎は是を聞て、いや其方ぐらひの腕にて宮本の批評は僭越である、窘みなさいと誡めた。丈左衛門は私には自ら成算があると広言したので、然らば自分が宮本の仕方を以つて汝と立合つて、試めしてやらうと仕度をした。源信斎は長短の木剣二本を執て下段に組み詰め寄つた。丈左衛門は上段に構へ立向つたが、忽ち松風を振つて下段に差直すを、源信斎踏込んで二刀を以て下段の木剣を挟み押へにかゝる刹那、跳ね返したる電光石火、源信斎が額口を発矢《ハッシ》と打て退けば有繋《サスガ》に師匠も参つたの一言に、丈左衛門の気勢が空《カラ》気焔でないことを証明させたのである。

かくの如き非凡の技能があつても、猶ほ歉《あきた》らず研鑽して剣心の本義を需めようとした丈左衛門は、後年伝心斎となつて六十七歳の時、活眼を開いて昨非を悟り、今までの勝負は皆外道乱心の業である。兵法の根元は仁義礼智の四徳に基かぬは詐りであつて。勝も真の勝ではない。己れを捨て直心を以て進み。非心を断たねば自然に悖《もと》る。要は誠の一字にありと悟入して、直心を以て、流名とした。仍て伝開を非切と称し、物我を切断する意を陳べて居る。稽古なども皮具面頬などを便りにするな。一身を防ぐ道具は直心にあると教へて居る。寛文三年二月の伝書に八十二歳とあれば、钁鑠《かくしやく》として長命なりしことが窺はれる。

このエピソードは、直心影流の間では有名な話であったらしく、直心影流系統の伝書である『切紙究理秘解弁』にも、若干経緯の異なる話が二つ参考資料として載っていた。貴重な文献なのでここにその一つを引用してみたい。（なお文中の源心斎、源信、金左衛門は、みな小笠原源信斎をさす。）

　神谷文左衛門尉平真光（この書では丈左衛門ではなく文左衛門になっている）後号伝心斎最《もつとも》英霊也《えいれいなり》文左衛門法名真心院信誉伝心居士ハ石州浜田ノ住八才ノ時ヨリ兵法ヲ勤ム塚原卜伝ガ弟卜平（川島卜平、一説に島卜端ともいう）ガ弟子也松岡扇計（新当流松岡派の祖松岡兵庫則方のことか）ヨリモ稽古イタサル松岡流念流ト云伝心ト付レタルハ兵法以心伝心ノ心ニテ付レタルト云（中略）源心斎台徳院様御代ニ帰朝シ信州イヅナ山ヨリ小綱《ママ》町へ出テ大勢ノ門人ヲ警策ス柳生侯へモ出立合タシト云レケレドモ唐マデ行レ候人中々不及《およばず》ト断リ不立合《たちあわず》依テ伝心斎モ弟子トナリ三度稽古ニ行ル或時《あるとき》高弟ノ中ニテ一両人申ケルハ宮本武蔵ハ名人ト申候ガイカガ御座候ヤト先生へ聞源心斎ノ曰如何ニモ名人ニテアリツル某《それがし》モ立合見候ガ如何様《いかさま》名人也ト云其時文左衛門ハ末座ニ居ラレ候ガ進ミ出テ曰是ハ先生ノ御詞《おことば》トモ申サレズ武蔵ガ如キ兵法ハ名人トハ申サレズ彼ハ生得強情者《しょうとくごうじょうもの》ニアリ中々名人トハ申サレズト云其時源信イヤ推参《すいさん》ナ足下《そっか》ノ口ニテ武蔵ヲ評ヤ此間《このあいだ》稽古ニ出ラレテ何ノ武蔵コナサヤト云伝心曰仰《おおせ》ノ如ク此間御弟子ニ成リ稽古出候得共《いでそうらえども》中々武蔵如キノ者ヲ名人トハ不存《ぞんぜず》アレハ強勇ト云者ニテ有之《これあり》ト云源信色ヲ損ジ然ラバ某武蔵ニ成ツテ仕合ヲ致サン可立合哉《たちあうべきや》アル伝心ノ曰師ニ向テ何ゾ勝負ヲセンヤ併シ仰ナレバ不苦《くるしからず》立《たち》合可申若某《あいもうすべしもしそれがし》ガ勝ハ御流儀ヲ不残御《のこらずご》相伝可被下哉《そうでんくださるべきや》トアル如何ニモ負候ハバ不残進上《しんじょう》可致《いたすべし》トテ源信ハ二刀木刀ナリヲ持伝心ハ三尺ノ木刀ニテ上段ニ取源信ハ下段ニ持ジリジリト仕掛上段ニ取タル処ヲ気ニテヲサヘル文左衛門下段ニトリヒツサゲスルスルトシカケル金左衛門ハ先ニテ思ノ外下段ニトラレスルスルト仕掛ラレシ故曲尺《かね》近《ちかく》ナリシユヘ二刀ニテハサミ押ントスル所ヲ一足引テハヌレバ金左衛門ノ木刀飛所へ直ニ踏込真向ヲ打《うつ》金左衛門木刀ヲナゲ扨々《さてさて》此方《こなた》ハ名人也トテ血出ヲ鉢巻シテ不構《かまわず》箪笥ノ引出ヲ取ヨセ巻物ヲ不残アタヘ大勢ノ弟子ニ向テ某ハ是ヨリ兵法ヲ止メイヅナ山へ引込故文左衛門ニ稽古致サルベシト云テイヅナ山エ引込ム然ルニ伝心ヨリ前ニ免許ノ人々ハ伝心ノ弟子ニモ成ニクク夫《それ》ヨリハ《わ》カル也。

この伝心斎が至った悟りは、後世特に直心影流の関係者のなかに、夕雲の開悟と同質のものであると感じた――そう思い込もうとしたというべきか――者がいたようで、熊本の牧堂文庫所蔵の『天真独露』のはじめに、これを書写した者が書いたと思われる巻頭言があり、それによれば、

針谷夕雲初メ五郎右ヱ門ト云、小笠原源信斎ニ兵法ヲ学ビ神谷伝心斎ト同門也、伝心剣法之心妙ヲ得、高橋氏ニ正統ヲ譲ル神谷、針谷ノ意、不同事モ巻中ニ之有ル可哉、尤モ心法極意ニ至ル一円相之場ハ、豈、二ツ在ランヤ、後学之人能々《よくよく》味読スベキナリ、針貝（谷のあて字であろう）ハ神陰上泉之門人也。

となっており、明らかに、神谷伝心斎と針ケ谷夕雲は、同じ上泉の新陰（神陰）流系統ということもあり、その言説に多少違いはあるがきわめて至った境地は同じであろうと述べている。

しかし、ここで注目したいことは、古来日本では師に対する尊崇をやかましくいうが、針ケ谷夕雲、神谷伝心斎ともに、師に赤恥をかかせて――とまではいわないまでも――、師を踏み台にして、自分の所得した境地の素晴らしさを喧伝していることである。

もちろん、こうした例は、他にも少なくないが、これは、日本の芸道社会で（宗教も含

めて）、師に対する尊崇を強調する裏で、「師を嘲笑うところまで行けるか」という言葉が、修業者の間で囁かれていたことの具体的例証ともいえるであろう。

話が先に進んでしまったが、針ケ谷五郎衛門は、小笠原玄信の門に入り、やがて、小笠原門下では二、三本の指に入る高弟となり、「八寸ノ延ガネ」まで残らず受け継ぐほどになる。そして、その剣名はついに、大猷院（三代将軍家光）に、その剣技を上覧に供するという話にまでなったが、家光が病没したため実現しなかったという。

ただ、ここで疑問があるのは、この話は『前集』に載っているのであるが、同書によれば、夕雲が新陰流を捨て、無住心剣術を開いたのは、夕雲五十歳の頃であり、この話のあったという四十歳の頃までは新陰流であった、と解説していることである。つまり大猷院すなわち徳川家光が没したのは、慶安四年（一六五一）であり、その年代では夕雲は五十歳をとうに越え、六十歳近くになってしまい、すでに新陰流から、無住心剣術・夕雲流へと変わってしまっているのである。筆者が考えるに、大猷院というのは、台徳院すなわち二代将軍徳川秀忠のことではなかったかと思う。台徳院ならば、寛永九年（一六三二）に没しており、その頃であれば夕雲も四十歳近くになっており年代的にも合う。おそらくはそうであったのだろう。このエピソードが前述した、小笠原玄信と疋田や柳生との立合いの話のようなフィクション性が薄いと思われるのは、夕雲が、将軍家上覧ということで、わざわざ「しない」を新調して用意をしていた、という『前集』の記述に、現実的雰囲気が感じられるからである。

こうして、四十歳までひたすら師伝の新陰流の剣術に精励していた夕雲――当時はまだ針ケ谷五郎衛門――は、四十歳を過ぎる頃から、しだいに自分の剣術に疑問を持つようになったようである。夕雲はなぜ、自分の剣について思い悩むようになったのであろうか。もちろん、命を賭けての真剣勝負を生き抜いてきた夕雲の心中にどのような変化が起こったかは、後世のわれわれの感覚では容易にはかりしれないが、夕雲の心境の変化には、やはり当時の時代背景というものが、大きく作用していたと思われる。

夕雲が、とにかく強くなろうとして武術の修業にのめり込んでいった青春の頃は、徳川の治政になったとはいえ、戦国乱世の殺伐さがまだおさまっていなかった頃である。そうした時代の雰囲気のなかで、夕雲は自分の剣を磨くため、数多くの他流試合を行なったようである。前述したように、命を賭けた真剣勝負も生涯で五十二回行なったというから、木刀や竹刀による試合はもっと多かったであろう。

しかも、その剣の使い方が凄まじい。『前集』によれば、一雲がある時、かつて夕雲が帯びていた二尺五寸の重い大刀を抜いてみたところ、中砥で研いで刃引にしてあったため、不審に思って後日、なぜ刃がついていないのか、その理由を尋ねたところ、夕雲は「なるほど存じ寄りはもっともなり」と前置きして、「自分は身の丈が六尺、力は三人力ほどもある。だから、一人を相手の勝負などは、どうにでも勝てる――つまり、一人を相手の剣術などは問題にしていない。大勢を相手にする時、刀に刃がついていると刃が欠けた時、引っかかって思いどおりにゆかないことがある。だから、わざと刃引にして、これで相手をたたき殺すことにしていた」と答え、さらに、たまたま大名などとも口論に及び、喧嘩ともなれば「供の大ぜいをたたき殺し、主人は乗物ごとうち破って殺す覚悟なり、そのため刃引にしたのだ」と、凄まじい話をしている。「ただ、脇差はもしも自分が切腹しなければならなくなった時、刃がついていないと困るので、よく研いで差していた」と答えたという。この言動からみて、夕雲壮年の頃は、手のつけられないような凄まじい迫力を持った剣客であったようだ。この様子からみて、試合の相手が死に至らなかったことの方が少なかったような気がする。

ただここで少々疑問なのは、新陰流という上泉伊勢守によって創始された、それまでの戦国時代の合戦向きの「習うより慣れろ」式の剣術とは異なった、円転滑脱な、いわばアカぬけした剣術を学んだはずの夕雲の剣が、どうして、このような、野生の猛獣のような剣風になったのか、ということである。

考えられることとしては、夕雲は新陰流の小笠原玄信に師事する前に学んだ諸流の剣術や槍術のなかから、夕雲なりに実戦の経験を通して自得したものがあり、玄信に就いたのは、玄信が、当時無敵といわれるほどの剣名を得ていたからではないかということである。つまり、夕雲は玄信の使う新陰流の太刀筋に惚れて入門したわけではなく、玄信の剣客としての名声に憧れて入門したのではないだろうか。

その一つの証拠は、夕雲自身は生来、戦国実戦の風を好み、円転滑脱な、いわば「芸術」的な剣術は肌に合わなかったと思われることである。そうした夕雲の傾向は、後に無住心剣術を開いてからも残っていたようで、弟子の一雲が書いた『夕雲流剣術書』の有名な冒頭の部分にも色濃く匂っている。

> 先師夕雲ノ談ゼラル、ハ、当世ヨリ百年許《バカリ》以前ハ、兵法サノミ世間ニハヤラズ。其子細ハ天下乱国ナルニヨリテ、武士安座ノ暇《イトマ》ナク、毎度甲冑兵杖ヲ帯シテ戦場ニ臨テ、直ニ敵ニ逢テ太刀打組合ヲシテ、運ノ強キ勇者ハ長《ナガ》ラへ、数度ノ場ニ逢テ自己ニ勝理ヲ合点シテ、内心堅固ニスワル事、当世諸流ノ秘伝極意ト云モノヨリモ猶タシカナル者多シ。如《キ》レ此《ノ》ノ時代ニハ、我モ人モ取トメテ習フベキ隙モナク、若《モシ》又偶々《タマタマ》習テモ、戦場其外真実ノ場ノ働ニ及テハ、俄ニ習ヒヲ以テ勝利ヲ得難ク、只面々ノ運ト覚悟トニ任《マカ》セタルト見エタリ。
>
> 近代八九十年此方、世上モ静謐トナリ干戈自ラ熄《ヤ》ミ、天下ノ武士共安閑ニ居睡リスルヤウニ成行テ、戦場ニ臨テ直ニ試ミ習フベキヤウナケレバ、セメテハ心知良友ニ相対シテ、互ノ了簡ヲ合セ、勝理ノ多ク負ル理ノ少キ方《カタ》ヲ詮議シテ勤習スル事、治世武士ノ嗜ミト成テ、木刀シナヒナドニテ互ノ了簡ヲ合セ試ル事、兵法ノ習ヒト成テ、隙アリノ浪人等朝夕工夫鍛練シテ、所作ニカシコキ者ハ自ラ佗《(他)》ノ師トモナリテ教ヲ施ス。如レ此スル間ニ次第々々ニ兵法者卓散ニナリテ、諸流区々《マチマチ》ナリ。

すなわち、「師夕雲の話によれば、今から百年ばかり昔の戦国の頃は、度重なる合戦に武士はとても剣術など稽古している暇はなく、ただ戦場で場数を踏み自ら自得したものをもって戦に臨んでいたが、そうした自得は、今どきの諸流でいう秘伝や極意などよりもずっと確かなものが多かった。

ところが、戦国も終わって八、九十年、平和になって武士も暇になり、また、実戦の場で武技を磨くこともできなくなったため、木刀、竹刀などを使って剣の理を論じ所作を工夫するようになってきた。そのうち所作上手な者は自然と師としてたてられるようになり、しだいに兵法者（剣術使い）が殖え、多くの流儀が生まれてきたのである」。

この文は皮肉に満ち、書き手のなにやら世を拗ねたような感情も伝わってくるが、確かに当たっているところはあるであろう。『甲陽軍鑑』には、高阪弾正が武田信玄にいった「戦国の武士は武芸知らずとも事すむべし。木刀などにて稽古するは太平の代にては切るべき者なきにより、其切様の形ちをおぼゆる迄のことなり。戦場へ出る時は、始より切覚えに覚ゆれば、自然の修練となるなり」という言葉が載っており、こうした事情を裏書きしている。

また、一騎打もよく行なわれた源平合戦の時代とは異なり、近代的集団戦の様相となった戦国期は、作戦や用兵の才能は高く評価されたが、剣術をはじめとする武術は、下級武士の個人芸という認識が支配的であり、「将には剣技は要らぬものだ」という空気があったようだ。

そうであったからこそ、宮本武蔵も『五輪書』のなかで、なんとか兵法（剣術）の地位を向上させようとして、剣術は個人芸ではあるが、いわば合戦の雛形であり、剣術を学ぶことは合戦のシミュレーションとして役立つ、というふうな説き方をして、剣術を「一分の兵法」、合戦を「大分の兵法」と名づけて両者の関連をくどいほどに述べている。

筆のついでに述べるが、こうした武蔵の思想には、後に「世界に冠たる日本武道」の特色として後世——おかしなことだが特に明治以後にみられる——精神陶冶第一主義的になった、観念化した精神主義はまったくみられない。

武蔵はいう。

大形《おおかた》武士の思ふ心をはかるに、武士は只死ぬると云道を嗜事と覚ゆるほどの儀也。死する道においては、武士計《ばかり》にかぎらず、出家にても、女にても、百姓以下に至る迄、義理をしり恥をおもひ、死する所を思ひきる事は、其差別なきもの也。武士の兵法をおこなふ道は、何事においても人にすぐるゝ所を本とし、或は一身の切合にかち、或は数人の戦に勝、主君の為、我身の為、名をあげ身をたてんと思ふ。是兵法の徳をもつてなり。

すなわち、「多くの武士は『武士とは死を覚悟する者』といった程度に考えているようだが、そういったことなら、多少気の利いた者ならば、僧であれ、女であれ、百姓以下の者でもみな持っている。武士の特色は、何事においても人にすぐれ、戦に勝ち、主君の為にも自分の為にも名を挙げ、出世することにある」と武蔵は、はっきりと説いている。

この武蔵の考え方には「武士とは死ぬことと見つけたり」といった、いわゆる「死の哲学」とも称される「葉隠」的な武士の姿はまったくなく、実質的な武技を磨いて人に勝ち名を挙げ栄達することは武士として当然の願いであり、またそうあるべきだという言葉にいささかのためらいもみられない。

そうした時代の空気のなかに夕雲もいたわけであり、かつ、武蔵とは違って「無学文盲であった」という夕雲だけに——『夕雲流剣術書』のなかで一雲は「夕雲は学問もなく、文盲第一の人なり」と述べている——、現実的なナマな強さへの関心は、より深かったのであろう。とにかく夕雲は、四十歳頃までは、生来の恵まれた体力と気力にまかせ、また数多くの他流との試合体験を通して、ひたすら強さを追求する血腥い日々を送っていたのであろう。それが、四十歳の頃ともなると、もう夕雲の周囲には、ほとんど相手になる者がいなくなってきたのではないだろうか。夕雲の剣技を将軍の上覧に供する、という話が起こったというのも、当時の夕雲の強さを裏づけているように思われる。

夕雲が、ふとまわりを見渡して自分の相手になる者がいなくなってきていることに気がついた時、わが半生を振り返って、数知れぬ他流試合で多くの人間の血を流してきたことに、無常観と罪の思いを持ったとしても不思議ではない。合戦に明け暮れる戦国の世であれば、相手が強くとも、弱くとも、好むと好まざるとにかかわらず太刀を交えねばならなかったであろうから、このような思いにとらわれる暇もなかったであろう。相手を選んで試合が出来る、という時代環境であったからこそ、このような心境になる下地が出てきたともいえよう。

もっとも、夕雲のように、その剣の強さが頂点まで登りつめた者以外では、まずこのような思いを抱く基本的条件がないし、また、そういった腕になった者でも、夕雲のように思いつめる者は、稀であったかもしれない。そういった意味では、乱暴者にみえた夕雲のなかに、なにか宗教哲学的な天分があったのかもしれず、そうした夕雲の素質が、泰平の時代となり、年毎に武士達が読書階級になってゆくことに対して、自分がなにかとり残されてゆくような不安を強く感じはじめていたのかもしれない。

世の中からは、日々戦国の風は後退してゆく。寛文十年（一六七〇）、幕府は帯刀尺寸の令を出す。これは武士が帯びる大刀は二尺九寸まで、脇差は一尺八寸までとし、それ以上長い、三尺にも及ぶような刀を差して歩くことを禁じたもので、これにより幕府は武士の粗暴さ、野性味を抜いて、画一化管理化をはかろうとしたようである。

夕雲が禅に接近した背景として、このような時代環境があったことは見逃せないであろう。『夕雲流剣術書』によれば、夕雲は何人かの禅僧に就いたようであるが、なかでも、東福寺の虎伯和尚に深く傾倒したようである。この虎伯の許で、十二、三則の公案も透ってみると、新陰流の太宗である上泉伊勢守も、塚原卜伝も、また、現に自分の師である小笠原玄信の「八寸ノ延ガネ」も、「皆悉ク妄想虚事ノ類ニテ、人生天理当然ノ性ノ受用ニアラズ」と気がついたという。同書で次につづく言葉は、「相ヌケ」を生んだ夕雲の、自らに課した「公案」ともいえる有名な述懐である。

多クハ只畜生心ニテ、己レニ劣レルニ勝チ、マサレルニ負ケ、同ジヤウナルニハ相打ヨリ外ハナクテ、一切埒ノアカヌ所ノアルゾト云事ヲ心付テ、ソレヨリ此方時々刻々工夫修行シテ、畜生心ヲ離レ所作ヲ捨テ、自性本然ノ受用ノ中ヨリ勝理ノ具ハル事ヲ自得セント研究セラル。

そして、夕雲はついに、この自らに課した公案の殻を破った。

一旦豁然トシテ大悟シ、兵法ヲ離レテ勝利明カニ、人生天理ノ自然ニ安座シテ一切ノ所作ヲ破リ、八面玲瓏物外独立ノ真妙ヲ得ラレタリ。

この「八面玲瓏物外独立の真妙を得た」という状況が、どのようなものであったかは、わからないが、「一切ノ所作ヲ破リ……」という言葉からみても、技術上の発明工夫による自覚ではなく、どのような太刀筋の攻撃に対しても、その動きを問題とせず、それを打破する自信が実感として備わった、ということであろう。

その証しとして、以後、夕雲は他流と立合って、その会得した剣術を試みてみると、誰も相手になる者がいなかったという。「ソレヨリ他流ニ立合テ、只今ノ工夫自得ノ用ヲ試ルニ、終ニ障ル者ナシ」。

さらに、これにつづく「夕雲が玄信をまったく問題にせず打ち破った！」という記述により、無住心剣術の実力は、不動のものとして印象づけられる。一雲が玄信の強さを、しきりに強調していたのも、この一節のためであったろう。

幸ニ先師ノ玄信イマダ在世ナル故ニ、自己ノ所得ヲ談ジ聞セ、其上ニ立向テ試ルニ、玄信ガ秘々ノ八寸ノカネマデ打破テ見ルニ、烈火ノ竹ヲ破ルニ似タリ。

これによって夕雲は、いままで自分が学んできた新陰流をはじめとする諸流の術技をすべて捨て、この新たに会得した境地のみをもって以後の自身の生涯を托す剣術としたのである。

この種々の型や術技を捨てた新しい剣術に対して、夕雲の禅の師匠であった虎伯は次のような讃を与えたという。

流ト云ベキヤウモナケレバ名モナケレドモ、若《モシ》強テ名ヅケバ、無住心剣術ト云ンカ。

すなわち、「これはもはや何々流というようなものではないが、もし強いて名づけるとすれば『無住心剣術』とでも呼ぶか」といった虎伯の言葉には、いかにも禅僧らしい満足感があふれている。

この見事な「演出」の利いている文の流れは、夕雲とは異なり、老儒仏等の諸学に詳しかったという一雲ならではの展開であろう。

このように『夕雲流剣術書』のはじめに師夕雲の来歴を述べている一雲は、引き続いて自らのことに触れ、自分が二十八歳の時、初めて夕雲に会って入門し、五年後の三十三歳の時、夕雲と真実の試合（別に真剣で試合ったというわけではなかろうが、稽古試合ではない、剣客としてのすべてをかけた本式の試合ということであろう）を三度行ない、三度とも勝負がなく「相ヌケ」をして真面目という無住心剣術の印可の巻物を授かったと述べている。

《さて、この真面目という印可の巻物がどのようなものであったかだが、新曜社本『剣の精神誌』執筆の後、久留米市民図書館所蔵の『剣術等級伝書　全』（複製）に『真面目印可』が、『加藤田家伝　剣道伝書』（武道専門学校剣道同窓会が所蔵する原本の複製物）の中に『直《ママ》面目印可　秘書』がそれぞれ収められていることがわかった。双方ともに、全文漢文で禅語が多く使われている。これを夕雲が書いたとすると、とても無学文盲と言うことはできないので、夕雲が禅の師の虎伯に依頼したと考えるのが妥当であろう。ただ、鎌倉の松ケ岡文庫所蔵の『虎伯和尚語録』のなかには「離相流　真之巻物」「離相流　行之巻物」（離相流とは無住心剣術の別称）という章があるが、離相流開祖の夕雲のことは一言も触れられていない。ただ、その二章の内に「天真独朗」や「之ニ向フ者ハ炉上ニ雪ヲ点ズルが如シ」などの無住心剣術の伝書に用いられている語や、『真面目印可』『直《ママ》面目印

可　秘書』の文中にもある「手脚運動」「規矩」「千聖不伝（先聖不伝）」「全体作用」の語がある。しかし、前後の文章が違うので、虎伯が『真面目』の著作に関与したかどうかは不明である。ちなみに、『虎伯和尚語録』のその二章には年代は記されていないが、他の章に書かれている日付は正保二年（一六四五）から承応三年（一六五四）の間で、夕雲が無住心剣術を開流した頃と、ほぼ一致する。なお、『真面目印可』には『直《ママ》面目印可　秘書』にはない夕雲から加藤田平八郎重秀に至る代々の師家の名前が巻末に列んでいる。一方、『直《ママ》面目印可　秘書』には、『真面目印可』にはない漢文の説明文があるが、本文についてはどちらもほぼ同じである。》

そしてさらに、この相ヌケをした日、師夕雲は懐から念珠をとり出し一雲に向かって香を焚き、一雲を拝んだという。（すなわち、夕雲が禅によって開いた、この至上の剣術の極意を極めた者は、生きながら仏と同等の存在になった、という意味からであろう。）

夕雲は一雲に印可を授けてからほどなく没したようである。

このことを一雲は、次のように簡潔かつはっきりと、自分が夕雲の正統の後継者であることを描き上げている。

夕雲スデニ六十余歳、古キ弟子二千四五百人モアリ。余ガ二十八歳ノ時初メテ謁シ、口授ヲ受テ三十三歳ノ時、夕雲ト真実ノ試合ヲ三度シテ、三度ナガラ相ヌケヲシテ、真面目ト云フ印可ノ巻物ヲ受トル。相ヌケノ日ハ、夕雲イカヾ存ゼラレケルカ、懐中ヨリ念珠ヲ取出シテ、余ニ向ツテ香ヲ焚キ余ヲ拝セラル。其年、夕雲逝去セラル。

この部分は、『夕雲流剣術書』のなかで最も有名な一節であり、殊に「相ヌケノ日ハ、夕雲イカヾ存ゼラレケルカ、懐中ヨリ念珠ヲ取出シテ、余ニ向ツテ香ヲ焚キ余ヲ拝セラル」のくだりは、その劇的な情景をみごとに謳いあげている。

後世の詩的情感を持つ禅者や文人が少なからず惹きつけられたというのは、こういうところであろう。

また、ここで一雲は、自分こそが師夕雲のすべてを受け継いだ正統な後継者であることを濃厚に匂わせているが、さらに『夕雲流剣術書』の後半では、「太陽も月も二つはないし、釈迦在世中釈迦は二人とはいなかった」という大層なたとえを持ち出し、

サリナガラ天ニ日月アリテ、終ニ日二ツ、月二ツ一度ニ出タル例ハナシ。モシ出ルトモ、一ツハ変邪ノ躰ナレバ、能々《ヨクヨク》日ニ似タリトモ、終《ツヒ》ニハ自滅スベシ。仏在世ニ仏ハ唯我独尊ニテ、一世ニ二仏ハ生セズ。コノ理ヲ以テ見レバ、当流相弟子中ニモ、同ジヤウノ者一世ニ二人ハアルベカラズ。

と述べて、師と真に相ヌケをして師の衣鉢を継ぐことが出来る者は、師の生涯で唯一人で

他にはいない、といささか異常な宣言をして、自分が夕雲の唯一の後継者であることを強調している。

一雲が、このような極度に観念化し、神聖化した宣言をせずにはいられなかったと思われる事情については後に述べるが、この宣言はやがて、一雲自身を深く悩ますことになる。しかし、この「相ヌケ」を、師夕雲との立合いにおいてなし遂げた日、一雲の心には毛の先ほども、そうした矛盾と苦悩の日々の予感はなかったであろう。

しかし、後にそのような矛盾や難問が生じた、ということはさて措き、この「相ヌケ」というものが、日本剣術史上、過去においても、また後の世においても、他のどの流儀のなかにもみられない特異な技――技というより「現象」「状況」というべきかもしれない――であったことは事実であろう。

「相ヌケ」とは、どういう形態のものであったか、という質問に答えることは難しいが、概要を想像するに、剣術の勝負は、勝つか、負けるか、相打になるか、そうでなければ意識的に引き分ける以外に決着はあり得ない、というそれまでの武術の鉄則を超え、お互いが打てない、打たれない、というあたかも磁石のS極同士、あるいはN極同士を向き合わせたような状態になることをいったようである。

「相ヌケ」については、後で詳しく検討するので、ここでまず、無住心剣術の太刀遣いの特色について少し触れてみよう。

無住心剣術の伝書を読んでいて非常に気になるのは、他流、特に精妙な技を持つ流派への論難の激しさである。いったいどうして、これほどまでに皮肉に満ちたアクの強い言い方をするのだろうかという疑問が湧いてくる。

夕雲の学んだ新陰流の開祖である上泉伊勢守は、戦国の血腥い剣術とは異なった「新陰流」という垢抜けした剣術を創始したが、自らが書いた『影目録』のなかで、

予は諸流の奥源を究め、陰流において別に奇妙を抽出し新陰流を号す、予は諸流を廃せずして諸流を認めず寔《まこと》に魚を得て筌を忘るる者か。（傍点引用者）

と、ひどく粋な表現をもって、他流に対するその自信のほどを述べている。

この粋さにくらべて、聞き苦しいほどの痛罵の言葉を他流に浴びせている無住心剣術の怨念にも似た思い込みの激しさについて、筆者は以前から疑問を抱いていたが、『師系集伝』の記述を目にしたことによって、この疑問に対する一つの答えが明らかになった。

先に、夕雲が大悟して無住心剣術を開いたのは虎伯和尚の力が大きいことを述べたが、この虎伯が、具体的に夕雲の大悟にどのように関わったかについては、いままで世に知られていた無住心剣術関係の資料にはなにも記されていなかった。ところが、この『師系集伝』には、虎伯を虚白と書いて、次のような非常に興味深いエピソードが記されていたのである。

平生禅学ヲ嗜ム、諸禅師ニ示諭ヲ受ケ就中《なかんずく》東福寺虚白和尚ニ帰依シ日夜大極本然ノ妙ヲ工夫ス、或時夕雲上野伊香保ノ温泉ニ行ク道中ニテ落馬シ殊ニ左手ヲ強ク痛メ終身不癒《いえず》終其砌坐臥モ不自由也、時ニ虚白院使ヲ遣シ其安否ヲ問且難シテ曰、日頃ノ剣術手足ノ動ザル際如何《いかん》ト云時ニ夕雲豁然トシテ大悟ス、此ニ於テ師ノ玄信ト術ヲ試ミ終、玄信ガ秘々八寸ノ延金迄《まで》朽木ノ如ク打摧《くだ》ク、其術ノ神妙ニ舌ノ及フ所ニ非ス。

すなわち、「夕雲は禅に関心を持ち諸禅師に指導を仰いでいたが、なかでも東福寺の虚白和尚を深く尊敬し、参禅して日夜工夫していた。ある時、夕雲は伊香保温泉に出かけるがその道中、落馬して左手に重傷を負い、まったく身動きもならぬほどの状態で床に臥していた。（この負傷により、左手は生涯自由には使えなくなってしまった。）

この時、虚白は見舞の使いを出したが、その使いの者に『貴殿の本業である剣術は、このような手足が動かない時はどう使うのか』といった意味の口上を托した。

これを聞いた夕雲はこの時豁然として悟るところがあり、以後、さまざまな所作を用いる術技を捨てた心法の剣術、『無住心剣術』に目覚めた。そして、その結果、日本一の名人といわれた師の小笠原玄信の秘伝である八寸ノ延金をも、まるで朽木を打ち砕くように易々として破った神妙さはとても言葉では表わせないほどである」。

この劇的な無住心剣術開流にまつわるエピソードに筆者は息を呑む思いをしたが、同時にこれを読んだ時、無住心剣術が、ただ、太刀を引き上げて落す、という簡素な動きのみを採用し、それ以外の種々な太刀捌きを捨てた大きな理由の一つが、この落馬事故で生涯左手が自由にはならなかったという、夕雲の身体的な条件からきていることがわかった。つまり、人体には体に不自由なところがあれば、その不自由さをカバーするために他の能力が発達する、という補償作用があるということである。これは、人間に限らず、生物全般に広くみられる特色であり、よくみられる例では、視力を失うと、触覚や聴覚が敏感になることが挙げられる。

夕雲は、落馬事故で身動きもならぬ状態の時、虚白から「日頃ノ剣術手足ノ動ザル際如何」との公案ともいえる問いを受け、この問いと自らの切迫した状況とが符合して、単なる肉体的な動きを超えた働きを会得したのであろう。

夕雲は身の丈六尺、力は三人力というほどの大剛の士であり、その実戦における戦いぶりも、「刃引の刀で相手を叩き殺す」というような凄まじさがあり、したがってその気力は常人よりよほどとび抜けて強いものがあったと思われる。それだけに、無住心剣術を開悟する前であっても、その強烈な気力で、立合う相手を居竦ませてしまうぐらいのことは度々あったであろう。この並はずれて強い気力が、落馬事故をキッカケに、いわば陽画が陰画へと反転したように、いままでとはまるで逆な「柔和無拍子」で「嬰児の戯れのごとし」といわれた無住心剣術へと質的変換を遂げたと思われる。

以後夕雲は、この時の開悟の体験を唯一絶対のものとし、また左手が自由にならなくなったこともあって、動きの極度に少ない――ただ片手で太刀を引き上げて落すという――

無住心剣術を、剣術として本来あるべき最高のもの、と信じていったようである。しかし、この絶対的自信が、上泉伊勢守のような、粋で大人な落ち着いたものにならず、なにかいらだっているような激しい口調で他流を論難する、エキセントリックなものになってしまった背景には、夕雲の、左手が自由にならないことへの屈折した思いがあったようにも思われる。

この他流儀を激しく論難する言動は、体には不自由がなかったであろう一雲にも伝染するが、それは、一雲が夕雲に対して、ほとんど惚れ込むというほどの深い思いを持っていたことと、無住心剣術という剣術が、ひょっとしたらこのような一種偏した心理状態を必要としたからかもしれない。

しかし、どのような理由にせよ、無住心剣術開祖、針ケ谷夕雲における無住心剣術は、あくまでも真剣勝負で現に命を賭け、多数の人間の血を流してきた果ての夕雲独自の無住心剣術であり、医家の出で、泰平の世の剣客として学問のあった二代小出切一雲の無住心剣術とは、本質的に異なっていたと思われる。

しかし、考えてみれば、夕雲は、血腥い戦国の時代から泰平の時代へと世の中が大きく変わった時に、この無住心剣術に開眼することによって、うまく時代の変化に適応できた剣客であったかもしれない。すなわち、刃引の刀で相手を叩き殺していた剣客が、やがてそういうことの出来なくなってきた時代に入った時（別の言葉でいえば、戦場から帰還した時）、その血腥い過去を無住心剣術開眼で自浄したように思えるからである。

当時、そういう内面的な転換が出来ず、粗暴になったり、社会に適応できなかった浪人達は――たとえば現代でもベトナム戦争からの帰還米兵のなかには、社会に適応できなくなってしまった人間がいるように――、少なからずいたように思われる。そういう浪人達にくらべれば、夕雲は無住心剣術に開眼することによって、殺伐とした前半生からは考えられないような穏やかで幸福な晩年を送ったようである。壮年期の二尺五寸の刃引の剛刀に、一尺六、七寸の脇差という姿は、無住心剣術に開眼してからは、わずかに一尺三寸余の脇差のみを差すという姿に変わり、住いを江戸八丁堀に定め、七十歳余で寛文二年（一六六二）没したという。生涯浪人で通したようだが、『前集』によれば紀州家より内証で扶持を得ていたという。

夕雲一生を通じての門弟は、『夕雲流剣術書』『無住心剣伝法書』によれば二千四、五百人といい、同書の異本である、『剣法夕雲先生相伝』や『無住心剣伝』では一千四、五百人または一千四百人というが（この一千というのは、おそらく筆写する際二千を一千と書き誤ったのであろう）、筆者は、『前集』の、

夕雲弟子弐千八百人、何れも新陰流也、新陰流免許之弟子八十三人、其内に上則之弟子十三人有り、十三人の内にて、四人は当流剣術の意味を知たる人也。

という記述が、『師系集伝』の記述ともほとんど一致するところから（『師系集伝』では門

人の総数を三千人としている以外「免許ノ弟子八十三人、其中擢デタル十三人、秘奥ヲ極ムル者四人」となっており『前集』と符合する）、最も正確であるように思われる。

2　無住心剣術二代、小出切一雲

針ケ谷夕雲の後を継ぎ、白井亨に白井の自著『兵法未知志留辺』のなかで「殊に一雲を古今独歩とす」という表現をもって「日本剣術史上最高の名人」として称賛された小出切一雲（白井はしばしば小田切とも書いている）は、『前集』および『師系集伝』が伝えるところによれば、越後高田藩、榊原式部大輔の家臣、長谷川玄養の弟で長谷川如庵といい、会津の生まれであるという。医者として著名であった半井驢庵の塾に学び、学頭まで務めたというから、文事に明るかったことは確かであろう。

すでに述べたように、二十八歳で夕雲の許に入門し、三十三歳で夕雲と立合って三度ながら「相ヌケ」をして印可を受け、無住心剣術の二代目を継ぐ。ただ、いままで刊行されてきた書籍、雑誌の一雲に関する記述は、みな一様に一雲が「二十八歳で初めて夕雲に会い入門した」というところから始まっており、それ以前、一雲が果してどの程度剣術を修業していたかはなにも記されていなかった。それが一昨年手にした『中集』および『師系集伝』によって、筆者は初めて、一雲が夕雲と出会った時はすでに相当の剣の使い手であったことを知ることが出来た。

『中集』によれば、一雲は夕雲と出会う前、柳生但馬守の高弟庄田喜左衛門（荘田嘉左衛門とも書く）の弟子で、免許まで得ていたという。これはおそらく庄田が榊原家に剣術の指南役として招かれて行っていたためであろう。庄田喜左衛門は、柳生新陰流から出て庄田真流を開いた人物であるが、但馬守の許しを得て開いたとされているから、おそらくその流儀の内容は柳生新陰流と大差なく、したがって、夕雲、一雲ともに、無住心剣術になる以前は新陰流という同系統の剣術を稽古していたことになる。（柳生家の新陰流を柳生新陰流と呼ぶのは俗称で、あくまでも新陰流と呼ぶべきだという説もあるが、一方柳生家の新陰流は柳生新陰流と呼ぶべきという意見もあり、ここではよりわかりやすくするため柳生新陰流と呼ぶことにする。）

また『師系集伝』によれば、「一雲は幼い頃から刀術十三流を学んだ」と出ており、剣術は生来好んでいたようで、このことから考えるに、一雲は夕雲の思想、精神性に感激して入門した、という部分もあったかもしれないが、まず剣客として相対し、夕雲の技に心服したと見る方が自然なように思われる。

《久留米市民図書館所蔵の『加藤田家伝　剣道伝書』の中に『先師口授　上下』が収められているが、それによれば、一雲は庄田喜左衛門から印可を受けた後、他に三流派の印可を受け、その後夕雲に学んで真面目の印可を受けたようである。》

さて、夕雲より無住心剣術の免許を得た一雲は、まもなく師の夕雲が没したことにより、夕雲の後継者という立場になる。

ところが小出切一雲は、夕雲の後継者となったという一雲三十三歳の時から、深川へ退去したという三十九歳の間までの五、六年間は、自著『夕雲流剣術書』に「余、更ニ兵法ヲ取広ムル心ナク」と述べているから、まったく弟子をとるようなことをしていなかったと思われる。

無住心剣術・夕雲流の道統を継いだはずの一雲が世に隠れ、まったく師伝の剣術を教えなかったというのは、いったいどのような理由によるものであろうか。一つには、名利の念のまったく薄かった一雲の性格ということも考えられるが、医師半井驢庵の家塾の塾頭まで務め、諸学に造詣が深かったという一雲が、師伝の法を私蔵することは、法を私することであり、一つの罪にもあたることは十分承知していたはずである。もちろん、「いずれ縁のある者と出会った時には、その者にこの法を伝えよう」と思っていたのかもしれないが、筆者にはそのかたくなな態度にやはり疑問が残っていたのである。

ところが、『師系集伝』のなかに、この疑問を解く鍵ではないか、と思えるものがあったのである。さきに引用した『前集』によれば、多くの門弟のなかでわずかに四人とはいえ、「当流剣術の意味を知りたる人」――すなわち無住心剣術が、それなりに使える者――が存在したはずであり、そのうちの一人が一雲だとしても他に三人、相当に、あるいは一雲と同じく夕雲から印可を受けるほどの者がいた可能性はあった。しかし、いままでに公刊されてきた無住心剣術の資料や研究を載せたどの書籍や雑誌にも、筆者が調べた限り、夕雲から無住心剣術を受け継いだ者の名前は、一雲以外に見出すことは出来なかった。それがこの『師系集伝』によって、一雲の他に、夕雲から無住心剣術の印可真面目を伝授されている者の名前と略歴がわかったのである。

その人物の名前は、片岡伊兵衛秀安、黒田美作の家臣である。「幼ヨリ夕雲ノ門ニ遊ビ朝鑽暮研、終其奥旨ヲ悟ル此ニ於テ真面目ヲ相伝シ弟子甚多シ令誉四海ニ顕ル、元禄十一戊寅年三月望月卒、法号无心院日忠奭実居士墓所同国下坐郡桑名邑小原ニ在リ」。これは『師系集伝』が伝える片岡伊兵衛の履歴である。

この片岡伊兵衛の存在を知った時、筆者は、一雲が夕雲の没後逼塞した大きな理由が、この片岡にあるのではないかと思った。つまり、一雲にとっては相弟子、それも兄弟子として自分より先に印可を受けている（一雲は夕雲の没年に印可を受けており、片岡は「幼ヨリ夕雲ノ門ニ遊ビ」とあり、まず間違いなく一雲より先に印可を得ていると思われる）、この片岡の存在が、大変気になっていたと思われる。

兵法者というものは、悟ってものにこだわらないようなことをいっていても、こういうことには非常に神経質になるものである。一雲がことにそうであったろうと思われることは、先に引用した一雲の『夕雲流剣術書』のなかで、「仏在世ニ仏ハ唯我独尊ニテ、一世ニ二仏ハ生セズ。コノ理ヲ以テ見レバ、当流相弟子中ニモ、同ジヤウノ者一世ニ二人ハアルベカラズ」と、大袈裟とも異様ともいえるたとえを持ち出して、いわば自分の正統性を主張していることからもうかがえる。また、この片岡に夕雲が印可していることからみて、

「無住心剣術の道統を継げる（印可を得られる）者は師の生涯で唯一人」というこの説が、一雲によって作られたものであることがはっきりわかる。

夕雲は、「春雨のわけてそれとは降らねども受くる草木はおのがさまさま」（同じように教えても門弟の素質によって受けとり方はさまざまだ）という歌を遺しているが、《その後わかった事だが、この歌は、三河武士で後に出家した鈴木正三が元和五年（一六一九）に著した『盲安杖』所収の古歌、「春雨のわきてそれとはふらねども受くる草木はおのが色々柳は緑り花は紅ゐ」が基になっていると思われる。また、同様に夕雲の歌とされる「外山なる楢の葉まではげしくて尾花が末に弱る秋風」も諸流の伝書に見られるので、夕雲作ではないように思われる。》一雲は夕雲に惚れ込むあまり、「唯一絶対の真実」というものにこだわってしまったのではないだろうか。すなわち、一雲が夕雲の印可を得た時、すでに片岡伊兵衛が無住心剣術を夕雲伝として門弟に教えている状況があって、それを一雲は、夕雲の最晩年の弟子だけにどうしても快く思えず、「師の最も貴い、最も深い悟りは自分だけが受け継いでいる」という思いを胸に抱いて、ひっそりと日を送っていたように思われる。

一雲には温厚な好君子的なところがある反面、『夕雲流剣術書』にもみられるような、他流を手酷い侮蔑の言葉で罵るような、内に籠った激しいところがあり、しかもその激しさはあくまでも内攻的なだけに、なにか実際のトラブルが起きると、優柔不断な態度となってその現場を放棄するような行動をとっていたようだ。後年、円四郎が一雲の許を離れるのも、円四郎の風変わりな性格とともに、この一雲の心理的トラブルに対する不決断さ、優柔不断さが大きな原因の一つであったように思われる。

余談であるが、片岡伊兵衛が夕雲の門弟であったことが知られていなかった理由は、この事実が『師系集伝』以外に記されていなかったことで、しかもこの『師系集伝』を『剣士松崎浪四郎伝』のなかに引用した、故園田徳太郎氏が片岡を誤って一雲の弟子として発表したため、武道史の専門家も以後みな、片岡伊兵衛は一雲の弟子の一人と錯覚したためのようだ。

《その後思わぬことから、この片岡伊兵衛の縁者の子孫にあたる鬼木正道氏と知り合う縁が開け、この片岡伊兵衛の墓の写真なども送っていただいた。また、鬼木氏によれば、『師系集伝』引用部分の「桑名邑」は誤りで、「桑原邑」が正しいことがわかった。また片岡の法号も、墓碑銘・位牌とも同書とは異なり、「无真院莫実日忠居士」である。》

ところで、夕雲の後を継いだ四人の最高弟の内のあと二人が誰かはわからない。高田源左衛門能種という者が夕雲の門下から出て神之信影流という流儀を開いているが、この高田は流名からみて、夕雲の新陰流時代の免許の弟子であったように思われる。

《この高田に関しては、金沢市立玉川図書館に『印可之書』『神之信影流秘伝　表・中通・奥』『深秘之一巻』『太刀秘伝書』『免明之大事』の五点の神之信影流の伝書があるが、前の二点は新陰流系の技術について書かれ、後の三点は、そのほとんどが密教系の護身法や真言陀羅尼で占められている。『免明之大事』に「右之通リ能々信事、稽古之レ有ル可ク候」とあるが、この流派は総じて名前の表すとおりに、神を信じ、新陰流系の技を使う流派のようである。なお、『印可之書』には「敵邪気ノオコルトコロヘ我太刀アタルナリ」や、「張加江五郎右衛門ハ、此破相ノ打ヲ二間程ヘダテテ打ニ、打引見エザルユエ、人々入子革刀カト不審スルホドノヨシ」と記されている。また、『神之神影流秘伝 表・中通・奥』の三巻のみが上泉伊勢守からの師家の名が並べられているが、上泉の次に「針谷五郎右衛門尉正成」と記されている。三巻目の『奥』には「当流之平法者、心ヲ以テ心ニ通ジ、思ハザルニ当ル。是則、神心一躰ナル故、勝テ後音アリ。能ク心通之道ヲ執行スル時ハ、形ニ影ノ随如ク心ノママナリ。唯能心中ヲ観ジ修練セズンバ有ベカラズ」とあり、無住心剣術を考える上でも興味深い流派のように思われる。》

すでに『天真録』にある白井の書き込みがあると書いたが、それには、「夕雲の墓が牛嶋奥福寺にあるというのは、右二代、小山宇八の話であるが、奥福寺は黄檗宗であり、夕雲に引導をわたした虎伯は曹洞宗であるから誤りであろう」と書いてある。

《現在、本所牛嶋に黄檗宗の奥福寺は存在しない。また、曹洞宗ではなく、京都の臨済宗東福寺の二百四十世で、駒込の龍光寺を開いた虎伯大宣という僧がいるが、その龍光寺に虎伯の墓は在るが、夕雲の墓は不明である。白井の『天真録』に書かれている、渋谷の曹洞宗正雲寺も現在同所には存在しない。また、同書にある渋谷の東福寺は天台宗だが、住職からも夕雲の墓については、「他からも問い合わせが時々あるが、墓はない。先代・先々代住職からも聞いていない。現在の檀家に針ケ谷姓はいないし、明治期の廃仏毀釈のため過去帳がきちっと残っていない。ただ、区画整理のために土地を取られたことがあったので、その時に墓がなくなったのかもしれないが、可能性は低い」という回答を得たにとどまっている。》

この小山宇八なる人物がいったい何者なのかはまったく説明がない。一説に一雲の弟子、矢橋助六に小山宇八郎という弟子がいたという記録があるので、あるいはその人物との混同かもしれない。

《文政八年（一八二五）に駿州田中藩の藩校日知館の副教、能沢惟興が藩内の言い伝えをまとめた『口碑録』によると、田中藩士小山宇八郎重之は「矢橋助六より空鈍小田切一雲の奥義を授か」ったことがわかる。小山宇八郎重之の養子は、重之と同じく日置流竹林派弓術を修めた宇八郎方賢だが、この方賢の子の小山平助包教が田中藩の種田流槍術師範に就任したのが、天保二年（一八三一）である。『天真白井流兵法遺方』によれば、白井亨が

『天真録』を書いたのが文政元年（一八一八）なので、「右二代目小山宇八」とは宇八郎方賢ではないかと考えられる。》

しかし、どういう心境の変化によるものか三十九歳で深川へ退去した一雲は、これを機に、かつての同門の懇請を受け入れ、少人数ながら弟子をとりはじめる。そのことを一雲は、「同志ノ旧友時々需メテヤマズ。黙止スル事能ハズシテ一二人ニ手引ストイヘドモ、縁ニフレテヒタスラ多クナリ、三十人ニ及ベリ」と書いているが、この深川への退去以前にも「同志ノ旧友」からの懇請があったことは間違いなく、やはり、この深川退去は一雲のなかで何事かの踏ん切りがついたからであろう。そして、この最初の三十人の弟子のなかに真里谷円四郎がいたのである。

ところで、先に一雲の「無住心剣術」は、師の夕雲のものとは違っていただろうと述べたが、理に傾いている傾向があるとはいえ、その実力は卓抜したものがあったことは確かである。『前集』に、一雲が植松（一説に植村）三右衛門という剣客から試合を申し込まれ、羽箒を持って立合い、軽くあしらってみせたので、三右衛門もすっかり自信をなくし、一雲の弟子になったと出ている。この植松は大身の旗本である久世大和守の家臣で、諸流に通じ、なかでも天心独明流の開祖、根来独心、風心流小太刀の山本風深、眼思流の馬木久平らの弟子となってことごとく免許を取り、馬木久平には打ち勝つほどであったというから相当な使い手であったようだ。しかし、一雲と立合って敗れ、弟子となってからは、非常に一雲を尊崇していたらしい。後に引用するが、現在一雲から植松に宛てた懇切な手紙の写しが残っており、これをみると、一雲自身の人柄としての親切さも感じられるが、師に対する礼を厚くした植松の姿勢に、一雲がこうした手紙で報いたものと思われる。

また、この一雲の羽箒による打ちの威力の凄まじさは、当時、世上の剣客の間では神話的評判になっていたらしい。円四郎に、「空鈍（一雲のこと）師が羽箒で打つと、人の手が折れるほどの威力があるということですが、どうだったのでしょうか」（「或人先生へ向、空鈍は羽箒にて打給ふに、人の手のおれる程に有しと承り候が如何」）と質問した話が『前集』に載っている。興味深いのは、この時の円四郎の答えで、「先生（円四郎）いはく、空鈍羽箒にて強く打候とは、余りほめ過ぎたる沙汰にて御座候半、我等なども、きせるなどにては人の手のかなはぬ程は打覚へ候との給ひし」と、非常にリアルな答え方をしており、当時の雰囲気と率直な円四郎の性格がよく出ている。

しかし、一雲に限らず開祖夕雲以来、無住心剣術はその柔和無拍子の外見からは想像もつかないほど強い打ちを出すことで有名であったらしく、『前集』には次のようなエピソードが載っている。

一雲がかね甲（鎧具足の時の本物の兜）をかぶっている者を竹刀で打つと、その打撃力は耐えがたいほど凄まじかったが、ある時、我慢強いことが自慢な人が来て、一雲に「貴殿のしなへ（竹刀）にて打給ふは強と承および候故、甲を持参候間、打て見せ給へ」と一雲にせがんだ。この時一雲は、自分が打つには及ばないと、門弟であった円四郎に打たせる。

よほど我慢強い人とみえて一本打たれても屈せず、もう一本と望んで二本打たれた。そして「兼て存候よりは殊外強く候ひける」と、さすがに兜をぬいだ後の顔色も悪く、手洗を借りるふりをして庭に下り、物陰で大量に吐血し、フラフラになって帰っていったという。

また、一雲のエピソードとしては、『日本剣道史』に『窓の須佐美』から採った話として、空鈍のある門弟が、いかに名人とはいえ、まったくの不意をつけば、打てるだろうと、空鈍が居眠りをしているところを打ちかかったが、逆に打ち倒され、しかも空鈍は以前のまま眠っていた、などの話が載っている。ただ、この話は、どうもさきほどの一雲の「羽箒で手が折れる程に打つ」という話同様あまり信憑性はないように思われる。しかし、こうした神話的逸話が生まれるほど、一雲が卓抜した腕の持主であったことは事実であったと思われる。

《『窓の寿佐見追加　乾』(国立公文書館の蔵本ではこの表記)では、夕雲とすべき所を一雲と誤っているため、片桐空曇《ママ》は一雲の弟子になっている。また、富山県立図書館所蔵に吉田奥丞が白井亭から借りて写した『兵法得悟　無住心剣術　全』があるが、これは空鈍の著作で、もともとの書名は、『先師夕雲口伝　幷《ならびに》自分兵法得悟条々目録』という長いものであったらしい(『兵法得悟　無住心剣術　全』は、この書と『無住心剣術小田切一雲剣術之書箇之写』が合わさって一冊となっている)。その中で空鈍は、「扇子などで物陰から不意に打ち掛かられ試された時に躱《かわ》せなくても、恥じることはなく放っておけばよい。そんな戯れ事は相手にせず当流の修行に専心すれば、真剣で命を狙われるようなことがあれば、三日より前から予知できるような妙感が自然に備わる」という内容を書き残している。》

3　異端の天才剣客、真里谷円四郎

真里谷円四郎は「寛保二年二月四日享年八十二ニテ卒ス」という『師系集伝』の記録から逆算すると、寛文元年（一六六一）の生まれということになる。生まれた所は、上総国真里谷――現在の千葉県木更津市真里谷――と、『前集』の記述から考えられていたが、『武田真里谷家譜　全』の発見により、これがそうではなかったことが判明した。生家は、かつて上総国の国主であった武田三河守清嗣入道道鑑の末裔であったという。この清嗣入道は、真里谷殿之と号していたというから、初名は山名勝之助といった円四郎が、後年、姓を真里谷と改めたのはこの先祖に因んでのことであろう。

《『武田真里谷家譜　全』によれば、円四郎義旭は万治三年（一六六〇）の生まれで、寛保二年（一七四二）正月四日に没している。円四郎義旭が生まれたのは、野州駒場村（現在の栃木県足利市駒場町）である。その後、年老いた父親が本国上総国真里谷に退隠した時に、父母と一緒に真里谷に移ったようである。

真里谷武田氏を含む上総武田氏の歴史はわからない部分も多いが、通説では、甲斐の守護武田信満の子、信長の時に上総に入部したといわれている。その武田信長の孫といわれる三河守清嗣は、別名信興、入道して道鑑と号したが、この清嗣の代から真里谷氏と称したといわれている。（ちなみに、清嗣の兄弟といわれる武田道信を初代とする長南武田氏は長南城を中心に支配し、上総武田氏は二流に別れた。）その後、真里谷氏は関東足利氏や里見氏・北条氏などと複雑に関わりながら西上総を支配していたが、内訌が表面化してから次第に衰微し、真里谷信応の死をもって真里谷氏はその地位を失った。そして、『武田真里谷家譜　全』によれば、その最後の当主信応の嫡男が、真里谷将監信成。円四郎義旭の祖父である。

また、同書によれば、円四郎義旭の初名は、系図では山名孫八、本文には「始有故《はじめゆえあって》号山名勝之助《やまなかつのすけとごうす》」とあるが、その「故」を説明するため、真里谷家の歴史を『武田真里谷家譜　全』をもとに概説してみよう。

円四郎義旭の祖父の真里谷将監信成は、父信応の亡き後、同姓の真里谷新右衛門に育てられ成長した。天正十八年（一五九〇）、信成は宮原勘五郎と共に、豊臣秀吉から関八州を与えられた徳川家康にお目見えし、家康の命に従って、下野国簗田郡足利駒場村に移り、御朱印地二百石を授かった。ちなみに、『寛政重修諸家譜巻第七十八』によると、この宮原勘五郎義照の祖父である足利晴直は古河公方足利高基の子で、その晴直が上総国宮原に移住したのは真里谷信濃入道信政の勧めによってであり、また勘五郎義照の母は真里谷信政の娘であるなど、宮原氏と真里谷氏の関係は深いようである。さらに同書では、家康にお目見えした件が勘五郎義照の立場から書かれているが、それによれば、天正十八年、宮原に住していた時に召されて拝謁し、下野国足利領は由緒の地だからという理由で千百四十石を授かり、諸役を免除された。翌十九年足利駒場村に移り、命によって足利から宮原に姓を改めたようである。また、『房総叢書』所収の『真里谷殿位牌継図』に載る真里谷将監勝房の法名道幡と、『武田真里谷家譜　全』の将監信成の法名道幡大禅定門が同じであることから、勝房と信成は同一人物である可能性が高いが、勝房の「勝」の字は、宮原弾正義勝（勘五郎義照の父）からの偏諱（貴人などが家臣の功ある者などに名を与える一字）であり、同様に、『真里谷殿位牌継図』の将監勝三も、『武田真里谷家譜　全』に載る義旭の父の将監信三と同一人物と思われる。ちなみに、この信三は「弓馬に達」していたようである。

その信三の次男が円四郎義旭であるが、この親子に思いもよらぬ事態が起きたようで、『武田真里谷家譜　全』からその部分を引用する。（括弧内は引用者）

信興（円四郎義旭の曾孫で、『武田真里谷家譜　全』の著者）潜におもふ、一法不存居士（初代の円四郎義旭）の兄隼人といふ人、宮原主膳殿（義辰、勘五郎義照から三代下った宮原家当主）の息女を妻としぬ、然に宮原右京進義光殿（義辰の子、『寛政重修諸家譜巻第七十八』では左京義真）の代に至つて右息女不縁に至り、宮原家に帰り尼となり、隼人出家、其後何方ありといふをしらず、一峰里斎居士（義旭の父の信三）老年にいたりて真里谷に退隠し、不存居士母方苗字山名を名乗り、阿部侯江伺ひ奉りて、本姓を名乗る事、幷に御朱印地弐百石何方江譲り与へしといふもしれざる事、隼人の方に人にも告難き事ありて、其節御朱印地弐百石も上り、里斎居士も流浪いたされて真如寺を頼みておはせしカ、何様思ひ分けかたく、いといぶかしの事也。

ここから、円四郎義旭の兄の隼人は宮原家の娘を妻としたが、宮原家の代が替わった頃離縁し、その妻は宮原家に帰って尼になり、隼人も出家し行方知らずになったこと、義旭の父は老後真里谷に退き、義旭は母方の山名姓を名乗っていたこと、隼人には人にも言えない事情があったため、二百石の御朱印地を取り上げられ他人のものとなり、父信三はさすらい、真里谷家ゆかりの真里谷の真如寺を頼っていたこと、そして、それらのことを著者の信興はどう判断したらよいのかわからず、気掛かりに思っていることがわかる。この宮原家は前述したように古河公方の足利氏の血筋であるが、さらにさかのぼれば足利尊氏の四男で初代鎌倉公方の足利基氏にも至る武家の名門中の名門である。だからこそ家康は、その名家が廃れないよう、御朱印地をゆかりの足利の地に与えて諸役を免除したようだ。『寛政重修諸家譜巻第七十八』によれば、その後幕府は、勘五郎義照が早世したため跡を継いだ弟の勘五郎義久を幕府の諸礼をつかさどる高家に任命し、武田勝頼の娘と縁組みさせるなどしている。そのような名門宮原家の娘を離縁し尼にさせてしまった義旭の兄の隼人には、出家して行方をくらますしか道がなかったのかもしれず、また真里谷家も足利駒場村に居るわけにはいかなくなったものと思われる。それは『武田真里谷家譜　全』のなかで、先ほど引用した部分のすぐ後に、当時初代円四郎義旭と交流があったらしい武州忍の藩主で老中の阿部侯と仕官について話した円四郎義旭が、下野の宮原氏のことがあるので私は生涯浪人であるべきだと語っていることからも想像できる。当時、母方の姓や妻の姓を名乗ることは比較的多くあることだったようだが、義旭の場合は宮原氏との揉め事で真里谷姓を名乗れなくなったので山名姓を名乗り、父母と共に移った上総真里谷で真如寺の世話になりながら逼塞していたのかもしれない。ちなみに、『前集』には、円四郎義旭が真里谷清嗣を初代とする真里谷武田氏の「嫡家」だと書かれているが、真里谷信応が亡くなってからの真里谷氏は混乱していて系図も数種存在し、どれが本家だと断定することはできない。しかし、円四郎の家系は前述したように、名門宮原氏と共に家康に拝謁して御朱印地を授かり、また宮原氏の駒場村移住にも同行し、宮原氏から「勝」の字をもらい、そして宮原氏の娘を妻としたことからみて、嫡系か傍系かは不明だが、真里谷氏の中でもかなり有力な系統だったことは間違いないと思われる。》

ところで、この「真里谷」という姓はどう読むのであろうか。太田亮著『姓氏家系大辞典』の「真里谷」の項には、円四郎の先祖三河守清嗣入道道鑑の名も挙げられているが、ここでは「マリガヤツ」あるいは「マリヤツ」と読んでいる。また円四郎の出生地木更津市真里谷は現在「マリヤツ」と読むので、円四郎もそう読んだのかもしれない。しかしこの『姓氏家系大辞典』で「マリヤ」という項を見ると「真里谷」の字が挙げられており、

「詳しくは「マリガヤツ」、「マリヤツ」参照のこと」と出ているところをみると、「マリヤ」と読んだようにも思える。この他に『日本姓氏大辞典』には「マリガヤ」という読み方も出ている。江戸期は、だいたいにおいて、字も音もかなりいい加減に使われており、本人自身が幾通りかの読み方をする場合もあるので、「特にこう読まなければならない」と決めつけることもないように思える。

現に、円四郎に関する資料のうち、高知県立図書館に所蔵されていた、円四郎の語録ともいえる『前集』には「マリヤツ」とカナがふってあったが、富山県立図書館に所蔵されていた、天真白井流関係の伝書『心定ノ抜書』には、この『前集』の一部を引用して、その注に、真里谷円四郎と名を挙げ、そこでは「マリヤ」とカナがふってあった。

しかし、総合的に判断すれば、他の資料、たとえば『切紙究理秘解弁』では真里谷円四郎を「姓名之文字未詳」と注を入れて円康円四郎という字を当てていることから、「マリヤツ」と読んだ傾向の方が濃かったようには思われる。《ちなみに、『武田真里谷家譜　全』を所蔵されている現在の真里谷家は「マリヤ」と読む。》

真里谷円四郎がなぜ一雲を師として無住心剣術に入門したか、それはわからない。

《『武田真里谷家譜　全』によれば、義旭は真里谷家が衰えたのを深く愁い憤っていたのだが、世は次第に太平となり家の格も禄も定まり、この上は家の再興も難しく思っていた。

しかし、剣術を修業して天下無敵になれば、（当時の時代が）治世であっても武を忘れるなという政策であったので、諸侯から召し出されて家を再興出来るかもしれないと考え、その頃、剣術界では名を知られていた小出切一雲という針谷夕雲の剣術の嫡伝の奥義を極めた人に入門して二十五歳の時にはや、嫡伝の免許を受けたのであると、解説している。》

ただ一雲は、弟子をとりはじめた当時、ごく限られた人物の紹介者以外は受けつけていなかったように思われるので、おそらく円四郎も親類か縁者のなかに一雲と昵懇《じっこん》の間柄の人物がいたのであろう。円四郎が、一雲が深川へ移ってからとったごく初期の弟子のなかに入っていることは『前集』に、

書云、一雲深川退去之時、弟子三十人に及べり、其中に、他流の畜生兵法を自由三昧にあつかふ人、四五人も出来たり、義旭先生、宇野小軒、鷲尾八兵衛、佐野勘左衛門殿、田川七右衛門、此四人也、

と出ていることから明らかである。（このなかの「書云」とある書とは、『夕雲流剣術書』のことである。）円四郎が一雲に入門したのは、円四郎の生年を寛文元年とした場合、この一雲が弟子をとりはじめた時期からみて、十歳前後であったと思われる。《その後に得た資料『加藤田家伝　剣道伝書』に所収の『先師口授　上下』によれば、円四郎義旭が無住心

剣術に入門したのは、十九歳の時だという。》一雲の許で、円四郎がどのような修業を積んでいったのか、それは具体的にはなにもわからないが、一雲に就く前、太刀の振り方の、ほんの手解き程度は、誰かに就いて学んでいたかもしれないが、剣術の修業という点では白紙ともいえた円四郎が、他流の感覚を知らぬなかで、おそらく無住心剣術による「純粋培養」の剣客として育っていったのであろう。とにかく、一雲にとって、円四郎は手塩にかけて育てた「掌中の珠」ともいえる存在であったようだ。その一雲の期待に応えて、円四郎の無住心剣術の技倆は、一雲の手にも負いかねるほどになっていく。そして、ついに円四郎二十五歳の時、一雲は、かつて師夕雲と自分が行なったように、円四郎と自分との間の「真実の立合い」を行なう。

この時、一雲と円四郎が、夕雲と一雲の時のように「相ヌケ」になっていれば、その後の無住心剣術・夕雲流の展開もまた違ったものになっていたかもしれない。しかし、この立合いは前述したように、二度とも円四郎が「相ヌケ」ではなく、一方的に一雲を打ち破るという結果になってしまったのである。

一雲と円四郎は、なぜ「相ヌケ」にならなかったのであろうか。その理由として考えられることは、若くして一雲に就き、無住心剣術による純粋培養で育ったと思われる円四郎には、自分のなかに亡霊のように——また、別の言葉でいえば亡き両親のように——棲む、他流の剣術の感覚というものがまったくなかったからではないだろうか。

筆者は、一雲が円四郎と立合って敗れたのは、一雲の無住心剣術の感覚では通ぜぬこの相手に対して、思わず一雲の体の奥に潜んでいた、以前身につけていた庄田真流等の剣術の感覚が、かすかではあってもフッと出たためではなかったかと思う。

もし、円四郎と一雲の関係が、一雲と夕雲との関係のように大人になってから出会い、いわば男が男に惚れた形の強い尊敬と愛情の絆で結ばれていたのなら、ギリギリのところでも「相ヌケ」にはなったかもしれない。夕雲と一雲の間の信頼と情の細やかさは、前述したようにひと通りのものではなく、一雲は、その学識をもって夕雲から相談役のように頼りにされ、十分にそれなりに遇されてもいたように思われる。そうした間柄であれば、お互い非常に高揚した気分のよさとともに、「相ヌケ」が成立することは十分考えられる。

しかし、円四郎と一雲は違っていた。円四郎は師の一雲に対して、もちろん尊敬の念は持っていたであろうが、やや皮肉な見方をすれば、好悪執着を嫌うという無住心剣術の趣旨どおり、師に対してもそれ以上の特別な愛情は持っていなかったように思われる。

一方、すでに述べたように、一雲は円四郎に対し、深い愛情を持っていたようである。ただ、一雲が円四郎に感じていた愛情というのは、この異端の天才児、円四郎のなかにあった異様な天才児特有の偏光したキラメキに対してであったように思われる。

言葉の上では、激烈な他流批判や反文明的老荘を論じてはいても、現実には穏やかな好君子の面があった一雲は、自分にはない野性味を持った円四郎がたまらない魅力であったのだろう。それだけに、円四郎への思いは愛情と同時に憧れに近いものであったのではないだろうか。このような感情を芽生えさせていった時点で、一雲はすでに円四郎には勝てない状況をつくっていったように思われる。

自分が負けて、円四郎に印可を許す時、『前集』によれば一雲は次のようにいって、円四郎を褒めちぎったという。

先生二十五歳之時、当流嫡伝の免許有し時、一雲之云、将軍之御城下へ出て剣術之師と称する人、元祖上泉武蔵守藤原信綱も、秀吉公之御時代、剣術之師と世に称せられ給ひし頃は三十歳余りの時也、夕雲も四十歳計の頃、大猷院様之御時代に、上手の名を顕し給ふ、二十五歳にて将軍之下に師と称するも古今まれなり、夕雲在世にましまさば、能き孫出来たりとて喜び給に残念なりと賞美し給ひしと也。

これによると、二十五歳という若さで、江戸という日本の中心地で円四郎が剣術の師として世に出たことをいかに一雲が喜んだかがわかる。新陰流の開祖上泉武蔵守(伊勢守)や自分の師の夕雲が剣術の師として立った時の年齢を例に出し、「恩師夕雲が生きていれば、どんなに喜んだことか」と述べたということをみても、一雲の円四郎に対する思い入れの深さは、尋常なものではない。さらに一雲が円四郎に期待するところがどれほど大きかったかということは、「円四郎」という名前自体が一雲から贈られたものであることからも想像できる。

『前集』によれば、「円四郎」という名前には、次のような由来があるという。

視《ニ》レ之《ヲ》以《スルコトハ》レ目《ヲ》則方《ケタナリ》也以《スルコトハ》レ心《ヲ》則　円《マドカナリ》
聴《ニ》レ之《ヲ》以レ耳則方也以レ心則円
円四　言与以レ口則方也《ナリ》以レ心則円
動《スニ》レ之《ヲ》以レ形則方也以レ心則円
視聴言動之四《ツノ》　者得《ウルトキハ》ニ　其円
満《ニ》一則可レ謂レ得《ル》ニ於心ノ妙用《ヲ》一矣円
四夫《ソレ》思焉

雲流第五

小出切一雲書

「之を視《み》るに目をもってすることは則ち方《けた》なり、心をもってすることはすなわち円《まどか》なり」で始まるこの文は、視《み》る、聴《き》く、言う、動くの四つが、いずれも心をもってなされる時、心の妙用を得ることが出来るということを説いているのであろう。見方によっては、この漢文、これ自体が無住心剣術の、いわば奥伝の伝書のような性格を持っている、といってもいいかもしれない。したがって、このような文を書いて、そのなかの「円四夫思焉」から「円四郎」の名を贈り、その上さらに『天真独露』の最後にある「若不レ会《シ》ニ得於太極本然之妙《ヲ》ニ而不レ熟《チ》ニ于従容無為之業一則兵法軽不レ可レ談也」からとった「無為軒」という軒号まで贈っている一雲の円四郎に対する「思い」の深さは、想像を超えるほどのものであったのかもしれない。

《『武田真里谷家譜　全』によれば、円四郎義旭は、一雲から免許を得た頃「剣術の事」でよく通っていた「時の執権」の「阿部公」（おそらく老中で武州忍藩主の阿部豊後守正武と思われる）に真里谷家の事情を語り嘆いたところ、阿部公が「何かハ憚《はばかり》申べき、今は本姓にも復り、家の再興をも待つべし」と仰せられたとあるから、阿部のすすめもあり、「又師の空鈍が円四の文字書て贈りければ」ともあるので、師の一雲に名を贈られたこともキッカケとして、「是より本姓にかへり、真里谷円四郎と名乗しなれ」ということになったようである。つまり、一雲から印可を受けるまでは山名勝之助で、印可後姓も名も変えて真里谷円四郎と名乗ったと思われる。ちなみに、真里谷家現当主繁氏の話によれば、先代までは代々「円」の字の付いた名前だったそうである。》

しかし、一雲が個人的にいかに円四郎を評価しようとも、円四郎を流儀の後継者として一門の頂点に立てることによって無住心剣術は重大な局面を迎えてしまったのである。なにしろ、無住心剣術の免許を得た者は、「イカヤウニ奇妙不思議ノ兵法者出来タリトモ、至極ニテ当流ト相ヌケノ外ニ当流ニ勝ツ事アルベカラズ」というこの流儀の根本原理を断言した一雲が、円四郎に「相ヌケ」ではなく敗れてしまったのであるから。

一雲自身、この矛盾をどう受け止めていたのであろうか。いま述べた、円四郎への手放しの称賛ぶりからみて、一雲は円四郎をただただ称賛することでその矛盾から逃避していたように思われる。そして同時に、もはや無住心剣術の総帥は円四郎がなるべきだ、と思ったのであろう。しかし、この一雲の考えを円四郎は全面的には受け入れなかったようである。『前集』では、その間の事情を、

先生は二十五歳之時、一雲より当流嫡伝之免許有し、去ども年若にて向上の当流嫡伝を受取、惣門弟中の取扱ひ候事如何に御座候故、一雲御存命にましまし候内は、預置奉り候とありし、

と述べているが、実情は、円四郎が単に若すぎたということより、同門の主だった門人達の多くに白眼視されていたことの方が主な理由であったように思われる。

円四郎が一雲の他の高弟達から白い眼で視られていたらしいことは、それら高弟――たとえば矢橋助六や戸川玄蕃、こうの左門らであろうか――が、一雲の没後、独自に空鈍(一雲)伝の剣術と称して門弟を集め、円四郎のことを、「円四郎は剣術は上手なれども、大酒のみて、人がら悪しく邪法の剣術など、偏僻人のやうに」いいふらしている、と『前集』で、円四郎の門弟である編者の川村が憤慨して書いているところからも察せられる。

このような事情のため、円四郎は、無住心剣術嫡伝三世という正式な地位に就かず、免

許の巻物も一雲へ預けておいたのであろう。したがって、当時、無住心剣術へ入門する者は、入門の際書く誓紙の宛名を「小出切一雲老・真里谷円四郎殿」と二人宛にして書いていたという。

こうした変則的な方法で、円四郎が免許を得てからしばらくは運営されていたようであるが、門人達の円四郎を認めようとしない不満の声は日に日に高くなり、一門は、騒然となっていったようだ。

そうこうしているうちに、当時の一雲の高弟として『前集』に円四郎とともに名前が出ていた田川七右衛門が、一雲から免許を授かっている、などといった噂まで乱れ飛び、事態はいよいよ深刻化してゆく。そのため、円四郎も円四郎びいきの門人にかつぎ上げられるようにして、とうとう一雲のもとへ田川へ免許を出したのかどうかの実否を尋ねに行ったようである。

一雲はこれを否定するが、そういった話題が師弟間で出るという状況は、おそらくもう、かなり気まずい雰囲気になっていたのであろう。しかし、こういうトラブルには弱い一雲は困り抜きながらも、優柔不断な態度をとっていたようである。そのために、事態はますます泥沼化の様相を呈してきたようだ。

しかし、なぜ、これほどまでに円四郎は嫌われたのであろうか。

『前集』等を通して、筆者が受けた感触からみて、円四郎はやはり奇妙な人物であったと思う。若年とはいえ、円四郎が若者らしい生々《ういうい》しさを持った輝く青春スターのような存在であったなら、当時のような封建的身分制社会のことである。師の一雲が決めた後継者であれば、当然のこととして、高弟や年長者達も、新しい師匠として受け入れみなで盛り立てようとしたと思う。反対する門人も多少は出るかもしれないが、決して反対派が大勢力になるとは思えない。しかし、無住心剣術という、いってみれば虚無的ではつらつとした若々しさ、若者らしい激しい動きを「畜生剣法」といって否定するような流儀で育ち、白井亨に「古今の名人也」と称賛された一雲を打ち破った円四郎が、そうした「青春スター」のような若者らしさを持っていた人物とは、とうてい思えない。

心法の剣で育ち、いってみれば心法に偏した円四郎は、二十五歳とはいえ、老成した若者であったのだろう。しかも、単に大人びた老成ではなく、一雲ですらその心法を破ることが出来なかったほどの、いわば得体のしれない風変わりなところが、円四郎にはあってそうした面が嫌われたように思われる。

《『武田真里谷家譜　全』を読んでみると、円四郎義旭が風変わりなのには、上総の国主だった真里谷氏の嫡系だという誇りと、その真里谷という姓を名乗れなくなってしまうほど落ちぶれてしまったことに対する複雑な思いと、その家を何とか再興したいという焦りなども、原因として考えられるような気がする。》

それだけに、円四郎びいきの門人達は、そうした円四郎排斥の勢力に対抗するため、勢い、戦闘的にならざるを得なかったようである。

『前集』は、円四郎の門人、川村弥五兵衛によって書かれているのであるが、後半は、そのほとんどを師である円四郎擁護のために使って、おおいに論陣を張っている。その様子は、『前集』が文語体であることをつい忘れさせるほどにリアルで具体性に富み、現代よくみられる組織や教団内の内紛劇と同じようにいくつもの証拠や証人を挙げ、円四郎こそが、無住心剣術の正統な後継者であることを強調している。

筆者はいままで、剣術をはじめとする武術の伝書類は少なからず目を通してきたが、この『前集』のように自流内の内紛をリアルに描いて、その書き手の興奮した息づかいまで聞こえてきそうなものは見たことがない。ここで、その熱弁をいくつか拾ってみよう。

八面玲瓏物外独立の真妙を自得せずして、先師に立向て打破る事なるべきや、其心法を自得したる人を、夕雲以来真面目を得たると云ふ、然るに今以て世に夕雲の流を学び給ふと云人々の、此所を見付給はずして言語計りにて、彼をあし様にして、おのれを立給んとの意地、名乗たまはずしておのづから顕はる意識の畜生心を増長して、流の宗元を見付給ぬ人々ならむ、夫当流は、言語を以て争ふ事は聊《いささか》もなし、唯生死之場に立て、刀を引あげたる有様こそ、勝負現然とあらはれて、其人の修行の高下は其儘見ゆるぞかし、誠に恥敷所《はずかしき》にて御座候、真面目を見給ふ先生を、邪法の偏僻人のとは、何をさして云給ふぞや、白日晴天、寝言を云給ふかや、当流の事を知り給はぬ人の沙汰ならば聞捨置べけれども、元一源より出たる方の沙汰と聞ば、さは有まじき事也、某等私意をもってほめ給ふにはあらず。

このなかで川村は、「剣術の実力も劣るのに我師円四郎を認めようとしないとは、白日晴天の下で寝言をいうような愚かしいことであり、我流のことを知らぬ他流の者の言葉なら聞き流せるが、同門の者達がこのようなことをいうとはなんたることか」と憤りを噴出させている。

そして、円四郎が明眼の人達からは認められ尊敬されていたことの証拠として、次のような数人の人物の名前と経歴を挙げ、円四郎が正式な嫡伝か否かは実際に剣をとって立合ってみればなによりわかることだと強調している。

一雲先師の門下に、先生の如くに賞美し給ひし人、外にも御座候や否や、又先生を岡本水也居士より賞美ありて、無窮軒と号し給ふ、水也居士は禅学は愚道和尚《この愚道とは、臨済宗妙心寺百三十七世の愚道東寔のことだろうか？　ちなみに、愚道東寔の法は至道無難に嗣がれ、さらに道鏡慧端（正受老人）そしてこの本の三章などに出てくる白隠慧鶴へと受け継がれる。》より伝法の御弟子なり、浄土は増上寺ろはく和尚《このろはくとは、増上寺二十四世の露白のことか？（『日本仏教人名辞典』）》の御弟子にて、だんりん和尚丼きんらん衣のけさをゆるされ給ふ人也、今のゆふき弘経寺残応和尚の父也、又先生は、桂堂和尚と問答ありて、桂堂より賞美ありて、真里谷大道居士と号し給ふ、桂堂は妙心寺派にて、日向国秋月長門守殿菩提所の住持にて有しが、後にいんげん派となり給ひて、江戸に住居ありし人なり。《桂堂は日向国高鍋（現在の宮崎県児湯郡高鍋町）の瑞松山龍雲寺の六世だった。（『高鍋郷友会報告第六〇号』）》

某《それがし》等も恐れながら、円之一字を謹《シデ》而弁ず、夫、道のたとへと古人の言葉に、得《テ》二其環中《ヲ》一以《テ》応《ズ》二無窮《ニ》一ト云々、環中は円にして虧なく、中央は〇如《ク》レ此空虚なり、人心も彼是の惑を離れたる時は、本心は空虚淡漠にして私意雑念を残さず候得ば、環の中央空虚なるが故に、旋転すること不レ止、円《まどか》なれば、いづれの地にてか触れさはる事なきに似たり、此境界に至ては、私意脱却して、くらべていひ得ば、環の中央をとく志得たるがごとく、万境妙応無方底にして、いづれの地かかけさはるもなく、物に応ずる事是までとする、無窮自由自在にして、是も非も忘れて、世上是非の場に優遊し、無窮無極の妙を得給ひて、暗愚の法にあらずとぞ、円四・無窮軒・無為軒と賞美ありて名附給ふと、某等も奉レ存候、如レ此に凡慮を離れたる向上の沙汰ある当流無住心剣之元師夕雲より、第三世の嫡伝・義旭先生也、当流剣術の勝劣をたゞし、嫡伝の証拠を見給はんとならば、争ひの言葉を絶し来て、先生へ立向ひ給ひ候得ば、其儘勝負顕れて、口てまの入事は少も無二御座一候、後代、御同門の人々、能此所を御考有べく候。

また、証拠の手紙として、次のようなものまで転載している。

渡部佐野右衛門様　　小出切一雲

日外は於二長徳院一、緩々得二貴意一、本懐之至、弥可レ為二御無事一と致二愚察一候、然者数年円四郎方より預り置候神文之分、不レ残返進申候、貴様御届可レ被レ下候、何角取紛候事共御座候而延引仕候、貴下、

三月十九日

右渡部佐野右衛門儀、花房右近殿家来、後浪人、先生方に内弟子にて七年程罷在申候、其後備中国へ引込被レ申候、在所において病死也。

これは死期を悟った一雲が、円四郎から預かっていた神文の類を渡部佐野右衛門という人物に、円四郎の許へ届けて欲しい旨を依頼した手紙であろう。川村は、一雲が死を間近にして、このように円四郎へ伝書や神文を贈ってきた意味をよく考えて欲しい、とさらに念を入れて次のように書いている。

先生のき給ひし後、空鈍先師の門下に剣術上達の人々出来て、意識を離れて自由自在にして、其場に至り給ふ人あらば、それへ譲り給ふべけれども、其人を得られざればこそ、嫡伝に譲り来り給ふ書付、惣門弟中の神文迄、尤預り置給ふものとはいへども、空鈍末期に及で、何ぞ廻り遠く、のかれたる先生へ帰し贈らるべきや、後代の御同門の人々、

此所を御考有べき事也。

そして、かつて円四郎を排斥した同門の高弟達については、

享保六年、殿中にて空鈍流之御沙汰ありて、当将軍様之御側近き御衆、戸川玄蕃殿へ尋給ひし御方も有し風聞也、其御沙汰、上たちたる方より出たる趣故にや、戸川殿にも慥《たしか》に伝法との御答もならずと聞えし、此沙汰ほゞ聞えし後、当年の秋の頃、年久敷先生へ疎遠なりし戸川殿より音信ありて、先生へ来り給へと何となく或人に御言伝なりければ、先生行給はざりし、夫故にや、戸川殿或時御子息方を御同道ありて、先生の宅へ御出、御子息方を門弟に御頼み有レ之、御子息方御三人、門弟になり、其節玄蕃殿御噺に、矢橋助六殿にも剣術伝法は無レ之と被レ仰候、其後先生にも戸川殿へ御越候、玄蕃殿にも先生へ御立向候得共、他流の意識にうつり、太刀打出し給ふ事ならず、其日も家来衆弐拾人計り弟子になられし、戸川殿御神文も先生にあり、右三人は、

戸川玄蕃殿嫡子　　本堂源七養子　　戸川五左衛門養子

　戸川内膳殿　　　　本堂主計殿　　　　戸川宮内殿

一矢橋助六殿にも空鈍伝法之御沙汰なれ共、無《シ》二覚束一。

一かうの左門といふ浪士、空鈍伝法の沙汰なり、左門もなかまち仙右衛門といひし時は、先生に習ひし人也、空鈍末期まで付慕ひ居られし風聞也、されども伝法之免許は無二覚

束。

すなわち、「享保六年将軍家（吉宗であろう）と思われる筋から空鈍流（無住心剣術）への下問があったが、空鈍の高弟であった大身の旗本である戸川殿ははっきりした返事も出来ず、その後長年交際が絶えていたが先生（円四郎）を頼ってくる様子がみえ、人を介して先生を招きたいような伝言があったが、先生は訪ねることはなかった。そのためであろう、ある時御子息達を同道して訪ねられ御子息方を先生の門弟にと依頼があり、またその後、先生が戸川殿の屋敷に出向かれた時戸川殿と立合われたが、戸川殿は他流の使い方に染まっていて、とても太刀を打ち出すことが出来なかった。矢橋助六殿やこうの左門などもみなたいしたことはない」とまとめて、手厳しい批判をし、さらに当時世評にのぼりつつあったと思われる一雲の晩年の高弟で雲弘流の開祖となった井鳥巨雲についても、巨雲を「いとり興雲」と書いて「空鈍（一雲）へ手紙を出し、しばしば会って話を聞いた、というだけの者で、空鈍を後ろだてのようにいいふらしているだけで当流の剣とはちがうものであり、興雲教（雲弘流）と称して当流（無住心剣術、あるいは空鈍流）と名乗らないのはもっともだ」と皮肉を利かせて書いている。

近年いとり興雲といふ人、空鈍流の様に沙汰有しよし聞かば、空鈍へ便り度々参会して、咄抔《はなしなど》聞て、空鈍を後ろ立の様にいひ給ひし風聞なり、興雲教のすがた他流と聞えし、度々参会して咄抔聞て、意識を以て考て、夫を手に移してつかはるゝ様なる当流にてはあらざる故と、慥に空鈍流と名乗給はぬも尤なり。

最後に、川村は師、円四郎の至妙な剣術が後世失われ変質することが十分予測されるので、この『前集』を書いたといういきさつを次のように説明し、川村とともに『前集』執筆を企画、支持した円四郎の高弟達の署名を載せている。

某等、義旭先生の御言葉の趣幷愚意之趣迄を書記候事、後代の恐れ憚も可レ存事御座候得共、ものには聞違・覚違と申事多く御座候て、後之代には違ひたる事もはなす人さへ其時代の者なれば、慥におもひて違ひたる事も、誠に成行候事のみ世に多く御座候故に、後代に至り御同門之御方々、道踏み違ひ給ひて、彼か是かとちまたに迷ひて、道の争ひなからむ為と、先生へも此事を奉レ願て書記申候、されども文言等に他へさしさはり候事も御座候得ば、若き御方々の不図《ふと》御覧候はゞ、あらそひの端ともならんかと存られ候故、御同門之人々にても、猥りに御披見なる間敷候、実学の御方々ばかり、別に神文を以て懸ニ御目一置て候、先生へも申上置候畢。

享保七壬寅十二月

税田　新八好教

土方　市郎右衛門備正

福井　惣十郎精勝
川村　弥五兵衛秀東

これに対して円四郎は、川村を労い、また監修者ともいえる立場から、この『前集』の内容に了解を与えた証しとして次のように一筆書いている。

先日被二仰聞一候故　委曲致
承知　遂一覧候処　御殊勝之
御事候　以上
三月十九日　真里谷円四郎
川村弥五兵衛殿

さて、話を戻すが高まる円四郎排斥の声のなか、円四郎はついに一雲の許を去る。その、別れ際に円四郎は師一雲に対して、次のような捨てゼリフを吐く。

我等の罷在《まかりあり》候故、嫡伝の争ひありてむつかし、誰なりとも嫡伝の御免許あるべきものへ
御譲りあるべし、我等は夕雲をつぎ申べし。

このように円四郎は、「私がいるから嫡伝の争いがあって混乱が起きています。もう私は構いませんから、誰でも先生のお好きな人へ免許を与えて下さい」といった上、「私は先師夕雲を継ぎます」と宣言しているのである。

当時のように師弟の間が厳しかった時代に、目の前の師匠を無視して、自分は顔も見たことがない先代の師匠を継ぐのだといっているところに、円四郎の一雲の優柔不断さに対するいらだちと、一雲に対する冷えた思いをみることが出来る。

もちろん、結果としては円四郎が去れば一雲のところは鎮静化するであろうが、この円四郎の言い条には、師への迷惑を考えて身を引くというよりは、「もう、うんざりだ！」という円四郎の肉声がきこえてくるようである。事実、円四郎はこうして師一雲の許を去ってからは、終生一雲と会うことはなかったという。

円四郎の分離独立によって、一門の門弟達は円四郎とともに一雲の許を離れる者、また残る者とバラバラになり、無住心剣術はここで大きな転機を迎えたようだ。

こうした円四郎の行動を、一雲はどういう思いでみていたのであろうか。

一雲は、円四郎が自分の許から去ることは仕方のないことだとして、円四郎を恨むようなことはおそらくなかったであろう。ただそれだけに、淋しさは大きかったに違いない。腹を立て、恨むことが出来れば、そうした激しい感情が淋しさを薄められようが、この場合、そういう激情を生じさせることが出来ないだけに、一雲はよけい辛かったであろう。

一雲がその後ほどなく出家して、名を空鈍と改め、京へ上り、しばらく京の地に留まったというのは、この内紛分裂が、おそらくは大きなキッカケになったのだと思う。一両年を経て、江戸に戻ってきた一雲は居を増上寺近くの御掃除町に持ったという。

ところで、この円四郎が一雲の許から独立した時期はいつ頃なのであろうか。門弟達の不満の高まり方からみて、円四郎が一雲から免許を受けてからそう何年もたっているとは思えない。ただ、『前集』のなかに、円四郎が一雲の後継者である証拠として、円四郎と一雲両名宛の入門願書である「起請前書」が引用してあり、それには、

起請前書

当流剣道志求之処御相伝忝存候、

一無㆓御許㆒内、他え相伝仕間敷事、

一無㆓御許㆒内、他流と仕合仕間敷事、

一他流誹謗申間敷事、

右之趣於㆓相背㆒者、日本大小神祇、別而八幡大菩薩、三世一切仏菩薩、可㆑蒙㆓御罰㆒者也。

貞享三年十一月十六日

土方勝十郎

土方牛右衛門

白江権兵衛

服部半平
山崎一学

小出切一雲老

真里谷円四郎殿

右之通両宛の神文弐百通之余有レ之、

となっており、少なくともこの「起請前書」が書かれた貞享三年(一六八六年、円四郎が印可を受けたと思われる貞享元年頃から二年ほどたっている)までは、円四郎はまだ、一雲の許にいたことになる。

『前集』では、円四郎が一雲の許を離れた後、「一雲も其後出家ありて空鈍と名付て……」と一雲が出家したことを書いているから、円四郎の分離は貞享三年から一雲が出家したという年の間とみていい。一雲の出家した年が何年であったかはどの資料にも明記されていないが、出家した時の年齢が六十歳であることは、『日本剣道史』に『天真独露』の添書よりとして記録が残っているので、白井亨が残した『天真録』の宝永三年(一七〇六)七十七歳で没したという記述から逆算して、出家した年は元禄二年(一六八九)頃であることがわかる。

ただ、元禄二年の秋頃は、まだ一雲が出家していなかったことは、法心流の開祖、金子弥次衛門(夢幻)の書いた『梅華集』の跋文を一雲が「元禄己巳(二年)仲冬武江隠士小出切一雲」と、出家前の名前で書いていることから明らかであり、出家はこの翌年あたりと思われる。

《国立国会図書館には、『空鈍一百韵』という一雲が出家して空鈍と名を改め、「戯ニ一首毎ニ必ズ空鈍ノ二字ヲ用テ一絶ヲ綴」という漢詩集の写本があるが、その自序に「余不幸ニシテ壮年之日漫《みだり》ニ筆剣之二芸ニ遊ビテ」と、若い頃、書や剣に打ち込んだ事を後悔していると述べ、「癸酉季春」「余行年今六十」「越ニオイテ暮春二十有九日、忽チ両剣ヲ擲テ一扇ニ換ヘ剃髪染衣禅流之沙弥ト為リ、俗名ヲ改テ空鈍ト号ス」とあることから、一雲は元禄六年（一六九三）陰暦三月二十九日、六十歳の時に出家して、空鈍に名を改めたことがわかる。

それにしても、白井亨が、古今独歩の剣の名人と称えた小出切一雲（この『空鈍一百韵』では小田切になっている）が、この本の自序のなかで、自分は不幸にして若い頃、書と剣という二芸に遊んでしまい、と書いた後に、この書と剣術を「鼠技」つまり、鼠がやるような、つまらない事とこれらを言い捨てている部分があるが、ここを、『剣道に於ける道』を著した富永半次郎はじめ、一雲を熱烈にしたっていた剣道関係者が読んだら、冷水を浴びせられたような思いをするのではないかと思う。

しかし、根本的に優柔不断なところが抜けていない一雲は晩年にはまた剣の指導を行なっていたようである。》

しかし、無住心剣術をあれほど絶対視し、他流をまったく相手にしていなかった一雲が、『梅華集』の跋文で、この法心流剣術を「嘉《ヨロ》コブ可キカナ尊ブ可キカナ」と称賛し、さらに金子に対しては、「余モマタ平日剣術ヲ好ム主意殆ンド符節ヲ合スガ如シ同気相求ムルノ故ヲ以ツテ黙契心ニ通ジ更ニ山川ヲ隔テザルコトハ感激シテ余リ有リ」（原文は漢文）と、かつて他流をすべて見下していた人間とは思えないほどの熱烈な大賛辞を贈っている。

《『梅華集』についてだが、『武田真里谷家譜　全』のなかでも『無先之書』の別名を使って、他の無住心剣術の伝書と同格に挙げられており、また、『加藤田家伝　剣道伝書』所収の『先師口授　上下』の第九章がほとんど『梅華集』の抜粋であることから、この『梅華集』は本来は法心流という他流の伝書であるが、無住心剣術においても大切に扱われていたことがわかる。》

したがって筆者は、円四郎が一雲の許から分離独立したのは、元禄元年かその前年の貞享四年ではないかと思っている。ただ貞享四年である可能性がやや高いのは、久留米の豪商、石原指帆（為平）が書いた『石原家記』の貞享四丁卯之年の項に、「真里谷円四郎同所（江戸）之浪人剣術之達人也」と一行書いてあることである。つまり、この『石原家記』にある記述は、享保二年生まれの石原為平がまだ生まれる以前のものであり、為平自身が直接見聞したことではないだけに、この年に円四郎がなにか人びとの記憶に残る目立った行動をして、それがなんらかの形で伝わっていたのではないかと思われる。

円四郎が一雲の許にまだいた貞享三年という年は、一雲が『天真独露』を書いた年でもある。すでに何度も述べたように、この『天真独露』は、無住心剣術の極意の書であり、無住心剣術の一門にとって最も大切な伝書であったと思われる。それだけに、一雲が夕雲から印可を受けた時も、すでにこの書が存在したのではないかという説もあるが（『剣道に於ける道』の著者、富永および石塚らはそう推理している）、筆者が入手した富山県立図書館、高知県立図書館並びに牧堂文庫に残されていた『天真独露』（高知県立図書館では『無住心剣伝』、牧堂文庫では『無住心剣伝法書』の書名であった）は、三冊ともみな最後にはっきりと、

貞享三丙寅夏六月三日
針谷夕雲無住心剣伝法嫡子
小出切一雲誌焉

とあり、一雲がこれを書いたことは間違いないと思う。

また、『夕雲流剣術書』も同じ頃の著作ではないかという説があるが、筆者が持ってい

る幾系統からの同書の異本コピーのどこにも年月日の記述はなく、ただ巻末に、「無住心剣元祖針谷夕雲伝法嫡子　小出切一雲誌焉」とのみあるだけである。

それに、筆者の個人的感想からいえば、円四郎と立合って「相ヌケ」ではなく敗れてしまった一雲が、敗れたその後で『夕雲流剣術書』に述べられているように「どれほどの達人であっても、当流（すなわち無住心剣の免許を得た自分）とは相ヌケ以上にはなり得ない」とは断言しにくいであろう。したがって『夕雲流剣術書』は、一雲が円四郎に免許を授ける前にすなわち貞享元年以前に書かれたと考える方が自然な気がする。また、そう考えると、『夕雲流剣術書』では無住心剣術の特色として、何回も強調されている「相ヌケ」が、一雲が円四郎と立合って敗れた二年後の貞享三年に書かれた『天真独露』ではまったく触れられていないことも納得できる。

しかし、一雲は円四郎に敗れたことで、ある面、無住心剣術に対する観念的な絶対視の殻が破れ、淋しくもあったろうがどこか肩の荷が下りて楽になったところもあったように思われる。一雲が、他流である法心流の金子夢幻をも評価するようになったのは、そうした心の変化によるのかもしれない。

一雲から独立して道場を持った円四郎は、一種風変わりなところがあったとはいえ、剣を把っては、当時誰一人として敵う相手がいなかったところから、入門者が相次ぎ、大名、旗本、およびその家臣、牢人等、ついには一万人を超えたという。この一万人以上という門弟の数は、幕末一世を風靡した北辰一刀流の千葉周作の門人が五、六千人であったことを考えると、いかに驚異的な人数であったかがわかる。当然、大名からの召し抱えの勧誘も多かったと思われる。

風変わりなところがあり、また師の一雲が生涯、仕官せずに通した影響も少なからず円四郎の心に残っていたと思われるが、どのような縁によるものか、円四郎は久留米藩に仕えたか、仕えたに近い状態になったと思われる。そしてそれは梅巌公の治政の時代と『久留米教育小史』に出ているから、梅巌公すなわち、有馬則維の時代とすると宝永三年から享保十四年までの間（一七〇六〜二九年）であるが、現在のところ、その明らかな年月はわかっていない。ただ、享保七年に書かれた『前集』および享保十年に書かれた『中集』のいずれにも、円四郎と久留米藩の関係については、まったく触れられておらず、これはあくまでも筆者の推測であるが、円四郎が久留米藩に仕えたのは、享保十年より後のことではないかと思う。

もっとも仕官したとしても、風変わりな円四郎のことであるから、かなりの自由行動を許された、特別待遇であったのかもしれず、そのため、久留米市民図書館調査研究室の岡龍三氏の多大な尽力にもかかわらず、久留米藩で円四郎を召し抱えた、という公式の古文書類が、いまもってみつからないのかもしれない。「住、江戸麻布」と真如寺の記録があるから、おそらくは、江戸住まいのまま、久留米藩に深くかかわりを持つようになったのであろう。

《『武田真里谷家譜　全』の系図の義旭のところに「後移住武州江戸麻布本村町為剣術師」とある。円四郎と久留米藩の関係はすでに述べたように、有馬家から五百石で仕官をしないかと誘われていたほどで、惣領の権太郎義龍の召し抱えを願い出たほど親しい関係にあったという。ただ、なぜ自分は仕官しなかったのかというと、同書によれば、その具体的な目標は「御直参」の「御目見以上」、つまり旗本になることであり、それが「心願」であったようである。そのため、久留米藩主の有馬玄蕃頭則維から仕官の話があった時も、「心願」もあるのでと、自分の仕官については断っている。しかし、その願いは、さきに触れた老中の阿部侯には難色を示されてしまう。そのため、「私存生中は」なんとかなるが、自分の「死後」、浪人の身の子供達では一家を「養ひ兼」るので、「兎も角此上ハ、子供の内壱人」を仕官させて欲しいと有馬家に頼んだのである。》

4　術技を捨てたその幻の剣術とは㈠

円四郎は『前集』のなかで無住心剣術の太刀使いの特色を次のように述べている。

先生云、当流に刀脇差の寸法に定寸なし、長短軽重、すぐ(直)なるそり(反)たるにもかまはず、其人々のすき次第なるべし、余りすぐなる、余りそりたるも持にくからん、下手の長き刀は、振り廻しにくきものなり、刀のきれをも余り頼むべからず、惣て道具をたのみにして、あぢだて道理だてを以てする剣術にてはなし、先師の教にちがはぬ様にして、生れのまゝなものに立て刀を引あげ、おく《(送)》らずむか《(迎)》へずして、かたちに気をかさず、かんずる所へ刀をおと《(落)》すの計りなりとの給ひし也。

すなわちここで円四郎は、「無住心剣術では、他流によくあるように刀や脇差の形状や寸法を流儀として定めたりはしていない。刀の長さや反りの深い浅いは、すべて各人の好みに任せられている。ただ、あまり反りがない直刀や、また反対に、あまりに反りが深いものも扱いにくいから、ほどほどがよかろう」と述べている。さらに、「未熟な者は特に長い刀は扱いにくいから注意せよ」ともいい添えている。次いで、「当流は、そもそも刀の切れ味とか丈夫さ、バランスなど道具自体の良否に特にこだわるような一般の剣術とは本質的に異なった（非常にすぐれた心法の剣術である）流儀であるから、夕雲開祖以来の教えに背かぬようにして、生まれついたままの純真な赤子の心でもって、種々の分別を離れ、外面に捉われることなく、ただ刀を引き上げて、自然と感ずるところ、落ちるべきところへ刀を落すだけである」と説いている。

これは無住心剣術が、剣術諸流派においてはよく論ぜられる、その流派向きの刀の形状や長さなどにはなんの関心も示さず、刀そのものの良否や切れ味さえも無視するという特異な発言である。円四郎にしてみれば、我流はいわば「弘法筆を選ばず」式だというわけであろう。

ここでやや話が脇にそれる感じがするが、日本文化の特色を考え、それによって無住心剣術の性格を検討するために、この「弘法筆を選ばず」という言葉について考えてみたいと思う。

「弘法筆を選ばず」という諺は、一般的に「能力のある人間は、道具の良否にかかわらず立派な作品をつくる（仕事をする）」という意味に使われており、たしかに、それはそれで事実であろう。しかし、優れた腕に、優れた道具があれば、なおいっそう、いい仕事が出来いい作品が生まれることも、また事実である。

現に、実際の弘法、すなわち空海は、その密教という緻密で極彩色の世界からも推察できるように、物や道具にも非常に凝るところがあり、現に空海自身、最も得意な分野であった書では、筆についてもこだわって、よく研究吟味しており、そのことは、空海が時の皇太子すなわち春宮に、狸毛の筆を献上する折に書いた「春宮に筆を献ずるの啓」（『性霊集』所載）のなかで、

右、伏して今月十五日の令旨《りやうし》を奉《うけたまは》つて即ち筆生《ひっせい》槻本《つきのもと》小泉《こいづみ》をして且《か》つ造り得て奉進せしむ。良工は先づ其《そ》の刀を利《と》くし、能書は必ず好筆を用ふ。刻鏤《こくろう》、用に随《したが》つて刀を改め、臨池《りんち》、字に逐《したが》つて筆を変ず。字に篆隷八分《てんれいはっぷん》の異、真《しん》・行《ぎやう》・草《さう》・藁《かう》の別有り。臨写規《のり》を殊《こと》にし、大小一に非ず。物に対し事に随つて其の体衆多《しゅうた》なり。率然《しゅつぜん》として摠《すべ》て造ること能《あた》はず。伏して願はくは要用の者を鑒察《かんざつ》したまへ。

と、述べていることからもうかがえる。

この「良工は先づ其の刀を利くし、能書は必ず好筆を用ふ……」として字により、状況により、種々道具を選びわけてそれに適したものを使いこなさなければならない、と説くところにいかにも空海の好みがあらわれている。

もっとも、空海ほどの人物であれば、なにかの折、即興に手近な竹片を石で搏ちなどして筆とし、野趣あふれる書を書くなどということも行なったかもしれない。こうした行動は、たしかに「筆を選ばず」といった評価につながるかもしれないが、これは、剣術において名人と称された者が、あり合わせの扇子や手拭い等で、真剣で向かって来る者をあしらった話と同じであり、「そうした、あり合わせの物でも間に合う」ということと、こうした、あり合わせで間に合うから、別にいい道具はいらない、ということとは、まったく違う。

その辺の微妙な、価値観、つまりあり合わせで間に合わせることに、一つの粋さを見出し、同時に本当に気に入った道具には、時に命をかけるほどこだわる、という美意識の志向は、「茶ノ湯」を生み育ててきた日本人に、特有ともいえる性癖であろう。

剣術の世界において、刀剣が「武士の魂」として、異常なほど神聖視されてきた背景には、こうした道具への「こだわり」があったに違いなく、そうでなければ、刀の地肌や焼刃の形に、あれほど多様な名称が生まれるはずがない。たとえば波形の刃文の名称一つをとってみても、その形状の微妙な違いにより、湾《のた》れ、互《ぐ》の目（これにも、大、小、肩落、劣り等がある）、大乱、小乱、丁字乱等々があり、この刃文を形成しているマルテンサイト組織の粒子の集まりの大きさにより、匂《におい》、沸《にえ》などにも大別されるし、また、それらが刃のなかにある場合、稲妻、金筋、金線などと呼ばれ「刃なかに働きがある」「匂口が締まっている」等の独特の言いまわしが使われている。

このような刀剣鑑賞の基礎知識は、特にその道の専門家ばかりではなく、武士としての基本的素養の一つであり、一人前の剣客ともなれば、こうした刀剣の鑑賞眼も、一応は持っていたようだ。

宮本武蔵などは、『五輪書』で「刀、脇差も大形にきれ、鑓《やり》、長刀も大かたにとほり」と刀剣の実用的機能を重視する発言をしているが、武蔵が佩用したと伝えられる刀は、伯耆安綱や正宗という日本を代表する刀工の刀であり、刀の拵えに関しても、独特の武蔵鍔を自ら造り、後々までも高く評価されている二天拵えを案出した芸術家でもあった。

また、尾張柳生の代表的剣客であった柳生連也も、抱え刀工の秦光代に刀を鍛《う》たせ、さらに武蔵同様、拵えの好尚にも意を尽し、柄の目貫が、一般の打刀拵えとは逆に入る逆さ目貫に、小ぶりな柳生鍔を用いた柳生拵えを完成させた。

その他、新選組の近藤勇が虎徹にこだわった話や、一刀流の開祖伊東一刀斎が備前一文字の作と伝えられていた瓶割刀を愛用した話は、あまりにも有名であり、まず、およそ武士であれば、よい刀を得たい、という思いはほとんど例外なくあったといっていいであろう。なにしろ、幕末、既成の武士の概念から抜け出ていたことで有名な、あの坂本龍馬にしても――龍馬が、ある武士に会った時、「刀よりもこれからは、これだ」といって懐から拳銃を出し、その次にこの武士が会った時には、万国公法を出した、という話は有名であるが――愛刀陸奥守吉行を自慢にしており、兄の権平にあてた手紙に、「然ニ先頃西郷より御送被レ遣候吉行の刀、此頃出京ニも常帯仕候、京地の刀剣家ニも見セ候所、皆粟田口忠綱（古刀の粟田口忠綱の刀）位の目利《めきき》仕候、此頃毛利荒次郎出京ニて此刀を見てしきりにほしがり、私しも兄の賜なりとホコリ候事にて御座候」と、うれしげに書いている。

しかし、夕雲を始祖とする無住心剣術の術者達、少なくとも夕雲や円四郎は、まったく、こうした刀に対する思い入れというものはなかったようである。『前集』のなかでは、何ケ所かで、刀について触れているところがあるが、それらは、いずれも次のような白々とした、また皮肉めいたものである。

たとえば、

先生云、夕雲の給ひしは、刀は刃の幅広く、しのぎのむねに寄りたる、かつかふの作りの重く丈夫にして、そりは桶の輪の如く強くそりたるよし、手之内やはらかに輪に取る故に、柄頭もふとく大りうごにしたる、よきと覚へ候。

すなわち「刀は頑丈で反りが強く、柄も立鼓（柄の中ほどがくびれた形）をとった手だまりのあるものがよい」と一応述べておきながら、次のような強烈な皮肉をいっている。

乍《さりなが》レ去、刀のかつかう軽重は、小袖の染模様の如く、其人々のすき次第にしたるがよし、模様よく染たる小袖とても、寒きたりにはならず、その如く、刀のかつかう能きとて、当流剣術勝負のたりにはならざるなり、剣術能く手に入れば、長短軽重、かつこうにかまはず、自由につかはるゝもの也、是我流の宗とすると也。

この「刀の形状の違いなど、着物の染模様の違い程度で、別に綺麗に染まっているからといってそれが暖かいわけでもあるまい」という道具の機能を頭から否定している言い様は、おそらく少なからぬ武士達が反発を持ったと思う。しかし、円四郎は、そうした他人の思惑など、まったく気にするふうはなく、というより、そうした一般の武士達の感情を逆撫でするかのように『前集』では、さらに三十二章の終わりで、

刀脇差にさのみ有て、能ものに候はゞ、我等もわざと拵ひ申べけれども、其構《かまひ》なくして済候故に、親の代より有来る大小を、有《ある》に任せて指候と仰《おほせ》候なり。

すなわち、「使う刀や脇差によって術の力が違ってくるのであれば自分もそれ相当に刀や拵えにも心がけるが、そういうことはしなくていい無住心剣術であるから、佩用する刀、脇差も、別に特に選ぶことなく、親の代から伝わっているものをそのまま差している」と

述べ、いわば「刀など有り合わせで十分だ」と皮肉を利かせている。

このように無住心剣術には、剣術に不可欠な刀に対する認識からして、当時の武家の思想、文化に挑みかかるような傾向がみられる。

すでに紹介したように『前集』にある無住心剣術の剣の使い方は、「刀を引きあげ、おくらず、むかへずして、かたちに気をかさず、かんずる所へ刀をおとすの計りなり」という、きわめて捉えどころのないものである。これは、この無住心剣術が、この最大特色として、相手の太刀の出方に応じて、さまざまに使い分ける剣術としてのテクニックの型を持っていないということである。これはいったい、どういうことであろうか。

開祖夕雲は、文に暗かったとはいえ、まったくの文盲ということではなかったようで、『前集』には、次のような夕雲作と伝えられている文章が載っている。

正ニ今日安ンズ二一剣ヲ一殺《せつ》ト論ズル則《ときハ》一毛《モ》不レ破ラ活論ズル則ハ喪身失命　向上ノ一路先生不伝

《これは『真面目印可』『直《ママ》面目印可　秘書』では「一毛《モ》不傷」となっている。》

『前集』には、引き続き円四郎による次のような解説が述べられている。

先生云、当流にて敵を殺す事を論ずる時は、静に柔順なるを専とする故に、敵の一毛をも破らざる如くに見ゆる也、亦我が身を活《いき》る事を論ずれば、或は敵の太刀を受はづし、切返し抔して、色々之業をする故に、却て我が身を失ふ也、夫故に、常に静に柔順を専と修業して、一毛も破らざる如く見ゆる内より、大地にひゞく程の強み出るよと、元祖上泉よりも不伝之妙を、夕雲自得有し所をさして、向上の一路、先生の不伝となり。

すなわち、「円四郎は無住心剣術では敵を倒そうとする時は、敵の毛一本をも損なわないように静かに柔らかく敵に対する。他流では、敵を前にすれば、とかく、自分をまず守ろうとして敵が打ち込んでくる太刀を受け外したり、また切り返したりと、種々な動きをするが、これは敵を相手として認め、敵と同じ次元になってしまうから、かえって負ける要素をつくり出してしまうようなものである。したがってわが無住心剣術では、常に静かで柔順な奇抜さも何もない動きのないものを、もっぱら心がけて修業することが大切である。

そうすると、そうした毛一本も破らないような柔らかな動きのなかから、大地も震動するような、強い打ち込みが出るようになる。そして、これこそが、無住心剣術の本旨に叶った剣の打ち込みであり、無住心剣術の流祖夕雲先師が自得した妙所であり、これは新陰流の開祖である上泉伊勢守も知らなかった妙術である」と説いているのであろう。

これによって、およそ夕雲が開悟発明したという剣術のユニークさがわかろう。敵に対して静かに柔順に対応する、というのは、日本古来の体術を「柔術」と呼び慣わすことを思えば、それほど異とするにあたらないが（もっとも最近の柔道に、およそ、この柔術のイメージはないが）、敵が攻撃してくる太刀を受け外したり、切り返したりしてわが身を守ったりしてはいけない、というのはどういうことであろうか。筆者は、ここに、無住心剣術を解く大きな鍵があると思う。

「時々刻々工夫修業シテ、畜生心ヲ離レ所作ヲ捨テ」て新しい剣術を探究していった夕雲が、豁然大悟して「一切ノ所作ヲ破ル」無住心剣術を生むには、まず、いままでの剣術技法上のさまざまな身体の動きを極端になくすことが大前提になったように思われる。

すでに何度か述べたように、合戦、実戦の場では細かな剣の技法など通用しないと信じ、自らも刃引の刀で、相手を打ち殺すような豪放な剣を使っていた夕雲にとって、その新しく生み出す剣術が、さまざまな種類の太刀捌きを使う剣術であるとは考えられないが、とりわけ夕雲は、無住心剣術において、極度に動きをなくし、ただ太刀を片手で眉間の高さまで引き上げて落すという使い方のみにしてしまったようである。

防禦を考えず、ただ真一文字に敵へ太刀を打ち込むという剣術は、薩摩の示現流や幕末の奇傑、平山行蔵が開いた講武実用流等にもみられる考え方であるが、これらは、それなりに具体的に納得の出来る理論がある。たとえば、示現流では、太刀行きの速さを貴ぶが、それはつまり、自分の打ち出す太刀が非常に速ければ、相手がどう打ってこようと、こちらは飛道具を持っているようなものであり、相手より先に打ち込むことが出来るからである。さらにこの気迫には、相手もたじろがざるを得ないであろう。

実際、この示現流が実戦ではひどく強かったことは、幕末、新選組をもてこずらせたことや、西南の役における凄絶な戦いぶりからも広く知られている。

また、講武実用流は、開祖の平山行蔵（名は潜、字は子龍、号を兵原、兵庵等と称した）が著わした『剣説』の書き出しに、「夫《それ》剣術は敵を殺伐する事也」とあるように、剣術の観念化、お稽古事化を嫌い、まさに「実用」を旨とし、その主張するところは「精一無雑必死三昧なること、殆んど餓《が》鷹《おう》の鳥を搏《はく》し、餒虎《だいこ》の獣を攫《つか》むが如し」という激しいものである。そのため、鮮やかに敵の太刀を受け外し、打ち込むことを稽古している他流の剣術に対しては、

只架隔とうけ、遮闌《しやらん》とさへぎり、躱《た》閃《せん》とはづす、これ人に致されて客となるものなり、これを善くするものを、巧手の妙技のと称誉す、是を以て武人曾て制レ敵の機をしらず、卑拙怯陋の醜態を極め、一足切断の地に立て、猶須臾の命を僥倖す、故に近日武人萎靡卑怯をなして笑を大方にとるも、皆剣術者流等かくの如き無恥の技倆を教ふるに坐す、可レ悲々々、

と、散々にこきおろしている。

それだけに、この実用流の稽古は、一尺三寸の短い竹刀を持って、相手の三尺以上の竹

刀に対し、体当たり的に踏み込んで刺し違えようという凄まじいものであり、いわば、その必死の覚悟で、相手を竦ませるような剣術であったようである。

平山は、実に逸話に富んだ人物で、武術の稽古は常に合戦、実戦を想定して稽古し、そのために常日頃から、気力、体力を練ることを心がけ、武具の類も異常に大きく重いものを使っていた。たとえば、その佩刀であるが、当時二尺三寸程度の長さが常識のなか、なんと三尺六寸、身巾二寸（通常は一寸ほど）、重《かさ》ね（厚さ）七分、重さが三貫五百（十三キロ以上、普通の佩刀は一キロ内外）もあったという。

この長さは、もちろん、さきに述べた寛政十年発令の帯刀尺寸の令に違反するものであるが、豪傑肌の平山は、頭からそのような規則は無視していたのであろう。こうした平山の影響は、門下生にも強く、勝海舟の父、勝小吉なども、三尺二寸という長大なものを佩用していたという。その他、逸話に富んだ豪傑肌の門人としては、平山道場の塾頭をつとめ、後に大砲で津軽越中守を羽州街道で狙撃しようと企てた、下斗米秀之進（相馬大作）のような、平山の熱血をそのまま受け継いだような者もいたようである。

しかし、平山の純真一途な熱血は、奇士や風狂者ばかりではなく、老中松平定信や、男谷下総守のような志と良識のある人びとからも強く支持されていた。これは平山が単なる猪武者的な武芸者ではなく、文にもすぐれ、国防から農政、水利にまで及ぶ数百巻の著作を著わしていたからであろう。

寛政の改革で、後世まで、その清潔な政治を語り伝えられている（もっとも清潔すぎたとして、問題を生じた）松平定信は、その性格からいっても、また定信自身、武術に練達していたこともあってか、強力な平山の後援者になったようで、毎月平山に四斗樽の薦《こも》かぶりを一樽贈りつづけ、平山の晩年には、平山が木の床に簀の子を敷いて寝ているのを気づかって蒲団を贈ったといわれている（定信は起倒流柔術を鈴木清兵衛に学んで、その数本の指に入るほどの高弟となり、また定信の家臣で同じく清兵衛の最高弟の一人水野若狭守とともに、甲乙流を復興し新甲乙流剣術を開いた）。

常に戦場訓練を心がけていた平山は、このように寝る時も蒲団を用いていなかったが、食事も玄米か粟、それもしばしば炊かずに、水に漬けて若干柔らかくなったものを食べていたという。

また平山は、寒中も水風呂を浴び、武術の鍛練は、毎朝七尺の樫の棒を振ること五百遍、居合を抜くこと二、三百遍——この居合の稽古の際用いた刀は、おそらく前記の長大な刀であったろう——さらに弓、鉄砲、槍、そして馬と捲むことなく稽古し、読書の際は、槻の二尺四方の板に坐って、両拳でこの板を突き当て、突き当てして、拳の鍛練をしながら本を読んでいたという。こうして文政十一年（一八二八）七十歳で没するまで生涯独身を守り、惰弱に流れた武家社会を悲憤慷慨しつづけていたという。

男谷下総守は、平山とはおよそ異なった君子の風のあった剣客であったことは、すでに述べたとおりであるが、平山の観念論に陥らない実地実用を重んじる考え方には、強く共鳴するところがあったようで、平山が重く大きな刀を佩用していたことについても、「是士心を震起して惰弱にならざる様にとの教導にて、感服すべき事也」と『武術雑話』のなかで賛辞を呈している。

もっとも、男谷が平山に賛辞を呈したのは、あくまでも「士心を震起」させることを評価してのことで、具体的に長大な佩刀を推奨したわけではない。日本の歴代の剣客のなかで、最も紳士的な剣客といわれている男谷は、このように、奇傑といわれる性格の人間のなかからも、よくその長所を引き出して自らの糧とし、他の者にも、それを見習うように勧めるところがあり、教師としての天性を備えた人物であったように思われる。

以上のように、示現流も講武実用流も、受けず躱さず、といった傾向のあった剣術であるが、太刀行きの速さや必死の覚悟で相手に体当たりする、といったもので、無住心剣術の主旨とは異なっている。

まず、太刀行きの速さに関してであるが、無住心剣術では、「静かに柔順に、敵の一毛をも破らざるごとく」であり、また、「夕雲云、刀はいかやうに重きても苦しからず、片手にて引きあげられさへすればよし、落つる時は道具のままに落し候ゆゑ此方の力の入事あらずとなり」(『前集』)と述べ、物理的な速さを問題にしていない。

また実用流で強調する、飢えた鷹が鳥を摑むような強猛な太刀打の気迫に関しては、『夕雲流剣術書』のなかで、

兵法大概ハ如レ此迷暗邪曲ナル畜生ノ所作ニ心ヲ移シテ工夫ノ種トシ、或ハ獅子奮迅・

飛蝶・虎乱・猿飛・雷電・蜘蛛ナドトテ、品々ノ畜生働キヲ学ビ、(中略)漸ク鷹ノ鳥ヲ獲リ猫ノ鼠ヲ捕フル程ニ所作ヲシナシテ、

と批判し、『天真独露』のなかでも、「兵法ニ必死ノ地無シ、必死ハ則《スナハ》チ数ノ理ニシテ兵法ニ非ズ」と述べており、さらに「負ヲ論ズルニ二種アリ気負ケ体負ケ是也気負ケト謂フハ剛強ヲ頼ミ、勇猛ヲ専《モツパラ》ニシテ敵ヲ侮リ一旦ニシテ之ヲ挫《クジカ》ント欲ス、此レ則チ自ラ亡ブ之理」(原文は漢文)であると説いて排除している。

もっとも、これは言葉のアヤともみることが出来、解釈の仕方によっては、無住心剣術と講武実用流は共通するところもある。それは、無住心剣術の稽古法は、一雲によれば、「余ハ、相討ヲ最初ノ手引トシテ、兵法ヲ伝フル也」と実用流の所説と重なるようなことを述べていることや、平山がこの『剣説』で、

巧手には輸《ま》け、拙手には贏《か》ち、対手には両敗すと云ふ、かくの如くんば生涯工夫を尽すも畢竟無益の事なり、冀くは識者この技芸巧拙の境界を脱却し、独立独行の地位に超出せば、心広く体胖にして自性自然の妙用を得ん、

と書いているのは、どうも『夕雲流剣術書』のなかにある「己レニ劣レルニ勝チ、マサレルニ負ケ、同ジヤウナルニハ相打ヨリ外ハナクテ、一切埒ノアカヌ所ノアルゾト云事」を

下敷にして書いたフシがある。(読書は百般に通じ著作は農政、土木にまで及んだという平山が、その最も専門とする分野の剣術に関する書物に強い関心がなかったはずがなく、そうしたことを考えると、当時秘密にされていた伝書とはいえ、寺田五右衛門や白井亨をはじめ、他流の剣術者の間で、ひそかに噂がささやかれていたであろう無住心剣術の伝書を平山がどこかで借りて読んだことは十分に考えられる。)

《『天真伝白井流兵法遺方』によれば、白井亨は清水俊蔵(号赤城)から長沼流兵学を学び皆伝を得ているが、その清水赤城は、『上毛剣豪史(上)』によれば、兵学や砲術のほかに、槍術や神道一心流剣術の免許も取っていた。そして、赤城は平山行蔵とは互いに認め合った仲である。そうしたことを考えれば平山が無住心剣術の伝書を読んだことは十分に考えられると思う。》

筆者の個人的感想としては、このくだりは平山が無住心剣術の伝書を読み、これを意識して書いたに違いないと考えており、したがって、無住心剣術が盛んであった時代、すなわち夕雲や一雲、あるいは円四郎にこの流儀を学んだ者のなかには、その弟子の性質によって、平山のような考え方の剣術に変質していった者がいたように考えられる。

現に、無住心剣術の影響を最も濃く受けついで成立し、しかも、無住心剣術のように途中で滅びず明治期まで伝わった雲弘流には、平山の講武実用流的な雰囲気がかなりあったようである。たとえば、雲弘流は肥後熊本で最も栄えたが、肥後藩では、主君の側に雲弘流が出来た者を控えさせておくと、「いざ刺客が現われた折に、雲弘流の者は、たじろがずに主君の身代りとなって刺客に正面から向かってゆくから、貴重だ」というようなことがいわれていたようである。

しかし、これは、見方によれば「いい（便利な）性格の番犬だ」という程度の評価ともいえるかもしれず、無住心剣術が持っていた自流に対するとびぬけたプライドと、それを支えた特異の剣の理合とはかなり喰い違っているように思われる。もっとも、見方によっては雲弘流が、そのような、いわば体制に迎合する形で変質してきたお陰で、この流派は、明治期まで滅びることなく残ってきたのかもしれない。（この無住心剣術の術理構造については角度を変えて第七章で再び触れたい。）

それにしても、『前集』の十二章として、さり気なく一行書かれている「先生他流と試合千度有し、終に障るものなし」という円四郎の記録の凄まじさはどうであろう。真剣勝負が行なわれなくなった時代とはいえ――またそれだけに相手が固くならず自由に動けるということもあり、ある意味では、かえって難しいともいえる――、これは、空前絶後の大記録であろう。

この信じがたいほどの記録が、いったいいつから数えはじめたものなのかは不明であるが、おそらくは一雲の許で修業していた頃からのものであろう。なお、この千回と誌した

『前集』が書かれたのが享保七年、円四郎六十二歳の頃であることを考えると、この後寛保二年八十二歳で没するまでに、その後は、そう多くはなかったかもしれないが、さらに他流試合に勝った記録を伸ばしたと考えられる。

いったい円四郎はどうしてこれほどまでに剣術が使えるようになったのであろうか。これから円四郎の剣術の技法——それが技法と呼ぶにふさわしいかどうかは疑問があるが——と、それを支えた剣術思想を考えてゆきたい。

《他流試合千度不敗の名を遺した円四郎であるが、同流とではどうであったのだろう。すでに述べたように、円四郎は師の一雲と立合い、「相ヌケ」ではなく二度試合って二度とも一雲を破っている。しかし、本書の原本、新曜社版『剣の精神誌』を刊行した後に見つかった『加藤田家伝　剣道伝書』所収の『先師口授　上下』にじつに興味深い話が載っていた。それによれば、一雲の兄弟弟子の片岡伊兵衛秀安は、門人の中村権内安成がその奥秘を究めるほどになったので、真面目の印可を相伝したいと思ったが、その資格があるかどうかを試すために一雲と試合をさせようと考え、権内を一雲のもとに送った。すると一雲は老齢を理由に円四郎と立ち合わせた。その後、権内が片岡伊兵衛に送った手紙には、先日円四郎と試合をしたが、円四郎は真面目の伝授を受けたということだけれども、「覚束無」く思ったなどと書かれていたので、『先師口授　上下』の著者（おそらく加藤田平八郎重秀）は、あの円四郎も権内に負けたと思われると記している。そして続けて、片岡伊兵衛から権内に送られた手紙に、一雲はいま江戸で有名で門弟も増え、我等が流派（無住心剣術）が天下に広まり始めているところだから、そこの所を同門として斟酌してやるべきだなどと書かれているので、『先師口授　上下』の著者は、「中村権内先生ハ古今独歩」と言うべきだと称揚している。権内の「覚束無」という言葉は、ここでは疑わしいという意味だとおもわれるので、円四郎が負けたのか、それとも勝負が着かなかったのかは不明だが、この『先師口授　上下』を読むと、『前集』に「他流と試合千度有し、終に障るものなし」と書かれている円四郎義旭も、かなり苦戦を強いられた事（あるいはそれ以上の事）があったのかもしれない。ちなみに、『加藤田家伝　剣道伝書』には、一雲や円四郎の言葉が、伝書そのものや引用の形で収載されていて、一雲が跋を書いた法心流の『梅華集』も抜粋されているので、片岡伊兵衛の系統でも一雲や円四郎をそれなりに尊重していたように思われる。》

5　型破りな剣術思想

「武道は礼に始まって礼に終わる」などという言葉は、現今の武道界でもよく耳にするが、無住心剣術では礼について次のような見解を示している。

まず『前集』では、演武を行なうに際して、

先生云、はれ《（晴）》なる所にて、剣術所望ありてつかふに、別に礼法なし、何方になりとも、

我居たる所より直に立出て剣術つかふ事、我流の宗とする所なり、羽織袴着て居らば、其儘立べし、長袴着てをらば、其儘立出べし、大酒飲み高話しにてをらば、直に其儘の気にて立出べし、大酒たか咄の気のまゝにてつかふ剣術、勝負のあしき事はあるべからず、是皆、剣術下学の時はなりにくからん、我流に剣術の心持とて別に支度するものなし、他流の人は、晴なる所にて剣術所望有れば、まづ勝手へ立て身拵へして、袴なんどの裾をはさみ、男振り作りて出給ふ、是我流に嫌ふ所也。

と、説いている。この大意は、剣術の演武を望まれれば、いつでも、どのような状態の時でも、たとえば長袴のような窮屈、不自由なものを着ていようとも、宴会で、大いに酒を飲み、興に乗って声高に、談笑しているような折でも、直に、その気分のままで立ち出でて、演武を行なうのが、当流無住心剣術の主旨に叶うということであろう。そして、当然のことながら、こうした演武をすみやかに行なうことは、剣術未熟の者には出来かねることであろうと述べたあと、例によって無住心剣術特有の皮肉を利かせて、「このように、我流では演武に際し、特に支度をしたり、用意をすることはなにもないが、これが他流の者であれば、身分の高い者から望まれる晴れの場の演武とあれば、勝手、控えの間等へ行って、身支度をし、袴の裾なども踏まないように挟んで、恰好をつけ、いかにもそれらしく男ぶりを作って出るものだ。しかし、こういうわざとらしいことは我流では、もっとも嫌うところである」と結んでいる。

この「剣術所望ありてつかふに、別に礼法なし」の理由について円四郎は、『中集』の冒頭でさらに詳しく解説をして、次のように、礼をしない根拠を述べている。

義旭先生云、我流之門弟中、晴《はれ》なる所にて剣術所望有て出給ば、剣術はもと武士生死の場に立て勝負の道理を試る所を仕て見するを本意とすれば、規式事はあらず、然れば改めて別に替《(更)》たる礼法もなし、譬ば古への武士、具足着る事は常の業にて、習も教もなしに早く着て出たり、今は是も習ひ事になりたるが如し。

すなわち円四郎は、「我流、無住心剣術にとって、剣術は本来武士の命がけの勝負を扱うものであるから、礼法儀式とは異なるものである。貴人に望まれて演武を行なうような晴れの舞台であっても、別に改めてわざとらしい礼などなにもない。このことは、たとえば、鎧を着ることなどは、昔、合戦に明け暮れていた時代の武士達にとっては、日常のことで、なにも特別に教わることではなく、ただ手早く着ればいいだけのことであったが、これも現在のような泰平の時代では、形式ばった稽古事になってしまったようなものである」と述べて、貴人の前で演武を行なう時は、貴人に対しては一礼するように書いてあるが、演武を行なう者同士は、まったく礼を交さなかったようで「仕太刀・打太刀の人、互に対して一礼する事、当流に無ㇾ之事也」と付属説明がついている。また、この演武の当事者同士が礼をしない、という無住心剣術の慣習は、他流試合の折でも変わらなかったようで、他流との試合であっても、「他流の人と相対して礼する事、当流に無レ之事也」と、念を入れて述べている。もっとも、この他流との試合に関しては、無住心剣術では、免許のない者は固く禁止されており、円四郎の時代は（少なくとも『前集』が書かれた円四郎六十二歳頃までは）、誰も免許を受けてはいないので、円四郎の許可なく独自の判断で他流試合を行なう者は一人もいなかったであろう。

しかし、なににせよ「礼節」ということは、当時のような封建体制下にあった武士にとっては、時に生死の問題がかかるほどに大切なものであったはずであり、武士を武士たらしめる最も重要な要素であったに違いない。したがって、世間一般の礼法には反するような言動をとっている円四郎にも、円四郎独自の武士としての在り様、その生きる姿勢といったものがあったはずである。

その円四郎が持っていた円四郎自身の武士としての哲学——円四郎流の武士道——と思われるものが、『前集』のなかで次のように述べられている。

先生云、人には皆それ〴〵の役所あり、我が役所を不レ知して安座する事あるべからず、夫《それ》武士の役所は何方ぞや、我に敵するものに立向て切殺すを役とすれば、死ぬるをやすくする筈の役也、

この円四郎の「武士の役所とは、自分に敵対する者に立ち向かって切り殺すことであ

る」とはなんとも単純明快な規定である。そして、円四郎はそういう役目を持っている武士が「いざ命がけの場に臨む時、死を嫌って、生き残ることばかり考えているようでは、ロクな死に方は出来ない」と述べた後、世間にはとかく口先だけで「武士道」を論ずる者が多いことを嘆いて次のように皮肉っている。

武士と名乗り、死をいとはぬと言葉ばかりいさましくいふ人の、畳の上にて病死する時の顔こそおもひやられ候、生死の場に立て、常の気を変じて、有間敷事の来りし如く思ふは、是皆我が役所を取失ひて、大びやうし（拍子）に世を過る人なり。

すなわち、この円四郎の「日頃『武士は死を恐れぬ』と大言壮語している者が、そういった華々しい死に方をせず畳の上で病死をする時は、いったいどのような顔をするのだろうか。だいたい、このような口先ばかりで勇ましいことをいう者にかぎって、本当に命がけの場面に立たされると動転して見苦しい振舞いをするものである。これは、自分の武士という本分を本質的に自覚していないで、いい加減な生き方をしているからである」という一節は、天真白井流の白井亨も読んでいてよほど胸にこたえたらしい。

白井は自著『兵法未知志留辺』のなかでこの部分を略して引用した後に、「これ余が言に非ずして古人の論なり」と書いて、『前集』（『兵法未知志留辺』では『辞足為経法』の題名を使っている）から引いたものであることを紹介している。

こう皮肉った後、円四郎は、円四郎自身が描いている武士としてのあるべき姿について
次のように述べ、そういった武士らしい武士の実例として太田道灌を挙げて、この章を結
んでいる。
武士は常のさまいやしく、立ふるまい不束《ふつつか》に、物いひとつにても、唯生死の場に臨で、
常の気を不レ変して、死すべき時を知て死するを武士の志とすべし、太田道灌は敵に鑓
突付させて、歌をよみて討死ありしと云伝へり。
かゝる時さぞな命のをしからむかねてなき身とおもひしらずば

山吹の花の故事で知られる太田道灌が、常の様いやしく、立居振舞もふつつかで、物の
いい方もロクに知らないような無教養な武士であったとは思えないが（その教養によって
柔弱にならなかったところが、円四郎の気に入ったのかもしれない）、とにかく、円四郎は武士
とは多少行儀が悪かろうが、うまく物がいえなかろうが、命がかかった、いざという時、
とりのぼせることなく常の気のままで死と向き合うことが出来ることこそを心がけるべき
だといいたかったようである。

このように箱庭的形式主義を嫌った円四郎の発言は、無住心剣術の本来的性格からいえ
ば、当然であったともいえよう。しかし、現実の日常生活の面でも、無住心剣術的な――
常の様いやしく、立居振舞もふつつかな――一般の武家の礼法には容れられないような生

き方をしていた気配のある円四郎に対して、周囲からの風当たりはかなり強かったようである。前述したように、「円四郎は剣術は上手なれども、大酒のみて人柄あしく、邪法の剣術など、偏僻人の様に沙汰……」と悪評をたてられたのも、そういう一風変わった円四郎の生き方が招いた結果であるといえるかもしれない。

ただ、『中集』にこの戦国乱世の武者ぶりを思わせる円四郎の言動からは、ちょっと場違いな感じを抱かせる、次のようなひどく道徳的な説教が延々と述べられていたのである。

先生云、夫爰《それここ》に物一つ有り、人々身に具足《ぐそく》して、生れながら形ちの盛長するにつれて、智解多く交《まじ》りて、いつ取はなしたやらん知らで過にし人は、貧賤をいやしみ富貴をたつとみ、褒《ほむ》るを悦びてそしるをかなしみ、人をあしざまにして己れ善きものと思ひ、心に随ひ叶ふを悦び楽しみ、己れにさかひ違《たが》ふを恨み怒り、命は数百歳もいきて、つき(尽)ぬ思ひの願を叶ひ尽して後に死する了簡、世の中の好《よ》き事ばかりを我身独《ひとり》に受ん事を祈り願い求て、あしき事は皆よその人の身の上ばかりに譲りて、我身に少も来らぬ筈の事と思ひ、己れに善き事ばかりより取にせんと思ひ、神仏を祈り慥《たしか》に約束も有つる様に思ひ極めて、昼夜たえまなく心を戦かはしめて、一生を過る人のみ多し、其思慮分別を本とする故に、万《よろづ》の事に連れて、なす事云ふ事に其心様《ざま》はをのづからあらはれて、恥敷《はづかしき》事也、万に利根才覚発明らしくすれども、己れが身の為にし、人を憐み恵み頼もしくすれども己が為にし、道らしくはなせども褒られん為にし、武芸をすれ共ほめられん取沙汰の為にして、はやればいたし、はやらねばやむ、万皆己れが為を本とする故、己れに利徳有《ある》時は進み、無き時は心茫然としてせんかたなく、神仏に富貴を祈りて利なけれは神仏をも恨みいかり貴人を見ては呵ねり啗《へつ》らひ、利なければ、古主親類朋友の落足をも見捨てかまはず、利徳ある人の来れば笑ひかけて崇敬の躰をなす、利なきもの丶来れば、うかぬつらがまえになりてしか〴〵返答も遅し、万に利なければ、常々の利根才覚発明きえて、信実も棚へ上り本心鏡のくもりあらはれて、人に対する度ごとに言語違ひ、成す事時々に違ふ、只管《ひたすら》利徳有る方へ移り行く、跡を顧みず先へ〳〵と走り行て、古きなじみもなく、己れが非をとがめて来る人も持たず、主君の禄を得て暖に着、飽くまで喰て、己れさへ善ければ、人の憂《うれへ》を知らず、人を目八分に見下してを丶へいをはたらき、一年暮す積もなく、月見花見の遊興に財宝を費やし、後に不便にして奉公の手だてなく、あそこ爰《ここ》を啗《へつ》ひまわりて、借りたるものを返さず、人に損させて哀しむを知らぬ顔して恥かしく思はず、万の約束を違てきよろ〳〵するつら構になる人も多し、又己れに金銀を多く貯へん事を求て、利を貪《むさぼ》りて親類にうとく、他人親族にも見放されて、妻子を苦しめ奴をいため叱り、もの丶あはれ世の情けをもたばかり、ちよこつきて、

と、円四郎は、このように延々と「とかく世間一般の人間は己れに利のあることばかりして、その利得のためには、人の道に外れたことを平気でするものだ」と論難している。

最初『中集』のこの部分を読んだ時、筆者は、「円四郎は人柄あしく邪法の剣術……」

と同門の者達に悪評をたてられるような風変わりな円四郎がどうして、このような道徳論を長々というのか、ちょっと見当がつかなかった。(一風変わった円四郎が、現実に人の道に外れるような素行を行なったとしても不思議とは筆者は思わない。流儀内で内紛があった時、師の一雲に向かって、「誰なりとも嫡伝の御免許あるべき者へ御譲りあるべし、我等は夕雲をつぎ申べし」と、師の一雲を踏みつけにするような過激な言葉を吐いて去った円四郎である。それが、このような説教をする円四郎をみていると、どうも過激な円四郎とうまく重なってこなかったのである。)

それが、念入りに読み返してみて、いま引用した部分にすぐつづけて次のように書いてあることに気がつき、なるほどと、深くうなずくことが出来た。いま、引用した『中集』の、「妻子を苦しめ奴をいため叱り、ものゝあはれ世の情けをもたばかり、ちよこつきて」という言葉にすぐつないで「何ぞ骨へ届く程切べきや、是をはぜ釣《つり》兵法とて我流に嫌ふ也」と書いてあったのである(高知県立図書館の写本は、このつながりが多少異なるが)。つまり、この延々と述べてあった道徳論は、無住心剣術という、受けず、躲さず、ただ太刀を引き上げて落す、という剣術の原理を解説するための「たとえ」として引いてあったのである。すなわち円四郎が、自己の利益の追求にのみ汲々としているあさましい姿を、くどいほどに例を挙げて批判したのは、そのような、「自分にとって得することはみなとり込み、悪いことは、みな他人の身にかかるように願う」という利己的な生き方が、まったく他の流儀の剣術のあり様と同じである、ということを説くためだったのである。

たしかに、円四郎のこの論法でいけば、たとえば、武蔵が『五輪書』で説くところの、敵を「むかつかする」（不安にさせる）、「おびやかす」、「うろめかす」（うろたえさせる）、「ひしぐ」などという攻め方や、千葉周作の「三つの挫き」（これは、一つは太刀を殺し、一つは業を殺し、一つは気を殺すというもので、『剣術修業心得』によれば「太刀を殺すと云ふは、向ふの太刀を右へ押さへ、又左へ押さへ、或は払ひ抔《など》して、向ふの切先を立たせぬを云ふなり、又業を殺すと云ふは、向ふ能く業をする者ならば、二段突き、又は突き懸け、或は諸手面などを仕懸け、打ち突きの外づるるとも構はず、向ふの手元に寄ると、透き間なく、足がら、或は捩ぢ倒し、又は体当りにて突き倒しなどすること、凡そ三四度もすれば、向ふ如何なる業早きものにても、其の勢に挫かれ、業の出来ぬ者なり、且其の勇気に恐れ、迚《とて》も及ばぬと気も挫け、甚遣ひ能くなるものなり」）などは、いずれも相手の弱点につけ込み、自分の利になることなら、どんなことでも使って相手を倒そう、陥れようというもので、見方によれば、まさに、あさましい、徹底的な自己利益追求の姿といえよう。

もちろん、武術とは発生的にみれば、当然そういうものであろうが、それを円四郎は、開祖夕雲以来、無住心剣術では、あさましい畜生の生き方として嫌うと述べて、その夕雲の流儀の正嫡三代目としての立場から、次のような激しい口調でこのことを論じている。

元師夕雲は、畜生心と指付《さしつけ》て申され候は是なり、右の荒増《あらまし》内心に有て生死の場に立つ時は、武士の業みな悉く意識にわたり、敵と智恵くらべして、形の善悪を争ひ、業の高下を罵る時に至て、与レ風《ふと》出来たる時は、自慢の意地を生じ、不出来の時は覆ひ蔵《かく》すの意地を生ず、敵を大愚に落し付て、我流ばかり利根才覚発明らしく思ひ候、第一太刀を引上ると、先づ我が肉身に一毛ほども疵付ずして死なぬ了簡、それ故に敵進み来れば余《あま》し、烈しく打たば請《うけ》、外《はづ》し、きりかへし、敵待て居れば、色々の習ひ、奇妙の構へ、名誉の太刀を取出して身を囲ひ、敵の打懸《うちかく》る太刀の合ふ時分に、手元にて一術仕て勝たし事を求め、ひれなくては子躍《をど》り、羽なくて飛ちがひ、或は身を伏しうづくまり抔して、敵の形ちの透間《すきま》を伺ひ、ちょこ〳〵と一太刀宛《づゝ》切てとり、其有様は品川沖にてはぜ釣人の手つきの如し、我身を行かずして、手ばかりなり、

すなわち円四郎は、

「こういった剣術（さまざまな動きを用いる一般的な剣術）を、夕雲開祖は畜生心によるもの、と断じられたのである。だいたい、そういう剣術を使う連中は、命がけの勝負をする折でも、敵と意識をもって知恵くらべ、技くらべをして、その上手下手を競い、うまくいった時は自慢し、失敗した時はこれを隠す。そして、敵を馬鹿にし、自分の流儀のみをすぐれていると思い込もうとするものだ。

まず太刀を取って敵に向かう時は、自分はカスリ傷も受けまいとする。そのため敵の太刀が来れば、これをいなし、受け外し、また切り返す。もし敵が斬り込んで来ず、用心深く守りをかためて待ちの体でいる時は、種々の敵を誘い出す奇妙な構えや、その流儀の秘

伝と称する技を使っておびき出そうとする。そして、それに敵が乗って打ち込んでくれば、それに応じて、その流儀流儀の秘術で勝とうとする。これはまるでひれもないのに魚の真似をして跳ね躍り、翼もないのに鳥のように飛びまわろうとし、また（獣のように）身を伏せてうずくまろうとしているようなものでみられたものではない。そして、敵の隙をうかがい、チョコチョコと小出しに相手を打つ。その様子は、体は進まず小手先ばかりで、まるで品川の沖でハゼ釣をする人の手つきそっくりだ」

と、十分な皮肉も利かせて、この他流論難の弁を結んでいる。

さて、このような浅ましい手段によらない、無住心剣術が主張する本来あるべき姿の剣術が、天理の自然にもとづく作為のないものであることは『前集』や『中集』で繰り返し述べられている。ただ、これもすでに述べたことだが、天理と一体化し、自然の働きのままに太刀を使うという表現自体は、諸流の剣術でも広く用いられている。

ではいったい、どういう点が無住心剣術と異なるのであろうか。ここで整理してみると、まず無住心剣術の主張は、その時、その場にいる自己のすべてを天理の自然に委ね、「その自然の推移が術といえば術、技と呼べば技にあたる」ということのようである。

これに対して、諸流の剣術は、人間の他の分野の営み――産業、工芸をはじめ日常生活での道具利用等――と同じく、天理自然の働きを利用して（そこに人為が加わって）技を創り、それを使うといえようか。

この両者を同じ天理の自然の働きによるものとみるか、みないかは、大変難しい。

なぜならば、だいたい「天理の自然」などという言葉とその説明に用いられる「たとえ」は、引用者の都合によって恣意的にどのようにでも使われてしまうからである。

ただここで、敢えて無住心剣術の立場に立っていえば、ふだん意識をもって生活している人間が、出来得る限界までその意識を捨て、人為を離れて行なう剣術が無住心剣術の主旨に叶う、ということであろう。そして、その状態を言葉を代えていえば、「無住心剣術とは、自らの全存在そのものが天理の自然と一体化した剣術である」ということなのであろう。そのため、その剣術の姿は、ああしよう、こうしよう、という体捌きや構え、太刀筋――請《うけ》、外し、きりかへし、……奇妙の構へ、名誉の太刀――等が一切ない、ただ敵に向かって持っている太刀を自然と引き上げて落すというだけの簡素なものだったのである。

そこのところを円四郎は、この『中集』では、まず『荘子』を引用し、さらに『臨済録』にある「赤肉団上の一無位の真人」をも援用して、次のように、無住心剣術の思想に即した太刀の働きを一気に解説している。

古語に云、其の嗜欲《しよく》深き者は其天機浅しと、嗜欲は人欲なり、天機は天理なり、天理長ずれば人欲消滅す、人欲増長すると、天理必消尽すると也、爰《ここ》を以て当流常々教の形《な》りは、生死の場に立て自然と受得て有る霊妙を肉身一配にあらはし、形に気をかさず持たる太刀は、気につれてあがり、気につれて下り落るにきれまなく、たとへ(仮令)敵を四方八方に受て、其中に立ても、八方の太刀ははづるゝぞかし、況や二方三方の敵、まして向一方の敵はづれて破れざらんや、敵の矢も鑓も、さし付て能中るものは、皆はづれて破る、仮令太刀を持たざればとて、替る事はあらじ、又我に鑓長刀何にても持行に同じ事なり、生死の場に立、敵を自由三昧にして働き自在にするを、武士の本の業とは言ぞかし、仮令敵に打負たりとて、最後の場の死骸に身苦敷事はあらじ、是をこそ武士の本意とはすべし、是皆別に吾流に奇妙不思議の有つて、自由三昧を働くには非ず、人々胸中に備はり具足して自然と有る天心を、日々に養ひそだてゝ、私心を払ひ意識をあらひ捨れば、いつ取放したやらん、知らで過にし一物そろ〳〵帰て、赤肉団上にやどりましますと無位の心神有、そのもの任せに生死の場に立ば、自然と霊妙あらはれて、自由三昧を働く、是を八面玲瓏、物外独立の心妙と云なり、抑、天地と是を得てひらけ、日月星辰運動して昼夜をあらはし、山川草木、森羅万象、蠢動含霊《がんれい》までも、一物々々に皆受得て世界へあらはる、天地同根、万物一躰なり、その受得た儘《まま》に任《まか》すれば、一生事も欠ず、業も自由自在に事足るなり、その事足るまゝに手足動静すれば、理と斉《ひと》しくなる所を修行する事、当流の剣術、教の宗原なり、

元師夕雲云、阿修羅界を取て正覚の枕とすと被レ仰候は爰の事也、

すなわち「古語（『荘子』内篇「大宗師」）に『其の嗜欲深き者は其天機浅し』というが、嗜欲とは人欲であり、天機とは天理である。天理が育てば人欲は消えてゆき、人欲が増せ

ば天理は必ず消える。当流はこの理に着目して常日頃から、剣術は命をかけた勝負の場に立って、人間が本来持っている天理の妙を、この身体を通して発顕させるものであるから、身体の捌きなどは意に留めず、ただ気をもって太刀を使うことを行なっている。すなわち、手に持った太刀は、気に導かれて上がり、また気に従って落ちる。たとえ四方八方まわりを敵にとり囲まれても、この天理の妙に自らをまかせきっているならば、自然と八方の敵の太刀は外れるものである。いわんや二方向や三方向の敵、ましてや、ただ一人の敵と向き合ったならば、簡単に打ち破ることができる。

しかも、当流をもってすれば、太刀を持った敵ばかりではなく、弓矢や槍を持った敵が来ようと、意識的にこちらを狙ってくるものはみな外れてこちらの勝ちとなる。また、こちらが太刀を持たず無刀の場合であっても同じことであるし、こちらが槍や薙刀などの長物を持ったとしても、そうした道具にこだわらず自由に勝つことができる。このように命がけの場に立っても敵を思いどおりに自由自在に翻弄して勝つことができれば、まさに武士の本業としての面目が得られよう。

このような当流の剣術思想によって修業しその本旨を得るならば、万一、敵に打ち負かされるようなことがあったとしても、その死にざまが見苦しいようなことはないであろう。これをこそ武士の本意とすべきである。

こうした働きが出来るのも、すべて当流に奇妙不思議な教えや修業法があるからではなく、人びとが本来誰も持っている天心を日々常に大事に養い育て、私心を払い意識を洗い捨てるからである。そうすると、人びとがみな、幼児の頃には持っていながら、成長するにつれて、いつの間にかなくしてしまった一物（本来の天心）が、しだいに立ち戻ってきて肉体（赤肉団上）に再び宿ってくる。そうなれば、それ（臨済が説くところの赤肉団上の一無位の真人）に任せて、剣術の命がけの場に立っても、自然と霊妙な働きが生まれて、自由に敵をあしらうことが出来る。

これを『八面玲瓏、物外独立の心妙』というのである。

そもそも天地は、これ（自然の霊妙な働き）を得て開け、日月星辰もこれによって動いて昼夜をつくり、山川草木、森羅万象、蠢動含霊など一切の天地の働きがみな、この霊妙な働きによって存在している。天地は同根であり万物は一体である。すべて、その霊妙な働きから受け得た自然の性質そのものに任せれば、なにも不足はなく、働きも自由自在である。その不足のない自由なままに手足身体を働かせ、理（天理）に叶うところを修業することが、当流——無住心剣術——の教えの原点である。当流の開祖である夕雲先生が『阿修羅界（凄まじい闘争の世界をここでは指すのであろう）を取って正覚（正しい悟り）の枕とする』と仰せられたのは、剣術という命がけの闘争を通して天心に従う本来の人間のあり方に目覚めよ、と説かれたのであろう。」

たしかに、この円四郎の言葉には単なる虚喝や誇大妄想からは決して生じない確信に満ちた響きを感じる。円四郎は、自己の存在が天理の自然に順っているならば、どんな強敵が来ても決して敗れることはない、という、よほど深い自覚を持っていたようである。その自覚は、剣術という勝ち負け（因果関係）が最も端的な形で現われる世界を通しているだけに、観念的な信念、信仰というものより、いっそう確かなものであったろう。

6　異端児、円四郎への風当たり

ところで円四郎が行なったような無住心剣術の稽古では、剣と剣を打ち合わせることが少なく、どうしても相手を直に打つことになってしまう。そのためなるべく怪我をしないように配慮してのことであろうが、無住心剣術では新陰流で使われていた韜《しない》（竹刀）よりもさらに当たりの柔らかな韜が用いられたようである。この韜について『中集』では、長さは二尺五寸以内で各自の力量に合わせて持つこと、韜をくるむ袋は木綿や絹を用いることなど、次のように解説している。

一韜之事、
仕太刀・打太刀共に同寸たるべし、長さは其人の器量次第なり、半《は》の数用べし、併し
二尺五寸より長きはいらぬものなり、
一貴人の前へ出る時は、新しき韜を持出べし、
韜袋は木綿・きぬの類たるべし、勿論外袋も右の類たるべし、

この韜についての説明は演武用のもので、ここでの解説も以上のとおりきわめて簡単であり、その具体的な状況はわからないが、すでに本稿で何度か引用した『切紙究理秘解弁』によれば、「布あるいは紫革などの竹刀袋に竹に真綿を巻いて入れ、体に当たっても痛くないように特別に工夫がしてあった」という。ただ、この『切紙究理秘解弁』の著者達（すでに述べたが、この書は九人の武士の合作共著である）は、夕雲、一雲は評価していたようだが、どうやら円四郎にはいい感情を持っていなかったらしく（というよりかなり反感を持っていたようで）、この竹刀の解説が出ている『切紙究理秘解弁』の円四郎紹介の項は、「柔弱なるもの」――柔弱で、子供の遊び事のような嗤うべきもの――の例として出ているのである。

この『切紙究理秘解弁』は、円四郎が世に在った時代から七十年ほど後に書かれたものであるが、『切紙究理秘解弁』のこうした批判意見から察するに、円四郎に対する反感は、円四郎在世の頃から相当に強くあったと思われる。ただ、この『切紙究理秘解弁』の記述は、無住心剣術関係の資料以外からはほとんど得られない円四郎に関する貴重な資料であるので、ここに、関連部分を引用してみよう。

柔弱なるもの、義追（著者の一人）曰、空鈍流ト云其先師空鈍ハ一流自得シテ八相ニ構躰ヲカワツテ打コトヲ専ラトセシガ、其弟子丸康円四郎〈姓名之文字未詳〉ト云モノ其伝ヲ継ト雖モ其切更ニナシ、故ニ空鈍ハ多年事ヲ稽古シテ上一本ヲ発明セシ也、円四郎ハ唯一本ノモノ事ヲ受テシナヘ（竹刀）ハ緒布或ハ紫皮ナドニテ拵、竹ニ真綿ヲ巻テ当ツテモ躰ノ痛ヌ様ニナシ右ノ如ク八相ニ構片手ニテ持ヲ左ノ手ノカカルヲバ凝リト云ルトゾ、是等ハ柔弱ノ類ナラン。理歌ニ名ばかりに武士の稽古をする人ハ真ノ勝負ノとき思ひやらるる。光智（著者の一人）手足ニ痛カアルノ身躰ノ内痛アルノト云テ誠ニ小刀ヲ振上ルコトヲモ得セヌ二、三歳ノ小児同前ノ者也。拙斎（著者の一人）是ヲ評シテ曰、柔弱ナルモノトハ其人々ノ身躰ノ強弱ノミニハ有間敷カ。（後略）

このように、この『切紙究理秘解弁』の著者達は、かなり痛烈に円四郎を批判し、空鈍――すなわち一雲――にくらべ円四郎の方がずっと腕が劣ったように書いてあるが、察するにこれは、円四郎と反目していた、一雲の門下から出た情報等がもとになって出来た説ではないかと思われる。一雲が円四郎と立合って「相ヌケ」にならず敗れたという記録は、円四郎の門弟である川村弥五兵衛が書いた『前集』以外にはいまのところ見当たらないが、前にも述べたとおり、円四郎と一雲が立合って、一雲が敗れたと思われる年より後年に一雲が書いた『天真独露』のなかでは、「相ヌケ」がまったく触れられていないことからみても、円四郎が一雲を打ち破ったというのは事実であったと思われる。

どう考えても一雲が『夕雲流剣術書』のなかで、あれほど無住心剣術の特色として繰り返し書いていた「相ヌケ」を、無住心剣術では尊書と呼ばれている『天真独露』のなかでまったく触れないというのは不自然であり、これは、この「相ヌケ」について一雲は書きたくとも書けなかった（円四郎に「相ヌケ」ではなく敗れてしまったから）と見るのが順当だと思われる。

ただ、この『切紙究理秘解弁』に載っていた話は、円四郎がそれほど周囲から嫌われていたらしいという証拠としては興味のあるものであろう。しかし、これほど同門や関係者からねたまれたということは、当時の円四郎の社会的人気がいかに高かったか、ということも感じさせる。江戸中期で門弟一万余人という数字は尋常ならざるものである。あるいは元禄か宝永の頃、一時江戸の剣壇に「円四郎現象」とでもいうようなものが吹き荒れたのかもしれない。

無住心剣術には、以上述べてきたような矛盾や問題点が種々あったが、見方によっては、プライドの高い日本剣術のなかでも、特に誇り高い流儀であり（もちろん単に威張るといった意味ではない）、また、真里谷円四郎の、他流試合千度不敗という凄まじい記録の面からみても毀誉褒貶は別にして少なからぬ武士達に関心を持たれたことは事実であったと思われる。

ただ、いままで述べてきたような多くの問題点を抱えていた異色の無住心剣術が武家社会のなかでこの流儀を存続させるためには、かなりの譲歩（言葉を換えていえば迎合）をしなければならなかったと思われる。

ただ、それがどれほど難しいかは、それを行なってしまえば（たとえば雲弘流のように）無住心剣術とはいえなくなってしまうことからも明らかである。

もっとも、無住心剣術も、まだ全盛期を迎える以前は、一雲が『夕雲流剣術書』のなかで、

今ノ勢ヲ以テツク〵〵ト考ルニ、当流ハ水ノ初メテ溢レ出タルガ如クナレバ、月ヲ重ネ年ヲ累ヌルニ随テ、イヨ〵〵盛ニ世ニ行ハルベシ。然レバ予ガ落命ノ後モ、当流ノ功者コヽカシコニアルベシ。

すなわち「今のこの当流の勢いをもって考えると、年月が経つにつれ、いよいよ当流は広く世の中に普及し、私が死んでも当流の練達者はあちこちにいるようになるであろう」と、この無住心剣術にとっての青春期らしい明るさと希望をこめて書いている時期があったようであるが、無住心剣術も、三代円四郎の頃になると、この流儀が持っている種々の問題点がよほど身にしみてきたのであろう。円四郎の門弟川村弥五兵衛は『前集』のなかで、

先生在世にまし〵〵てさへ、あそこ爰《ここ》より、伝法らしく名乗たがり給ふ人の有れば、後代に至りては、手もきかぬ剣術にて、古ほうぐ《(反古)》の書付抔を証拠にして、空鈍の流と名乗る人多く出来て、空鈍の名誉話を後ろ立にして、上手の伝法のと自ら偽りへつらひ回るもの、心法とてつかふ剣術を後代の諸人見給ひ候はゞ、聞しにおとれる流也と笑ひあざ

けりものにならんかと、歎かは敷事也。

すなわち、「先生（円四郎）ほどの遣い手が現にこうしていらっしゃってさえ、あちらこちらより無住心剣術の流儀を継いでいる、と名乗りたがる人が絶えないのであるから、後の世になったら、まったく実力もないくせに書き付けや伝書を証拠にみせかけて、空鈍の流儀（無住心剣術）だと名乗るいい加減な者がさぞ多く出ることであろう。そして空鈍（一雲）の神話的エピソードを語って、自分を飾りたてて売り込み、そこで使ってみせる『心法の剣術』を後世の人びとが見たならば、『口ほどにもない他愛ない剣術だ』とさぞかし嘲笑することであろう。まったく歎かわしいことだ」と、無住心剣術の将来について非常に憂慮している。

実際、無住心剣術はこの川村の危惧どおり円四郎の没後衰微してしまった。

一雲の後を継いだ三代目が円四郎のような人物ではなく、一雲を打ち破らず「相ヌケ」になって穏やかに法を継ぐような人物であったら、もう少しこの無住心剣術はつづいていたのではないかと思う。（後に述べるが、雲弘流などはその例ともいえよう。）しかし、一雲は円四郎という異色の大天才を育ててしまったため、無住心剣術は、この円四郎によって完成されたと同時に衰退に向かって歩みはじめてしまったのであろう。

では、円四郎以外の一雲の後継者（そのなかでも特に雲弘流の井鳥巨雲）を検討するため、ここで、円四郎に去られた後の一雲の消息を追ってみよう。

7　小出切一雲の晩年

すでに述べたように、一雲は、円四郎に去られてからほどなく出家して名を空鈍と改め、京都へ上って一両年を過ごし、江戸へ帰ってからは増上寺近くの御掃除町に住んだという。白井亭の書いた『天真録』の後書の最後に、

空鈍子之高弟四人
一、麻布　高五千石　戸川内膳
一、元切通長柄町　今小川町高二千石　阿部伊織
一、元赤坂御門内　今番町　高六百石　矢橋助六
一、久留米之家士　万里谷円四郎（真の音に万の字を当てたのだろう――引用者）

という記述があり、この四人の名前はいずれも『前集』に出てくるが、やはり『前集』で一雲の初期の弟子のなかでよく遣えた者として挙げられている鷲尾八兵衛、宇野小軒、佐野勘左衛門、田川七右衛門の名前が見当たらないところをみると、円四郎を除く他の三人

は、一雲が空鈍と名を改めた後に剣名を得た人物かもしれない。『前集』では、この他にこうの左門（河野左門という記述もある）という者も、一雲の晩年の弟子で、一雲の没後、空鈍流と称して門弟をとっていたと出ている。

《諸記録に戸川・矢橋の記事が遺されている。『御家人分限帳』によれば、土佐守の子の戸川玄蕃は火消し役人で、備中に五千石の領地があり、与力六騎同心三十人を抱える大身の旗本であると出ている。

同書によれば、御小姓組で近江と下野に合わせて七百石の領地を持つ矢橋助六郎は清水亀庵の子だが、矢橋伝左衛門の養子になって矢橋姓を名乗ったという。同書には、登録された干支とその時の年齢が記されているが、そこから計算すると、戸川は寛文十二年（一六七二）の生まれで、一雲より三十八歳・円四郎義旭より十二歳年下、矢橋は戸川の二年後の延宝二年（一六七四）に生まれたことがわかる。また、『江戸城下変遷絵図集』からは、戸川土佐守が延宝年間（一六七三〜八一年）に西久保之内（現在の港区虎ノ門二丁目の消防会館のあたり）に、矢橋助六郎が享保年間（一七一六〜三六年）頃に半蔵御門外（現在の千代田区平河町二丁目の砂防会館のあたり）に、それぞれ住んでいたことがわかる。また、『修行目録授与人員』という渋川流柔術の書に、元禄十一年（一六九八）に紀州和歌山の道場で修行目録を与えられた者として戸川玄蕃の名が見えるが、一雲の弟子の玄蕃の領国は備中なので、本人かどうかは不明である。

そして阿部伊織だが、『前集』には「先生云、阿部豊後守殿御家来海野仁左ヱ門といふ人」とあるので、この海野は阿部伊織の家臣のように思われるが、実際は、円四郎義旭が出入りしていた老中で忍藩主の阿部正武の家来と思われる。

また、『寛政重修諸家譜』の巻第六百三十五・巻第六百三十六によれば、阿部正武の甥に阿部伊織正甫という二千石取りの旗本がいるが、一雲が没した宝永三年にはわずか数え五歳で、一雲の高弟になれるはずもない。同書の巻第三百五十五に、阿部ならぬ安部伊織信世という旗本がいるが、この安部家は二千石ももらっていない。また『前集』に矢橋助六・戸川玄蕃・阿部豊後守の記述はあるが、阿部伊織の記述は一度もないので、白井の『天真録』の記述にある阿部伊織が誰なのかは謎が残る。他にも『天真録』の巻末の記述については、本所牛嶋奥福寺と渋谷正雲寺が当時の他の記録や現在の記録どちらにも存在しなかったり、臨済宗の虎伯を曹洞宗としているほか、『前集』にはどちらも「七十歳余り」と記されている夕雲・一雲の享年を、どういう根拠によるのか、それぞれ七十歳・七十七歳と断定するなど、信憑性の低いものも多い。》

『前集』のなかで、川村は他の一雲の高弟達はいずれも義旭先生（円四郎）には及ばないと断じているが、その様子からみて、当時無住心剣術は、「空鈍流」「真里谷流」等などの通称に分かれてかなり剣術界の話題になっていたようである。そして、この無住心剣術の分派として、無住心剣術の滅亡後も滅びることなく受け継がれ明治維新後も残ったのが、すでに述べた雲弘流である。雲弘流の開祖井鳥巨雲については後に述べるが、一雲にとっては生涯で円四郎を除けば、最もその技倆が高かった門弟であったように思われる。それほど信頼した弟子の巨雲が、空鈍の流、すなわち無住心剣術を名乗らず、新たに雲弘流を開いたのは、もちろん巨雲にその希望があったためであろうが、ひそかに一雲も支持した気配がある。

その最も大きな理由は、無住心剣術の建て前上、正式の後継者を二人は出せないことであったと思われるが、一つには、後に述べるが稽古法について一雲の考え方が変化してきたことも挙げられよう。

一雲は、残っている資料から想像するに、市井に身を置きつつ超俗な存在になっていったようであるが、少なからぬ武士達から師と仰がれ、行き来があったようである。

宝永三年（一七〇六）四月二十六日、空鈍すなわち小出切一雲は七十七歳で没する。菩提寺は麻布仙台坂の春桃院、遺言により墓表は立てなかったという。ただ一雲の没後、一雲を慕って墓参に来る者が絶えなかったため、春桃院五世の住職、慶雲は寛保三年（一七四三）そうした墓参者のために「虚空鈍霊火塔」を建てたという。現在春桃院にこの塔は残っていないが、塔には「墓表」として次のように書いてあったという。

墓　表

空鈍子《ハ》隠者也　宝永三年丙戌四月二十六日卒《ス》　遺言《シテ》不レ起《サ》二墳墓《ヲ》一　既《ニ》無《ク》レ家　不レ詳《ナラ》二氏

族郷里二而《シテ》行状存《スル》二人口一而已《ニノミ》　但《タダ》喜《ビ》レ剣《ヲ》其《ノ》術詣《ル》レ妙《ニ》　人争《テ》師《トス》レ之《ヲ》　以《テ》レ故《ヲ》没後欲《スル》二展拝《セント》一者
往々来《リ》求《メテ》而患《フ》レ不《ルコトヲ》レ識《ラ》二其処《ヲ》一　故《ニ》今立《テ》レ石《ヲ》表《ス》レ之《ヲ》　雖《ドモ》レ非《ズト》二其人之意《ニ》一、庶《クバ》令《メント》二来者《ヲシテ》識《ラ》一レ
之《ヲ》也

寛保三癸亥十月　　春桃主人慶雲識　　烏石山人書《ス》

《現在の春桃院に残る一雲に関する物は、「△虚空鈍霊菴主　三年丙戌四月廿六」と書かれた過去帳だけである。なお、春桃院は一九九〇年に、元麻布から南麻布に移転した。また、『空鈍壱百韵』序文中の一雲六十歳出家の日から計算すると、一雲の享年は七十三歳である。白井の『天真録』の記述よりは、本人の記述の方を採りたい。》

無住心剣術に関する一雲の著書は『前集』によれば次のとおり二冊のみであったという。

先生云、当流剣術の意味、末代に至て、門弟中区々《まちまち》にして正道を取失ひ候半かと存候間、夕雲の仰られし趣を書置給ひ候はゞ、後代の為よからんと一雲へ申候故に、当流の意味を一雲御書候書物弐冊あり、此外当流に書なし、門弟中へも猥に披見する事をゆるし給はず、当流実学の輩を見届給ひて、別に神文を以て見せ給ふおきて也。

この二冊とは、『夕雲流剣術書』と『天真独露』を当然指すと思われるが、山田次朗吉

の『日本剣道史』の「無住心剣術流」の項には、『兵法得悟』と題する一雲の著書からの引用がみられ、これが一雲自身の著書とすると、どうもこの、『前集』の記述とは合わなくなる。

《旧版の『剣の精神誌』刊行の後に見つかった富山県立図書館が所蔵する『兵法得悟　無住心剣術　全』には、山田次朗吉が『兵法得悟』からと、出典を明らかにして『日本剣道史』に引用したものとほぼ同じ文があるので、『兵法得悟　無住心剣術　全』と『日本剣道史』に使われた『兵法得悟』は同じ内容の伝書である可能性が高い。また、『兵法得悟　無住心剣術　全』の内題は『先師夕雲口伝幷自分兵法得悟条々目録』というが、例えば、他流が用いる種々の「目付」や、「カネ間」「調子拍子速業」「懸」「待」「大円鏡智」「不動智」などを夕雲は嫌って用いないなど、箇条ごとに夕雲・一雲の見解によって他流を批判する形で大半が書かれている。なお、『兵法得悟　無住心剣術　全』には、すでに述べたように一雲から植松三右宛の手紙の写し、いわゆる『九ケ条』が、『無住心剣術小田切一雲剣術之書箇之写』の題で合冊されている。》

しかし、白井亨が著わした『天真録』（この本はすでに述べたとおり、一雲著の『天真独露』をそのまま全文引用し、その後に白井が夕雲一雲の略伝記を付したものである）には、一雲の著作として「雑端帰嬰俗解得悟録天真独露筆道書を著す」とあり、記述に区切りがないため、どこまでが一つの本の書名なのか分かちがたいが、『得悟録』『天真独露』『筆道書』の三冊はたしかだと思う。問題は前半の「雑端帰嬰俗解」であるが、『師系集伝』によれば一雲の著書は、「帰嬰書同俗解　当流剣術説及ビ無住心剣秘書等ヲ著シ」とあり、「雑端帰嬰俗解」は、三冊もしくは二冊の本の書名であろう。

『前集』の記述が正しいとすると、『天真録』のなかにある『得悟録』は『夕雲流剣術書』に当たり、またこれは『師系集伝』にある『当流剣術説』に相当すると思われる。『天真独露』は『師系集伝』でいう『無住心剣（術）秘書』であろう。その他の書は（『筆道書』はもちろん書の本であろうが）、無住心剣術に関連ある内容であったかもしれないが、直接無住心剣術について述べたものではなく、無住心剣術の修業を通して得た、いわば人生哲学の啓蒙書といった類のものだったのかもしれない。ただ、現時点においては具体的な資料がこれ以上なにもないため、すべては、推測の域を出ない。

《新たに得られた資料『武田真里谷家譜　全』には、一雲から円四郎義旭に与えられた伝書の題名が列挙されている。書き込みがあってわかりにくいので整理すると、次のようになると思われる。（括弧内は引用者注）

『無住心剣術秘書』針谷夕雲書／『無先之書』梅花集トモ云　合冊一巻、『帰嬰書　天真独露』（天真独露は、帰嬰書の横に小さく書いてあるので、別称という意味であろうか）　真字図入　一巻　針谷夕雲伝法嫡子　小出切一雲誌焉、『同（帰嬰書）俗解』　真片仮名　四

巻　同（針谷夕雲伝法嫡子）　同（小出切一雲誌焉）、『当流剣術説』　同（真片仮名）　一巻
同（針谷夕雲伝法嫡子）　同（小出切一雲誌焉）。

次に、片岡伊兵衛・中村権内から加藤田平八郎重秀まで、加藤田家代々によって相伝された伝書の内、新陰流系のものを除いた無住心剣術系の伝書は、『加藤田家伝　剣道伝書』に収められた『直《ママ》面目印可　秘書』『秘書　帰嬰書』『先師口授　上下』『一雲先師書翰之写』と、『剣術等級伝書　全』に収められた『真面目印可』である。この他に、『剣術等級伝書　全』中の「伝書目録」には二巻合冊の『夕雲談話』があるように書かれているが、これは現存していないようである。また、『先師口授　上下』は、夕雲・一雲・円四郎義旭・片岡伊兵衛の教えを、各伝書や口伝から抜き出しまとめた加藤田系独自の伝書である。

以上のことと、『天真録』『師系集伝』の記述から考察すると、まず、『武田真里谷家譜　全』と『師系集伝』記述の四冊が同じなので、おそらくこの四冊が無住心剣術の正式の伝書ではないかと思われる。『天真独露』が『帰嬰書』の別名であるのは『秘書　帰嬰書』を見ても明らかだが、この『帰嬰書』を仮名交じりでわかりやすく解説した、『帰嬰書俗解』という、おそらく未だに発見されていない伝書があったようである。

あとの二冊の『無住心剣（術）秘書』と『当流剣術説』は、『夕雲流剣術書』と『兵法得悟』があてはまると思われるが、『無住心剣（術）秘書』の「秘書」という言葉と、『武田真里谷家譜　全』において同書が「針谷夕雲書」と書かれている点に注目すれば、印可の『真面目』が『無住心剣（術）秘書』である可能性もある。また、法心流の伝書『梅華

集』が、円四郎系・加藤田系ともに無住心剣術の伝書並みに扱われているほか、伝系によっては、『九ケ条（一雲先師書翰之写）』も伝書並みに扱われている。さらに、一雲が出家してすぐの心境を歌った漢詩集『空鈍一百韵』も、その奥書に「多年空鈍流剣術御執心」なので書写することができた旨書かれているので、この系統では伝書並みに扱われていた可能性もある。

ちなみに、本来は円四郎系独自の伝書であったはずの川村秀東の『前集』『中集』は他の系統でも重視されていたように思われるが、『武田真里谷家譜　全』によれば、円四郎義旭の死から六年経った寛延元年（一七四八）に門人の平岩頼母氏応が『無為軒口授』一巻を、また、宝暦九年（一七五九）には門人（名前は書かれていない）が、本伝四部七巻・少伝三部四巻からなる『三師平証』を書いているようである。》

このように円四郎に去られてからも一雲のまわりには、一雲を慕う者が少なからずいたようである。一雲も、そうした者達の願いに応え剣を教え、またかつては考えられなかったことであろうが、他流の剣客とも少なからず交流を持ったようである。法心流の金子夢幻とは、そのなかでも特に親しかったようである。そういった交流を通して、一雲は夕雲から受け継いだ無住心剣術以外にも、見るべき剣術はあるものだ、との思いを持ったことであろう。そうした心境の変化は、かつての自流に対する唯我独尊的なものから、他流の剣術思想や稽古法を見直し、再評価する寛容さとゆとりをもたらしたらしい。そのあらわれの一つとして、一雲はかつては自らが『夕雲流剣術書』のなかで「イガタ（鋳型）ナクテ手離レノシタル兵法」と、自流である無住心剣術では厳禁していた剣術の型を自ら創り、一雲晩年の高弟である雲弘流の開祖井鳥巨雲に贈っているのである。

巨雲については本稿ですでに多少触れてきたが、雲弘流は無住心剣術の影響を直接強く受けた流派としては唯一明治期まで遺った流派であり、無住心剣術の資料もいくつか伝わっている。

ここで参考までに雲弘流の概略と、開祖井鳥巨雲について触れてみよう。雲弘流の開祖井鳥巨雲は前名を氏家八十郎、後に井鳥と改め、通称を五郎右衛門といった。はじめ樋口七郎右衛門不墈について弘流を学び、後に一雲について無住心剣術を学び、一雲から印可を得たという。もっとも円四郎にすでに印可を与えた一雲が、どういう形でどの程度のものを与えたかは疑問がある。また、巨雲が一雲にいつ頃から就いたかについても、まったく記された資料がなく特定できないが、一雲の没年が宝永三年（一七〇六）であるところからみて、円四郎が一雲の許から離れた貞享四年か、元禄元年あたり以後かと思われる。強いて推測すれば、元禄の中期頃ではなかっただろうか。一説に巨雲は三十歳で道場を開き、この時すでに一雲に学んでいたというが、巨雲が、享保六年（一七二一）江戸白金台で没しているところから考えて、この説は明らかに誤りと思われる。

雲弘流は、巨雲が最初に樋口不墈に学んだ弘流と後に一雲に学んだ無住心剣術とを合わせて開いた流派であるが、その特色は『雲弘流執行之巻』に、勝負は時のしよぶ（う）にし、利をむさぼるべからず。千度戦ひ、百度戦ふとも、相打より外に二念をかざるべし。向ふの不出来は不出来とし、出来たるは出来たると、我が善悪《よしあし》も善悪と知り、もゆる心なく、跡をもみあひせりあふべからず。勝気の強きは畜生兵法とあり。負をいとはざるの気性は、しあひの場又は真剣の時、必見事の勝を取ものなり。

とあるように、相討に徹することを強調しており、その具体例として、雲弘流の剣客がある槍術家と真剣勝負をした際、相手の槍に胴を貫かせつつも、その槍を伝って相手に歩み寄り、ついに相手を倒して相討になった、という逸話が残されているほどである。

こうした逸話からみて、雲弘流は無住心剣術の影響を強く受けてはいるが、「能くあたるものは能く外れ、能く外るるものは能く中るとなり」という無住心剣術の理合とは、どうも根本的なところで微妙な（と同時に大きな）違いがあるように思われる。

そうした違いがあってか、『前集』ではすでに紹介したが、この井鳥巨雲を「いとり興雲」と書いて、次のように冷評し、まったく相手にしていない。

近年いとり興雲といふ人、空鈍流の様に沙汰有しよし聞かば、空鈍へ便り度々参会して、咄抔聞て、空鈍を後ろ立の様にいひ給ひし風聞なり、興雲教のすがた他流と聞えし、度々参会して咄抔聞て、意識を以て考え、夫を手に移してつかはるゝ様なる当流にてはあらざる故と、慥に空鈍流と名乗給はぬも尤なり。

ただ、巨雲が円四郎に去られた一雲にとって、最も望みを托した弟子であったらしいことはいくつかの状況証拠から推測される。特に一雲の弟子のなかで、一雲と「相ヌケ」になったらしいと思えるのは、この巨雲だけであったことを考えると、巨雲の力量というのは相当のものであり、また師弟の相性も非常によかったように思われる。

一雲が巨雲と立合った時の様子と、一雲がそれまでの無住心剣術にはなかった「型」を三本作って巨雲に贈った事情については、高知県立図書館に所蔵されていた秀東著『無住心剣伝』（『前集』と『中集』の合本で大神好井が写したもの）の後に、おそらくは筆写した大神が、誰かに聞いて書き残したと思われる次の記載によって知ることが出来た。貴重な参考資料であるので、ここに全文を引用してみよう。

いつの頃にか有けん井鳥巨雲の所へ小田切空鈍来りて種々物語の上、一本試合試るべしといふになり、すは名人と名人との剣術奇妙不思議あらんとて有合門人かたづを呑んで見物す、一方は太刀を童に置とて頭にかざし、一人は肩にのせて立向ふ（空鈍童に置しや、巨雲置しや咄不詳）互にすうすうと歩みよりて場合になりて見あひ、にこと笑てやみぬ、見物息をつめ互に何の事もなし、それより三十日程、空鈍をとどめ、稽古場をかこひて日々に仕合ぬれど勝負知るものなし、空鈍帰るに及んで巨雲のいふ初心導の為かた〈型〉のおもてなくてはと思ひ工夫すると語れば、空鈍成程よからん、我も三本の業を工夫し置たり、たよりにもならば入給へとて残し置ぬ間、雲弘流のかたの内初の三本空鈍工夫の剣也、柳蔭剣、直正刀、三明剣の三本也此三本をかしらに置ぬれば空鈍が勝れたり又客人故謙退して巨雲自分の工夫を後になせしや知るべからず、巨雲工夫の業は陰車、臥龍、離心刀、象水月、霞、燕飛、屈身、清眼、発刀剣。

すなわち、これによると、一雲と巨雲は、巨雲の門弟らが「すわ、名人と名人との剣術、奇妙不思議あらん」とかたずを呑んで見守るなか、一方は太刀を頭上に、一方は太刀を肩にのせて、互いにすらすらと歩みより、いよいよの間合に入ってから、互いに見合って、「ニコッ」と笑ってやめた、という。

そしてその日から三十日、巨雲は一雲を家に泊め、稽古場を囲って毎日毎日、二人だけで立合ったという。この特別稽古が終わり、一雲と別れるに臨んで、巨雲は、「型」のない無住心剣術が、そのために手掛かりに欠いていることを述べ、一雲に初心者を導くためには「型」があった方がいいのではないか、と自らの考えを述べたところ、一雲も「型」がないということの問題点をひそかに感じていたのか、「自分も三本の型をかねてからすでに考えている。もしよかったら、これを使ったらどうか」と、巨雲の提案に賛成した。

したがって雲弘流の型は柳蔭剣、直正刀、三明剣の一雲発明になる三本の「型」を頭に、巨雲が自ら創った九本の「型」を加え十二本になったと述べている。

この十二本のなかで一雲が創った型三本をまず頭に置いたのは、一雲が巨雲より勝れていたためか、巨雲が師である一雲を尊重してそうしたのかはわからない、とわざわざ述べているあたりは、これを書いた者が相当に巨雲に思い入れを持っていた証しであろう。

なお、この十二本は『雲弘流執行之巻』によれば、次のとおりで、若干字句の相違はあるが雲弘流の術技名であることに間違いはなく、高知県立図書館所蔵の『中集』の後のこの書き込みがいい加減なものでないことが推察できる。

表十二本

柳陰釼、直精刀、三明釼、陰之車

画龍、離心刀、清水月、霞

燕飛、屈心、精眼、仏当釼

8 無住心剣術の消滅——真里谷円四郎の死

一雲はこうして、諸流剣術の線へ多少なりとも歩み寄って一生を終えたが、おそらく円四郎は生涯その思想も稽古法も変えることがなかったと思われる。稽古指導法を変え、「型」などをもし作っていたら、もう少し円四郎の流儀も残っていたかもしれないが、円四郎の性格からいってそのようなことはなかったであろう。円四郎は寛保二年(一七四二)二月四日八十二歳で没し、南臺寺に葬られたこと、法名を心流院一法不存居士といったようである。本書を書くまでまったく知られていなかった新たな発見と思われるが、円四郎は晩年「不存」という号を使っていたらしい。この不存は、円四郎の法名のなかに見られる字であるが、これは生前使っていたこの号（居士号であろうか）をそのまま入れたのであろう。この事実は、筆者が本書執筆の過程で南臺寺に残されていた過去帳の法名を詳しく点検した際に発見したもので、『師系集伝』に記されていた「心流院一法不存居士」寛保二年二月四日の記載とほとんど同じものが南臺寺の過去帳にあり、その下に俗名として真里谷不存叟（事）と書き入れてあった。

ただ、南臺寺の過去帳の記録は没した月が『師系集伝』とはわずかに違って、次のとおりである。

寛保二壬戌年

心流院一法不存居士　真里谷不存叟

正月

すでに触れたように、この南臺寺の過去帳には真里谷円四郎（過去帳の表記では良）名の法名はあったが、それは義性院大道哲勇居士で没年が天明四年（一七八四）二月と、無住心剣術三世の真里谷円四郎義旭の没年としては年代的に合わないこと（これが事実なら円四郎は百二十歳以上になってしまう）から、別人であろうと推測していたが、この真里谷不存を発見したことによって、この「義性院大道哲勇居士」が無住心剣術三世の円四郎義旭ではないことが確認できた。ただ、菩提寺が同じであること、円四郎という、無住心剣術の哲理に因んで一雲が贈ったという由緒ある名を名乗っているところからみて、この義性院大道哲勇居士という法名を持つ真里谷円四郎は、円四郎義旭によほど縁の深い人物であったと思われる。最も考えられることは、実子か養子かはもとよりわからないが、二代目の真里谷円四郎であったのではないかということである。参考までに南臺寺の過去帳の記載事項を紹介しておきたい。

天明四辰二月
義性院大道哲勇居士　　真里谷円四良
金三両附　施主神山　文政九戌七月納之（この供養料の書き込みは朱——引用者）

《すでに述べたように、『武田真里谷家譜　全』の発見によって義性院大道哲勇居士は、三代目の円四郎であることがはっきりした。
ちなみに、南臺寺の過去帳に最後に記載された真里谷姓の人物は、慶応二年（一八六六）七月二十一日に国許で亡くなった真里谷家八で、戒名は真谷院實悟道参居士である。『武田真里谷家譜　全』を参考にすれば、この家八は、同書の著者の新右衛門信興の嫡男の義彬で、享年は五十七歳前後である。なお、その後真里谷家はカトリックに改宗して現

在に至っている。》

若くしてその剣才を開花させ、天才剣客としての道を歩んだ無住心剣術三代目真里谷円四郎義旭は、徳川期のなかでも、最も安定した平和な時代を生きたが、その生涯は、真面目な風狂者ともいえるような一風変わった一生であったようだ。

徳川中期という武士が読書階級になった時代のなかで、円四郎もかなりな知的レベルに達していたことは『前集』『中集』に目を通せば明らかであるが、日本の歴史的宗教家や思想家とくらべれば、どうしても論の稚拙さや矛盾は目につく。ただ、そうした矛盾は、剣術の勝負という現実の実験結果に合わせなければならない、という厳しい制約があったためであることを思うと、真里谷円四郎という人間の存在そのものの価値は、日本文化の歴史のなかで十分に重いものがあると思う。

この十年間の無住心剣術研究のいわばまとめとして、本書を書き進めてきて、夕雲、一雲の二人は、その面影や性格、雰囲気といったものがなんとなく浮かんで来たが、円四郎については、最も関心を持って追いかけてきたにもかかわらず、まったくといっていいほどなにも浮かんでこない。『前集』『中集』を読み込めば読み込むほど、具体的な円四郎像は筆者のイメージのなかからすり抜けていってしまう。

なにしろ、円四郎には枯れた禅僧のような言葉があるかと思えば、過激で辛辣な皮肉をいうところがある。儒教的道徳を説くかと思えば、あざといまでの同門人に対する論難の弁がある。欲がなく権威に媚びない態度をとっていたようだが、一万人以上もの弟子を持った。一雲が羽箒で打つと相手の腕が折れる、などという噂は大袈裟だ、と現実的な眼を持ちつつ、自分は弓槍鉄砲、なにを持ってこられても構わないと断言している。こうした、捉えどころのない円四郎の剣術は、どうやら一般の武士が習い学ぶにはやはり向かなかったように思われる。

無住心剣術が、三代真里谷円四郎によって完成され、そして滅んだのは、宿命的、必然的な結果だったのかもしれない。

《真里谷家では、円四郎義旭の孫で、かなり腕も立った円四郎信栄まで三代相伝され、信栄の兄弟子にも印可持ちが複数存在したようである。また、一雲の高弟の矢橋助六から奥義を授かった駿州田中藩の小山宇八郎も、抜群に遣えたようである。なお、一雲の兄弟子片岡伊兵衛から相伝し、円四郎義旭と互角以上に戦ったと思われる中村権内は、『師系集伝』によれば、弟子の加藤田新作武述が秘奥に達した時に「実ニ神陰ト謂ベシ」と褒めたそうであるが、以後この系統は次第に元の新陰流系の技法に先祖返りしたように思われる。また、中村権内と同じ三奈木黒田家の家臣で、のちに中村家と姻戚になった楓家の『楓氏家系』の楓伝左衛門重房の来歴に、「剣術ヲ中村権内安成号直心ニ学ビ、其蘊奥ヲ極メ許可ヲ得タリ、其ノ伝ヲ加藤直雄ニ伝フ」とあることが、楓家の一族からの教示で判明した。この楓重房（号夕煙）から加藤（本姓槽屋）市右衛門益重（後称直雄）の系統に伝えられた

のが、無住心剣術なのか、加藤田系と同じ神陰流系なのかは、今のところ伝書類が発見されていないので不明である。》

三　白井亨は無住心剣術を再興したか

1　白井亨の生い立ち

さて、心法の剣術のより具体的な構造を探るため、ここで無住心剣術に最も深い思いを寄せた白井亨と白井の開いた天真兵法＝通称天真白井流の技法と思想とを検討し、両者を比較しながら話をすすめてゆきたい。

白井亨が、円四郎の直接の師であり、無住心剣術の二代を継いでいる小出切一雲（空鈍）に深く傾倒して、一雲こそ「古今独歩の名人」と称揚し、無住心剣術の存在を実質的に広く後世に伝えた幕末の剣客であることはすでに述べたが、白井がなぜ、無住心剣術に心惹かれるようになったのか、まず白井の生い立ちから順を追ってみてゆこう。

白井の晩年の高弟、吉田奥丞有恒が書いた『天真伝白井流兵法遺方』によれば、白井亨義謙《よしのり》は信州中野の郷士、白井彦兵衛の娘が嫁した江戸の町家大野某（先祖は豊臣秀頼の家臣、大野修理亮という）との間に、天明三年に生まれ、幼名を大治郎といった。（現在、多くの参考書で白井は岡山藩士の子として生まれる、とあるが、これは白井が後に岡山藩と親密になったことからの錯覚であろう。）姉が一人あり、幼い時から祖父彦兵衛の養子となる。

彦兵衛は大治郎（白井亨）に本格的に武芸を仕込みたいと思っていたらしく、「旗本ノ家来ハヒマナクシテ稽古事モ成リ兼ル也、倅ハ浪人サシテ武芸ヲ励マスベシ」と亨の母にいい置いて没する。この祖父の言に従い、一途に亨に望みをかけた母親は、相当の教育熱心な母親であったようだ。亨八歳の時、機迅流の依田秀復の下へ入門し、稽古に励んだ。

この機迅流というのは、大声を発して相手を恫喝する手荒い剣法であったが、白井は毎夜、重い木刀や竹刀を七、八百回から千回ほども振りつづけ、稽古に励んだという。その甲斐あってか、十四歳の頃には依田門下の高弟達と立合っても負けぬほどになったようだ。しかし、どうも師の依田とあまり仲がうまくいかなかったらしく、また、十四歳でもう、同門のなかで相手になる者がいない状況に失望して、この師の許を辞し、当時、江戸で声名が高くなりつつあった中西派一刀流三代目、中西忠太子啓の門に入る。この中西派一刀流は、必ず刃引もしくは木刀で稽古をするという、それまでの一刀流の稽古法の鉄則を破り、直心影流、長沼四郎左衛門国郷が新しく工夫し、当時はやりはじめた現代剣道の原形である、面、籠手、竹刀による打合稽古、当時の言葉でいえば韜袍《あんぽう》稽古を取り入れたことで有名であり、流行の先端にあるだけに、非常に活気があったようである。

この門には、後にこの白井の師になる寺田五右衛門、音無しの勝負で勇名を馳せた高柳又四郎がおり、次の忠兵衛子正の代では北辰一刀流の開祖千葉周作、また、千葉の最初の剣術の師である浅利又七郎義信等々の俊髦《しゅんぼう》がひしめいていた。ここで白井は五年間、その稽古熱心さにおいては第一に指を屈せられるほどの稽古を積み、後輩にあたる千葉周作が、その手記『剣術初心稽古心得』で「余の同門に白井亨と云ふ人あり、此の道殊の外達者にて、其の日の出席人、仮令《たと》へ二十人三十人ありても、大抵二た通りは稽古せし人なり」と驚嘆して書き残しているほどである。とにかく、この五年間、白井は稽古を一日も休まず、夜は夜で家に在って重い木刀や竹刀を振り、傍らで母親がその数を数えて「怠る事勿れ」と励ましていたという。白井は母親に対して、ただならぬ思い入れを持っているが、それはこうした環境で育ったためであろう。

その甲斐あって五年の後、白井は中西道場でも屈指の遣い手となり、師の中西忠太をも凌ぐほどになる。ほどなく師の忠太子啓が病死したため、白井は武者修業の旅に出、上総、下総、常陸、信州等をまわり、当時自得していた剣術のコツ「八寸の伸曲尺」(これは太刀の切先より先へ八寸の伸びがあることをイメージすることにより、相手を威圧していすくめる法)をもって、諸方で試合を行ない、ほとんど手に合う者がなかったようだ。

たとえば、神道無念流の岡田十松の道場、馬庭念流の樋口道場、甲州の虚無僧寺、妙安寺などでは、相手を片端から打ち据えたようである。ただ、元来篤実な性格であった白井は、信州では老荘に詳しい者からこれを学ぶなど、学問の方にも心を配ったようである。

また、この信州では白井が生涯の愛刀とした「郷の則重」(古来日本の刀匠としては最も著名な五郎入道正宗の門人とも同輩ともいわれている、越中の刀鍛冶。その刀は「則重肌」とも「松皮肌」とも呼ばれる独特の地肌で有名である)二尺五寸の刀を、二十本ほど縄で括げてあった(おそらく古道具屋かなにかであろう)なかから掘り出している。

白井の弟子である吉田が、わざわざこのことを書き残しているところをみると、白井は、その性格からみて、控え目ではあったろうが、この則重を掘り出した話を、時に自慢そうに話すことがあったのであろう。

そういった点、白井はすでに紹介したが、円四郎のような、

刀脇差にさのみ有て、能ものに候はゞ、我等もわざと拵ひ申べけれども、其構《かまひ》なくして済候故に、親の代より有来る大小を、有《ある》に任せて指候……

という、刀に関しては無関心な無住心剣術的な感覚よりは、ずっと一般の武士達の感覚（名刀に憧れる）に近かったといえよう。

その後文化二年（一八〇五）九月、白井は関西、中国方面遊歴の旅に立つ。京、大坂、播州、備前、備中、備後、安芸とまわるが、備前岡山で、白井の剣は高い評価を受け、殊の外厚遇されたため、ここに落ち着き、結局七年間腰を据えることになる。そのキッカケは、岡山に手強いと評判の剣客が来て、家中では手に負えないため、ちょうど岡山へ来合わせていた白井をこの剣客と立ち合わせ、白井が勝てば家中の者と言い、負ければ江戸から来た修業者だと言う策を立てて、白井を試合わせたところ、白井が簡単に勝ったためであるという。（白井は、後日この策を聞かされたそうである。）

岡山藩では、白井に道場と住居を建て、家中の藩士への剣術指導を依頼したようである。

昼は藩の家中の武士に稽古をつけ、夜は夜で、備前から備中一帯の町人百姓に稽古をつけて深更に及んだというから、この岡山での白井の稽古量は、相変わらず大変なものであったようだ。

白井にとって、当初の数年間、この岡山で過ごした日々は、充実した楽しいものであったようだ。もっとも生真面目な性格の白井は、周囲から寄せられる尊敬と好意、それに好きな剣術に没頭できることで十分な満足を感じていたようで、家には女気を一切近づけず、食事は弟子達が交代で作っていたようである。女性気がなかったことについては、吉田が、『天真伝白井流兵法遺方』のなかで「先生篤実にて身持も正敷、七ケ年不犯也」と書いているほどであるから、よほど徹底していたのであろう。白井のこの身持のよさは、一つには教育熱心であった母親の影響が強かったように思われる。別の見方をすれば、前述したように、白井は母親への思い入れが強く、その母親の影響力の強さは、その後岡山藩で正式に白井を三百石で召し抱える話が出た時に、母親が江戸詰でないことに難色を示したため、白井もしかたなく、この話を断っていることからもうかがえる。

岡山に足を留めて六年、道場に在っては、三百人にも及んだ門弟の稽古指導に明け暮れ、また自分自身は江戸での修業時代、多少稽古をしていた種田流の槍術をあらためて稽古しなおしたり、滝川万五郎という者に就いて宇佐美流の兵学を学んで皆伝を得るなど、武術兵法三昧の日々を送っていた。しかし、生来、求道心が強く、ものごとを突き詰めて考える性質のあった白井は、「いまはこうして体もよく動くが、やがて年をとって手や足腰に衰えが出はじめた時、この剣術はいったいどうなるのだろうか」と思い悩むようになる。
この憂悶を白井は、その著『兵法未知志留辺』のなかで次のように述懐している。

熟《つらつ》ら考ふるに、余兵法を学ぶ事廿年、東都師家に学ぶの士、各英豪の材を懐き胆勇長健俊秀の好漢鍛練慣熟し其技衆に越るも、年四十以上に至れば忽ち衰ふ。是何が故ぞや。今を以て此を思ふに、壮年便捷身体手足未だ硬からざる者は跪伏委曲蛇行亀息伸縮周旋神出鬼没其慣熟するに従つて其の活機を成すと雖五十上下の老成身体堅実手足既に硬きに至れば、如上に相反して其活用を為す事能はず。天下の剣客皆斯の如し、古に曰、灼々《タル》　園中花早発《ケハ》　還《テ》先《ツ》萎《ム》と。余幼にして此技を学び未だ壮んならずして是を行ひ、衰弱已に身に迫らんとすれ共施すべき術を知らず、懺悔容るゝに所なし、覚えず啼泣す、生涯を錯れりと。斯に於て兵法を見る事土芥の如し是余二十八歳の時なり。

すなわち、つくづく考えるに江戸で有名な師について才能ある者が鍛練し、人並みすぐれた技を会得しても、四十歳以上となり、敏捷に体が動かなくなり、五十ともなれば手足が硬くなって自在に体を動かすことが出来ず、皆衰えてしまう。自分も幼くしてこの道に志してきたが、やがて衰えが来るのを防ぐことが出来ないと思うと、剣術自体がゴミのようにみえてきた、とその落ち込みぶりを吐露している。
「自分が長年やってきたことは間違っていたのではないか」。二十八歳で遭遇したこうした煩悶のなか、白井はわずかに軍学兵書を読むことで気を晴らして日を消していたようだ。
やがて年は明け文化八年、白井が岡山に来て七年目、突如、江戸表の母が大病であるとの知らせが姉より届く。殊の外母親思いの白井は、「余此を見て胸轟き流汗して止まず」というほどのショックを受け、即日岡山の道場は、当時の高弟であった岩井源治郎、笹谷竹治郎の両名に預けて、江戸を目指して旅立った。昼夜兼行して急ぎ立ち戻ってからほどなく幸いに母親は快方に向かったため、安堵した白井は、七年ぶりに江戸の土を踏んだなつかしさから、中西道場でともに稽古に励んだ先輩、旧友を諸方に訪ねて歩く。ところが、かつて自分が江戸にいた頃は強豪で鳴らした兄弟子達が、四十を越え、五十に及んでいると、竹刀をとっては以前の半分ほどの実力もなく、そうした現状を見るにつけ、自分のやっている剣術への疑問はますます大きくなり、気持ちは塞ぎ込んでゆく。そうこうするうち、かつては、あまり親しくはしていなかった兄弟子の寺田五右衛門の許へも足を運ぶことになった。
久しぶりの挨拶を述べる白井を快く迎え入れた寺田の様子が、いままでの他の兄弟子達とはまるで違う凛然とした様子に、白井は、思わず、自分の苦しい胸のうちを切々と訴える。それを微笑を含んで聴いていた寺田は、
数年前の是とする所は今日の是とするところに非ず請ふ試に是を比せん

――おまえも成長したな、以前は良しとしたことが、いまになって変わってきたか、では、ひとつ立合ってやろう――と、白井に木刀を執らせ、自分も、同じく木刀を執って白井と向かい合った。

白井は、自身の工夫になる「八寸の伸曲尺」(自分の持っている刀の切先が、さらに八寸伸びている、とイメージすることで鋭気をつくる)で一気に決着をつけようと寺田に迫るが、寺田は、

従容として応ぜず、忽ち木剣を頭上に飛ばして余が全身を蔽ふ、

――まったく動ぜず、逆に、木刀で白井の頭上を覆ってしまった。

この寺田の凄まじい気圧に、白井は手足が竦んでまったく身動きもならず、冷汗が全身に流れて思わずそこに坐り込み、寺田を伏し拝んで、「どうしたら、そのような精妙の域に達せるのでしょうか」と、声をふるわせて教えを請うたのである。

この情景を白井は『兵法未知志留辺』のなかで、

支体縮々乎として手足の在る所を失ひ通身流汗して夢の如し。従前の苦修尺寸の功を立てざる者に似たり。驚き感じて膝の屈するを知らず、再拝作礼して師が術精妙何を収めてか技の斯に到れる所以を問ふ。

と劇的に描いている。その白井に向かって寺田は「見性得悟の一念子に在る而已《のみ》」と答え、つづけて、

> 子故態の技を荷つて四方に遊び、雑撃比較し、邪道を修して邪念を益せり。斯の如くし了らば縦《たと》ひ積みて驢年を重ぬと雖何の用にか堪んや、予常に憐む、庶人姦勇の師己れが邪曲暴戻を説きて主将の明敏良知を穢し錯らしむる者と、又粗壮健雄の士竹剣鉄面韜袍を荷ひ、抗肩鳶の如く、街路往行して威武を衆に示し至道前後に澄み湛へたるを知らず、妄想邪念積蓄して犬馬の老を成す者をと。

――おまえは、くだらぬ小手先の技を売り物にして各地で教え、つまらぬ試合を行なって邪道に陥り、邪念を増している。そのようなありさまでは、たとえロバ年（来るはずのない年。猫年というに同じ）が来ても物の役に立つまい。私はいつも、蛮勇が取り柄なだけの剣術の教師が、ただ乱暴なだけの技を売り物にして、人間本来の良知と知恵を穢し、錯らせていることを、情なく憐れに思っている……。

この寺田の言葉を聴いた時、白井は、腋に溢れ出る慚愧の汗とともに、この日以後の生涯を、寺田のような見性悟道による、心法の剣術の探究に向かおうと深く心に決したと思われる。白井は即日、いままでは同門の兄弟子であった寺田に対して、あらためて、師と

しての礼をとって入門し、以後寺田の指示に従ってそれまでとはまったく異なった修業の道を歩むことになったのである。

ただ筆者がここで気になることは、寺田以外の中西道場での先輩剣客達が、みな一様に腕が衰えていた、ということである。人生五十年といわれていた当時、五十といえばたしかに老年であり、また、その年齢からいって地位もそれなりに得、酒ばかり飲んでいて稽古に身を入れず、腕がなまっていた者もいたではあろうが、日本の剣術の特質からいって、術として、動きの質が転換するところまでいっていた者が、そう簡単に腕が落ちるとは信じがたく、白井が先輩の腕が落ちたと感じたのは、白井自身は、この七年間、岡山にあっても十分な修練を積み腕が上がっていたのだが、自分ではそのことに気がつかなかったためではないだろうか。

ただ、最も考えられることは、寺田の印象をクローズアップさせるための文飾の一つということである。

もし、そのいずれでもなかったとすると、防具をつけて竹刀で打ち合うという、現代剣道に近かった、この中西道場の稽古法は、そのぶん手っとり早く間に合うが根が浅いという、いわゆるスポーツ剣道の欠点を当時から濃厚に持っており、型稽古によって動きの質を転換させる古伝の剣術とはすでにずいぶん違ったものになっていたということであろう。

もちろん、他の古伝の剣術といっても、型を慢然と、単に繰り返して真似ているだけでは、動きの質的転換などはかれるはずもない。たしかに剣術が武士の教養、心得程度になっていた当時では、そのような、マンネリに陥り、義務的にただ道場に通っているだけの修業者も、少なからずいたと思われる。いや、むしろ、大勢がそうであったからこそ、そのマンネリを打ち破るものとして、中西道場から、千葉周作の道場、玄武館へと広がった竹刀防具による打合稽古の隆盛の前に、古伝の型稽古は衰微していったのであろう。

ただ、少数とはいえ、古伝の型稽古を主体に稽古していた者で（寺田、白井のような心法中心の剣術によらず）、竹刀打の達者な者にも十分に通用する腕を持っていた剣客がいたことは間違いなかったと思う。

話が多少それて、ややこしくなったついでに述べておくが、「竹刀打合で育った剣客」にしても、「皆が皆、一様に年とともに衰える」という白井の断定には、やはり、かなりの偏見（心法の剣術を印象づけるための文飾か）が感じられる。たとえば、この竹刀打合の大元締めともいえる北辰一刀流の千葉周作は、その著『剣術物語』のなかで、老いた時の備えとなるからこそ術であると、次のように述べている。

世に過ちしことあり、剣術など嗜むは、若き時の事にて、老いては益なし、筋骨屈伸しがたく、気力弱くして叶ひがたければなりと言ふものあり、一理あるに似たりと雖も、決して今日修行の目当にあらず、若き時は筋骨健かなれば、非常の狼藉に逢ふとも、駈け走り自在なれば、之れを免かるゝことも易からん、剣術は即ち老いて筋骨不自在なる時の助けとするの術にあらずや、之れを思はざるの過ち少からず、鍛錬の老功に至つて、若きを論ずるは不熟の術と知るべし、本勝負は一刀に限る、何ぞ常の稽古の如くに進退を労すべきや、然れば老の助けの術にこそ備へてあらまほしけれ。

事実、晩年になって、千葉の高弟である、海保帆平や稲垣定之助、塚田孔平といった当時の錚々《そうそう》たる剣客達が、「麒麟も老いては駑馬に劣る」というが、いまではわれわれの方が実力においては先生より上であろう」とひそかに噂をしていることを千葉が知り、ある日、「今日はみなと存分に立合おう」といって、これらの高弟と立合ったが、そのことごとくを打ち破ったという。(話が少しそれてしまったが、以上のことは、武術を本質的に考える上で読者各位の頭のなかに入れておいていただきたい。)

さて、白井は寺田に入門して以後、生来の真面目さと、情熱のすべてを傾けて、寺田が示した「見性悟道」による「心法の剣術」の会得へと歩み出すのである。

2 寺田五右衛門のこと

では、ここでこの白井亨の師、寺田五右衛門宗有について触れてみよう。

寺田五右衛門は、高崎の松平右京亮の家臣で、延享二年(一七四五)に生まれ、幼名を三五郎といった。剣術は、はじめ中西派一刀流の初代中西忠太子定に就いて学んだが、二代目の忠蔵子武の時、子武が、直心影流に倣って面籠手竹刀による打合稽古を取り入れたため、寺田は、「これは剣法の真意に背く」として、中西門を出てしまった。この時十四、五歳であったというから、年齢の割には老成した思考の持ち主だったのかもしれない。そして、この若者は、いかにもこの若者の好みに合った、谷神伝、平常無敵流に入門し、池田八郎左衛門成春を師として十二年間をここで過ごす。この、平常無敵流は、流祖を山内蓮心八流斎といい、白井が剣術史上の四名人の一人に数えた剣客によって開かれた流儀である。寺田は、ここで免許を得たが、高崎藩では一刀流以外を藩の公式の流儀として認めず、藩主、松平右京大夫の命を受けて、再び、中西派一刀流へ入門する。ただし、代もかわって三代目忠太子啓になっていたこともあり、またひとかどの剣客となってからの藩命による入門であったためか、かつて、この流を捨てて他流へ走ったにもかかわらず、厚遇され、別格顧問のような扱いを受けたようだ。寛政十二年九月、子啓より一刀流の免許を得る。翌年子啓が世を去り、寺田はこれにより中西道場の長老筆頭の地位に昇り、一刀流に平常無敵流の思想を持ち込み、さらに、無住心剣術の伝書や、法心流金子夢幻が遺した『梅華集』などを参考に工夫をする一方、駿河の白隠慧鶴の高弟、東嶺和尚に就いて禅を学び、白隠創案の練丹の法の研究に力を注ぐ。(寺田の東嶺への初参は四十二歳の時であったという。)その後、東嶺の弟子、天仙和尚にも就くなどして修業の結果、白隠が創った「隻手の声」の公案を透って、大悟し、東嶺に「子が道業、真を得、またその寿を得べし、実に天真を得るの翁なり」と称賛されて天真翁の号を贈られ、ここに新たに天真一刀流を開く。

寺田は、竹刀打の稽古が名物の中西道場にあって一切竹刀をとらず、もっぱら木刀による型稽古のみを行なっていたが、その実力は卓絶しており、のちに千葉周作の項で述べるが、竹刀打合で鍛えた腕自慢の門人が次々と寺田に向かっていったが、まったく手も足も出なかったという。この話は、寺田の稽古法には批判的な意見を持っていた千葉の実見談なだけに、信憑性がきわめて高く、寺田の実力のほどがしのばれる。

《寺田五右衛門宗有は、一般的には寺田五郎右衛門宗有と思われており、本書の原本、新曜社版『剣の精神誌』も五郎右衛門と、「五」と「右」の間に「郎」の字が入っていた。しかし、この改訂版の協力者である宇田川氏が、寺田宗有の子孫の方からの聴き取り調査に伺った際に、「宗有は五郎右衛門と名乗ったことはなく、正しくは五右衛門である」という指摘をいただいた。そこで菩提寺の駒込光源寺の過去帳や、天真一刀流・天真白井流の伝書などを改めて確認すると、すべて「五右衛門」であった。よって、本書の新曜社版では「寺田五郎右衛門」となっている箇所を、このちくま学芸文庫版では全て「寺田五右衛門」と差し替えた。ちなみに、この間違いは、山田次朗吉が『日本剣道史』で「五郎右衛門」と記述した影響が大きいのではないかと思われる。なお、聴き取りで、高崎の藩主より宗有に鶴の吸い物が出されたが、殺生して大事な鳥を食べるわけにはいかないと思った宗有は、主君の不興をこうむることを覚悟して断ったという逸話などもあることがわかった。また、琴平神社発行の『琴平霊験記』には、宗有の超人的な逸話が多く載せられている。

『高崎市史　下巻』によれば、寺田は剣術のほかに、居合を伊賀盛方に、柔術を金子善右衛門に、槍術を長尾撫髪に学び、いずれも免許を得ていた。また、薙刀にも優れ、ほかに天文・地理・本草・医術も学び、金刀比羅宮の勧請や新田開発など、藩政にも貢献したという。》

3　練丹のこと

さて、この寺田が白井にまず勧めた修業法というのは「水行」である。寺田は白井に向かって、

子は幼より二十余年邪道を修し邪法を学び妄念胸に充ち、邪念支体に凝る、我に灌水の法あり、飲酒肉食を禁じ日に浴して怠らざれば其邪念を断じ克く大功を成すと。

と、まず、二十数年も邪道を習って体にこびりついている妄想邪念を「灌水の法」、すなわち水行と酒肉を禁じた精進食で浄化するように申し渡した。

心法の剣術の成道自得を深く心に誓っている白井は、この寺田の教示を、まさに決死の覚悟で実行したようである。時に白井亨二十九歳。その修業ぶりは、『天真伝白井流兵法遺方』によれば次のような涙ぐましいものである。

是に依て先生、酒肉を断じ水浴する事、一日に百箇、或は二三百箇、後には井戸の水も濁る故に、両国橋の川へ入りて灌水三百箇も成さん、苦熱煩暑の朝、厳寒素雪の暁き、備藩京摂に到るに旅邸客舎といへども修し怠らざる事、五年也、又七日飲食を断て水浴する事、両度也、一度は備陽の瑜伽山《ゆがさん》に於てし、亦一度は宅にて致されし也。

しかし、この努力は報いられず、かえって白井は、無理と過労がたたってかすっかり体をこわしてしまう。ただ決死の覚悟の白井はなおも水行をつづけようとするが、白井にとって逆らうことの出来ない母親をはじめ親類の者までがこぞって止めたため、ついに水行を断念し、もっぱら、白隠伝の「練丹の法」の実行に入る。

この「練丹の法」によって開眼した白井は、この修業に入った日が、よほど印象深かったのであろう、わざわざ「此れ文化十二乙亥年正月十八日の事にして三十三歳の時なり」と『兵法未知志留辺』のなかに書き誌している。白井はつづけて、

余元より鵠林（白隠）先師の遺書幾ばく巻を閲し、又師の示教を受けて練丹の功ある事を知ると雖、水浴修法の艱辛を恃みて練丹に懈《おこた》る事有るが如し。

と、練丹の法を実行しなかったのは自分の研究不足であったように書いているが、事実は、寺田が寺田自身の好みであった「灌水の法」を強く勧めたことはすでに述べたとおりであ

る。
吉田は、その間の事情を、

寺田先生は弟子に天真を教導の法知れずして、邪念を断べし抔、又其法は灌水を教られし由、実は寺田先生、自分の天真の入り口知れざる故に、自分の得手の灌水を進められし也、且は灌水は得手・不得手の有る物也、白井先生なればこそ五年の間勤めて、大病の発す迄御修行也、夫故か寺田先生の数多《あまた》の弟子の内にて天真を受次《うけつぎ》し人、白井先生の外一人もなし、夫故に彼《か》の屋敷に寺田の流絶《たへ》しとなり、

と、かなり寺田を露骨に批判して書いている。

《白井が寺田の荒行にかなり批判的であった証拠は、この他にも、白井の弟子で町医者の平野重誠（通称は元亮、本文二五一ページ参照）の著述にも表れている。平野は養生書などの多くの著作が有るが、天保六年（一八三五）に桜寧居士（桜寧室主人）の別名で刊行した『養性訣』に、白井から教わった、帯で胸下を絞める調息法を紹介した後、「此翁の師に、寺田五右衛門宗有といふ人ありて、白隠の弟子東嶺《とうれい》より、参禅煉丹《れんたん》の術を受《うけ》、はじめてこれを兵法に加《くはへ》たれども、其《その》術いまだ全《まつたき》ことを得ず、たゞ己《もの》が有にして、之を人に伝《つたふ》ること能《あたは》ず、且《かつ》動《ややもすれ》ばその骨力《ちから》を託《たのみ》て、欠漏《しおち》少なからずときく、然《しかる》を鳩洲翁《きうしうをう》の伎《わざ》（技）は、その師に卓《すぐれ》絶て、よく動中の工夫を凝《こら》し、空中大気の活動《はたらき》あるを察し、鋒尖《きつさき》の赫機《のび》を観《みいだ》せしも、

皆その自得に出《いで》て、よく身心を虚にし、敵を伏するに、天真無為の道を以てするの妙を得たり」と、寺田を批判し、白井を称揚している。文中の鳩洲は白井の号である。ちなみに、『養性訣』の跋は白井が書いている。》

実際、白井自身も、この「灌水の法」には、よほど閉口したらしく、その後門人達に折に触れては、「灌水や断食にて天真の法は取り付がたき事」と教示していたようである。ただ、師の教示に背くことになることを恐れたためか、気を遣ったためか、白井は「灌水の法」を廃したことを寺田には告げられずにいたようである。

しかし「灌水の法」を止め、練丹専一に修業を始めた効果は、白井の場合、殊に著しく、二ケ月の後には、元気肢体にあふれ、重度の各症状も拭い去ったようになくなり、臍下丹田は、白隠が、その著『夜船閑話』等で述べているとおり、「篠《しの》打せざる鞠《まり》の如く」瓠然《こねん》としてふくらみ、「聊か功力を得たり」——多少力もついてきた——のである。この功力とは、練丹の法によって得た、多少超常的な匂いのする、気力、勘といった類のものであろう。

この練丹の法は、日本の最も代表的な古典的健康法であり「下っ腹に力を入れて頑張れ」等といった、くだいた表現で大変広く普及している、東洋的な身体運用法を集約したものでもある。したがって、白隠がこの「練丹の法」を説かなくとも、似たような方法はすでにあったのであるが（たとえば、『天狗芸術論』で説かれている「収気の術」や、貝原益軒の『養生訓』第二巻、等々)、白隠が著名な禅僧であったため、その説くところには、ひときわ説得力があったのであろう。

参考までに、ここで白隠の『夜船閑話』と『遠羅天釜』から、この「練丹の法」と「丹田」について、さわりの部分を引用してみよう。

我に仙人還丹《げんたん》の秘訣あり、儞《なんぢ》が輩試に是を修せよ、奇功を見ること、雲霧を披いて皎日を見るが如けん。若し此秘要を修せんと欲せば、且《しば》らく工夫を抛下《はうげ》し話頭を拈放して先《まづ》須らく熟睡一覚すべし。其未だ睡りにつかず眼を合せざる以前に向て、長く両脚を展《の》べ、強く踏みそろへ、一身の元気をして臍輪気海、丹田腰脚、足心の間《かん》に充たしめ、時々《じじ》に此観を成すべし。我此の気海丹田、腰脚足心、総《そう》に是我が本来の面目、面目何の鼻孔かある。我が此の気海丹田、総に是我が本分の家郷、家郷何の消息かある。我が此の気海丹田、総に是我が唯心の浄土、浄土何の荘厳かある。我が此の気海丹田、総に是我が己《こ》身《しん》の弥陀、弥陀何の法をか説くと、打返し〳〵常に斯くの如く妄想すべし。妄想の功果つもらば、一身の元気いつしか腰脚足心の間に充足して、臍下瓠《さいかこ》然《ねん》たること、いまだ篠《しの》打ちせざる鞠《まり》の如けん。恁麽《いんも》に単々に妄想し将《も》ち去て、五日七日乃至三七日を経たらむに、従来の五積《しゃく》六聚《じゅ》、気虚労役等の諸症底を払て平癒せずんば、老僧が頭を切り持ち去れ。

(『夜船閑話』)

生を養ふの要、先づ形を錬るに如かず。形を錬るの妙、神を凝すに在り。神凝る則《とき》は気聚る。気聚る則は丹成る。丹成る則は形固し。形固き則は神全しと。須く知るべし、丹は果して外物に非らざることを。蓋し地に玉田在り、梁田在り、玉田は珠玉を産するの地、梁田は禾稼を成ずるの場、人に気海丹田あり、気海は元気を収め養ふの宝処、丹田は神丹を精錬し寿算を保護するの城府なり。古云く、蒼海の百川に長たるは、下れるを以てなりと。蒼海既に万水の下を占めて百川を含容して増減なし。気海既に五内の下に居して真気を収めて飽くことなし。終に神丹を成就し仙都に入る。丹田なる者の一身三処、吾が謂ゆる丹田は、下丹田なる者なり。気海丹田各々臍下に居す。一実にして二名在るが如し。丹田は臍下三寸気海は寸半、真気常に者裏に充実して、身心常に平坦なる時は、世寿百歳を閲すと云へども、鬢髪枯れず、歯牙動かず、眼力転た鮮明にして、皮膚次第に光沢あり。是れ則ち元気を養ひ神丹成就したる効験なり。

（『遠羅天釜』）

この白隠の解説は、古典でもあり、また多分に詩的な表現をとっているため、理解しづらいと思われるので、近代、この「練丹の法」を自分自身の体験を通して分析的に詳しく研究し、それによって「肥田式強健術」を創始した肥田《ひだ》春充《はるみち》による練丹（肥田のいう「正中心鍛練」）の説明と、肥田式強健術の概要もここに併せて載せてみよう。

肥田春充も、その強健術を編むにあたって白隠の練丹法を、おおいに参考にしたようでその著『聖中心道肥田式強健術』のなかでも、この『遠羅天釜』を引用し、その後に、心身修養の道は、先《ま》づ形《かたち》を錬つた方が良い。形を錬るの秘訣は、精神を気《き》海丹田《かいたんでん》に凝らすのが良い。気海丹田即ち中心に、精神が籠もると、自《おのづか》ら形即ち体が確《しつか》りして来る。体が確りして来ると、『健全なる精神は、健全なる身体に宿る』で、自ら精神が強くなる。精神が強くなると、身体が丈夫になつて、自ら長生きすると云ふのだ。肉体から精神、精神から肉体と、心身相関の原理を、明快に道破して居る。而《しか》も其の根本は、丹田即ち中心なることを、力説して居るのは、偉大なる卓見と云はねばならぬ。

と述べ、さらに、この「練丹」(正中心鍛練)の効能については、次のように口をきわめて称揚している。

私は何たる僥倖か。何たる果報か。身体鍛錬改造の始めに当つて、日本武道の精華たる腹力を基礎としようと、決めた為めに、体育上、夢にも想ひ設けなかつた処の、驚くべき効果を獲得し、更に図らずしも、精神的光明の別天地を、自己の衷に開拓するに至つた。愚かなる此の身が、偶然にも、人世最高の道を、知らずして択ぶに、至つたと云ふことは、ア、是《こ》れ正に、無上の天寵にあらずして、何としようぞ。

正中心の鍛錬は、(一)、心身修養の最捷径である。(二)、健康衛生の本源である。(三)、体力増進上、無比の便法である。(四)、威容発現の秘鑰《ひやく》である。(五)、肉体美、彫刻美、姿勢美、活動美の第一条件である。(六)、あらゆる芸術の根柢である。(七)、凡《すべ》ての武道の妙諦である。(八)、能率増進の基礎である。(九)、社交上の要訣である。(十)、処世の一大利器である。

而《しか》して正中心養成の必須条件も、要約すれば、極めて単簡明瞭である。曰く、(一)、腰腹を堅固にする。(二)、脊柱を伸ばす。(三)、上体柔軟、タツタ其《そ》れ丈けだ。古人既に云ふ。『身を直にして、前に屈まず、後に仰がず。左右に傾かず。耳は肩に対し、鼻は臍に対す』と。(正坐禅)

だが、其れによって、(一)、気力の充実、精力の旺盛、正義に強きの真勇を得る。(二)、同時に其の精神は、極めて平静にして、仁愛の情自ら起るに至る。(三)、内臓諸機関の機能を、完全ならしめる。(四)、身体各部の成長発達を順当ならしめる。(五)、自ら強健に導き、能率を増進せしめる。(六)、正しき姿勢によって、精力の濫費を防ぐ。(七)、攻撃防禦、共に変化自在なることを得。(八)、宗教上、悟道の極致に躍入せしむ。

そして、その「中心」の位置については、次のようにあくまでも「科学」にこだわった春充らしい詳細な解説をしている。

然《しか》らば身体の物理的中心とは?……、何処《どこ》にあるか??――幅も厚さも長さも無い。只位置だけある其の一点とは何処であるか???

私は私が直覚した処のものを、自分の体及び、解剖模型と対照しながら、幾何学力学生理学の原理原則を、応用して研究して見た。

上体を真直にし、椎骨《ついこつ》と薦骨《せんこつ》との接合点に力を入れて反り、体の重さが両足の中央に、落つるやうに姿勢を執れ。薦骨の上端と、臍とを結び付けろ。さすれば其の直線は、地平に対して平行となる。

鼻柱と胸骨の中央から、地平に対して垂直線を下せ。先の直線と臍の処で、直角に相交はる。薦骨の上端と、腹腔前方下部、恥骨縫際とを結べ。其処に直角三角形が出来る。其の各《おの〳〵》の角を、二等分した直線を引け。三線は一点で交叉する。

其の点が即ち人間の体を、一ツの物体と見た場合に於ける重心、即ち重点の存する所である。

故に若し其の人間の体格が、完全無欠のものであるならば、鼻柱と胸骨の中央を通過して、此の点を含む処の平面は其の体重を二等分すると共に、全く相等しき二ツの相似形を得ることが出来る。

其の点を円心として、先の直角三角形に内接した円を画くことが出来る。

腹の前方に於ける所の接点——円周の垂直線に接した点——それが即ち古人の所謂『気海丹田』の、科学的位置であつて、臍下《せいか》凡《およ》そ、一寸二分位の処に当る。

円を標準として、腹の中に球を想像する。中心力を作ると、球の表面から、球心に向つて、同一量の圧迫力が生ずる。かくして腹の中に、力学的無形の球の関係が生ずる。

球の前方は腹直筋によつて、側方は斜腹筋によつて、上方は横隔膜によつて、下方は恥骨によつて、後方は脊髄と腸骨とによつて、統一した力が生ずる。両足を直角に、踏み開いて立ち、体重が踵と爪先とに、等分に落ちるやうにする。

両足の爪先と爪先、踵と踵とを結びつけた直線と、両足の中心線——爪先の幅を二等分した点と、踵の幅を二等分した点とを結びつけた直線——によつて、一箇の梯形《ていけい》が出来る。

其の中《うち》の一対の対角を結びつけて出来た二箇の三角形の、各辺を二等分して其の中点を各々其の相対する角に結びつけろ。三線は各々中心の一点に於て相交る。是等《これら》両三角形の中心点を結びつける直線と前記梯形の、平行なる二辺の中点を結ぶ直線との交点は即ち梯形の中心だ。球の中心にある所の重心より床に垂直に下した直線即重線は是の点を貫通する。重線が此の点を貫かないやうな、姿勢であれば、腰と腹とには、等分の力は入らない。即ち正しき中心力は生じないのだ。此の際、上体は常に柔軟、体の重さは、両足裏に平等に落ちる。

この「中心」を鍛練するのに、春充は一種の体操「強健術」を考案したが、後に、両足を閉じて鉄棒を持ち、これをやや前方へ出しつつ体を沈み込ませて爪先で立つ（この時自然に正中心をめぐって球状緊張が生ずるようにする）「正中心鍛練、腰腹練修法、下体より」と、両足を開いて立ち、やはり両手に持った鉄棒を静かに肘を曲げて胸の高さに持ってくる「正中心鍛練、腰腹練修法、上体より」の二法を毎朝十回ずつ、時間にして一分内外という簡易なものとした。晩年はさらに「下体より」の一法とし、鉄棒を三十キロほどの鉄束に換えて行ない、回数も一日一回と驚くほど効率のいいものに磨き上げていった。

肥田式強健術の特色は、イメージ法や自己暗示などの観念的要素を極力排して、あくまでも身体の動きによって練丹（肥田式でいうところの正中心鍛練）を行なえるようにしたことである。これは春充の明晰さを好む「科学志向」のためであろう。

この練丹法（肥田式でいうところの正中心鍛練）によって、春充は「事実は小説よりも奇なり」を文字どおり地でゆくような、とびぬけた健康と凄まじい能力を開花させた。（関心のある方は拙著『表の体育・裏の体育』を御覧いただきたい。）

4　徳本行者のこと

白井にとって、この練丹の法に開眼したことは、二つの大きな意味があったようだ。その一つはもちろん「練丹の法」によって得られた得力であるが、もう一つは自分自身の自覚による、自発的な自己啓発の大切さである。すなわち、うわべは熱心にみえても、単に師の言いつけを鵜呑みにして義務的に反復稽古をしているだけでは、開けてこないということである。特に心法を重視し、具体的な太刀捌きや、体捌きが簡素化している場合、このことはいっそう重要であろう。

寺田に畏敬を抱きつつも、寺田が推奨した灌水の法をやめ、もっぱら練丹専一に修業を始めてから、白井は、寺田に身も心も捧げる弟子というより（もとより真面目な白井のことであるから、弟子としての礼は十分に尽していたであろうが）、観察者的立場に立ってさめた眼で寺田の剣を観ることが出来るようになったと思われる。白井の門人吉田は、この間の事情を『天真伝白井流兵法遺方』のなかで次のように書いている。

白井先生とても、天真の修し方を寺田先生より教へを受給ふに非ず、先生は寺田先生の天真の様子を見て、御自得《じとく》也、故に寺田の道場へ稽古には、依田や中西へ参られし様には御出なし、二十九歳より三十三歳迄の中《うち》、折折の出席也、

このような師弟関係は、白井にとっては非常に幸いしたと思われる。このことは具体的な例がいくつもあるが、武術界の師弟関係を眺めてみると、ただただ師に憧れ、師に尽す、という師弟関係よりも、師匠を冷静に観察していた弟子の方が伸びた例が圧倒的に多い。師に対して尊敬を持つことは基本的に重要なことで論を俟たないが、単なる憧憬では本質的上達は望めないものである。また、つけ加えるならば、ある個人の体験から出た稽古法、鍛練法というものは、たしかに、その本人が体験しているだけに貴重なものであるが、どうしてもその人間の体質や性格、環境等の個人的な事情を背景としているため普遍性に乏しく、誰にでも合うといえないことが多い。これは現代でも多くみられるさまざまな健康法や鍛練法についてもいえることであり注意を要する。

ともかく、寺田に就いてから五年たって、いささか自分自身の修業法に自信の出た白井は、それ以後、寺田が参考にしていた無住心剣術の伝書類や法心流金子夢幻が著わした『梅華集』、さらに寺田が学んだ平常無敵流の伝書などを繰り返し読み込んでいったようである。また、その時期がいつ頃かは定かではないが、白井は、その後の白井の剣術、すなわち天真白井流の成立に大きな影響を受けた人物と出会うのである。

どういう理由によるものか、白井はその人物「徳本上人《とくほん》」について自著（『兵法未知志留辺』等）にはなにも書き残していないが、身近な門弟達には、折に触れて話していたらしく、さきほどからしばしば引用している吉田の『天真伝白井流兵法遺方』や、白井が寺田から受け継いだ天真一刀流を継がせた津田明馨《めいけい》が書いた『一刀流兵法韜袍起源』には、この徳本が、白井の剣術開悟に重要なキッカケを与えた人物として次のように紹介されている。

まずはじめに、吉田の『天真伝白井流兵法遺方』を引用してみよう。なお引用にさいし、白井の剣術自覚への道筋をより明らかにするため、徳本上人との逸話をはさんで、多少、前後をつけ加えた。

偖《さて》又、先生は元より白隠和尚の練丹の功ある事に御心付也、又遺書とも観念あり、又老荘の観得あり、又小田切一雲の遺書、山内蓮心八流斎の遺書、金子夢幻の遺書とも校考して観念あり、又いつの頃にや、徳本上人の念仏に参詣して、徳本上人の象なき所、又念仏の真空に渡りし所、又鉦鼓《しやうこ》の撞木《しゆもく》の空に渡りて、向ふより上り又向より下りて形なき所、其様子の空に実する所に心付て見れば、外の僧を見るに皆撞木は手にてたゝき、体と撞木は別々にて透間《すきま》沢山あり、徳本は毛筋程も透間なし、故に毛一筋も入れられず、是又先生の観念の一つなり、彼是観得あつて段々と天真の筋道分りしとなり、又文化十二乙亥年、寺田先生七十一歳、先生は三十三歳也、両人連三月二十一日立にて讃州象頭山及芸州厳島《いつくしま》へ御参詣也、道々色々の穿鑿《せんさく》の咄どもあり、

次に津田の『一刀流兵法韜袍起源』より引用するが、これには後に述べるような理由で事実関係に若干の錯誤があるようである。

其初、浪華に祗役《しえき》する日、白井子後来の修法を問ふ。翁曰、徳本《とくほん》行者に参じ、仏名を唱ふべし。此外余法なしと。子、其教を奉じ、日に道場に赴く。一日、行者撃鉦撞木《げきしやうしゆもく》の躰を見るに、手動かずして天機一躰、自然活動の妙あり。子、釈然《しやくぜん》心に自得し、舎に返り木剣を把《と》り、行者撞木の意を以て試みしに、意外不可思議の機を得たり。

これによれば、白井に徳本を紹介したのは、寺田（引用文中の「翁」）ということになっているが、寺田が白井に徳本の許へ行くように教示する「浪華に祗役する日」、すなわち寺田が、主君松平右京大夫が大坂城代として赴任するに伴い、その松平夫人の護衛役とし

て大坂へ旅立つ日は、文化十二年（一八一五）八月十五日であり、吉田の『天真伝白井流兵法遺方』によれば、この時は次のように、徳本の許へ行くよう教示したのではなく、寺田は白井と立合って、白井の技を認め、天真一刀流の皆伝を許しているのである。

文化十二亥年八月十五日立にて、松平右京大夫殿大坂御城代に江戸御立也、寺田先生も御供也、依て立つ前に先生寺田先生方へ参りて勢法を比べ、先生の真空に和して支体を忘れられし故に、先生の様子格別也、寺田先生の曰く、子が技《わざ》已《すで》に道を成せり、我れ浪花に死すとも、其道統を絶する事なしとて歓ばれし也、茲《ここ》に於て皆伝也、

この間の事情については、白井も自著『兵法未知志留辺』で次のように、吉田と同じことを書き残しているので、まず間違いはないであろう。

其の君侯松平右京大夫輝延主 浪花大城総督府の任を蒙り台命の忝きを拝して既に駕を発せんとす。師も亦女君旅中衛護の職を受けて其旅粧を募る。余日に到りて示教を乞ふ、一日師と勢法を比す。予真空に参して支体を忘る。師謂て曰子が技已に道を成せり、予浪花に死すとも其道統を絶する事無しと。此に於て師の許可を受くる事を得たり、是文化十二乙亥年八月十五日の事なり。師日あらずして東都を発し浪花に到る。

また、さきに引用した吉田の『天真伝白井流兵法遺方』のなかで、寺田が大坂へ赴く五ケ月前の文化十二年三月、寺田と白井は二人連れ立って象頭山や厳島参詣の旅に出かけているが、どうやらこの時、すでに白井は、徳本の許で、会得するものがあった後のようである。

この二人の旅がどれほどの日数であったのかはわからないが、四国まで足を伸ばしたとなると、かなりの長旅であったと思われる。

『兵法未知志留辺』によれば、「師七十一歳旅中更に輿する事なし」とあるから寺田は駕籠に乗ることもほとんどなく、ずっと白井と連れ立って歩いたようで、その壮健さがしのばれる。この旅は寺田にとっては、白井を後継者とするかどうかを決めるための重要な旅であったのだろう。浪人の白井とは異なり主持ちで現役の寺田が、四国、中国地方への長旅をするというのは、よほどのことであったと思われる。「道々色々の穿鑿の咄どもあり」と吉田が書いているように、まさにマン・ツー・マンで、寺田は白井の人物と進境を確かめたようである。白井にしても「練丹ノ法」や徳本との会見ですでに得るところがあったと思われるだけに、恩師寺田との道中での問答は、おそらく楽しいものがあったと思われる。

二人は中国筋で分かれたようで、主持ちの寺田は直に江戸へ戻り、白井は五年前「母重病」の知らせを受けてにわかに出立した岡山藩へ立寄る。岡山の門弟は、白井の留守をよく守り稽古に精を出し、またその謝礼等も無駄なく蓄え殖やして、二百五十両にもしていた。白井は、ここに二ケ月足を留めて稽古をつけ、この二百五十両を持って江戸へ帰り、これで下谷仲御徒町に住居と道場を建て、一刀流を教えはじめる。

ところで、白井の剣術に大きな影響を与えた徳本上人とは、どのような人物であったのであろうか。その略歴を『徳本行者全集』から引用してみよう。

徳本（一七五八—一八一八）武蔵一行院の第一代である。徳本は俗姓田伏氏、畠山重忠の後孫であって、紀伊日高郡志賀谷久志村の人である、宝暦八年（一七五八）六月二十二日に生れ、四歳のとき、隣家の児の死んだのを見て、忽ち無常を観じ、師受なく念仏を唱へた。九歳で出家を請うたが許されず、天明二年（一七八二）往生寺で戒を受く、時に二十五歳であった。同四年の春再び出家を母に懇請し、六月往生寺の大円に従って剃度した。翌年大滝川の月正寺に仮寓し、三十日を期して日に一食昼夜念仏怠ることなし。のち往生寺を出て、四方に流寓した。千手川の村民等は帰依して庵を営んで上人を迎えた。そこで、苦修七年を経、寛政三年（一七九一）十月萩原の草廬に移り、五年萩原を去り、また塩津谷山に寓し、明年夏四月知恩院、西山、比叡山等の祖蹟を拝し、九月熊野に詣で、到る処に化を布き、十月塩津に帰った。上人は幼い時から文字を習わず、剃度の後『阿弥陀経』の句読を習っただけである。然るに自ら絵詞伝、語燈録等を読み、宗要を了解し、大乗の教理に到達した。七年七月古城山の絶頂に閑居し、専ら念仏を事とした。寛政十年（一七九八）夏五月自誓して梵網五十八戒を受く。のち法隆寺叡弁律師から印可を受ける。八月摂津呉田吉田氏の請に応じて住吉の草庵に住し、十二年（一八〇〇）九月紀伊の太守の招きにより郷に帰って有田山に庵居し、享和元年（一八〇一）十月摂津勝尾寺大衆の延請により、松林庵に寓居した、文化十四年（一八一七）増上寺典海大僧正の懇請に依り、東国を化導した。典海大に悦び、武蔵に一行院を開いて住わせた。文政元年（一八一八）夏病にかゝり、八月十日宗門の秘藉を弟子本仏にあたえ、諸弟子を戒め、十月六日正念に寂した。世寿六十一歳。

《『東京探墓案内』によれば、徳本が寂したのは同年の九月二十七日。諡は清浄菩薩現身如来。》この略歴では、あまり詳しく触れられていないが、徳本は、一所不住の捨世派の浄土宗の僧で、念仏三昧の修行に日を送ったようであるが、法力異能があり、「法然の廃立為正の庭訓を守って一向専修の但念仏を核としながらも、名号功徳論をたくみに説き合せて、二世安楽の道を説いた」といい、雨乞い、畑の虫退治などにも験をみせたようで、上は紀州公から、下は市井の民衆にまで、きわめて多くの人びとから崇拝されたようである。

さきほども触れたが、それほどの人物に指導を受けた経歴を誠実な性格の白井がなぜ自著のなかで記さなかったのか、その理由は明らかではないが（身近な弟子には話したのであろう。そうでなければ津田明馨や吉田奥丞がそのことを書くはずがない）、徳本上人がその異能から当時一種のいかがわしい人物（現代でいえば特殊能力のある新宗教の教祖のようなものであろうか）と見られていた空気があったためかもしれない。（特に禅などからそういう目で見られていたことは考えられる。）

ただ、白井は、その自得した剣術の説明に、寺田のような禅臭の強い表現を用いず、漁師の鯛網や、蒸し物をする甑《こしき》、また早駕籠の棒先など身近で親しみやすいたとえを使っているが、こうした説明方法などは、あるいは市井の民衆の耳にもよくなじむように説いた徳本の説法の影響があったのかもしれない。

なお徳本側の資料にも白井のことが出ているので、参考までに引用してみよう。

また文化のはじめ白井亨という剣客が勝尾寺で説法中の徳本上人を訪ね、その「何となく巍然として処すべからざるの気象」を見て、翌日謁見を乞うて、

我は剣客なり。高僧に逢たらん時、剣法の示を請よと、吾師のいわれしによりて、遥々訪奉れり。願くはしらせ給う事もましまさば、おしえたまわん事を。

と申すと、徳本上人は微笑て、

我は念仏の行者也。豈武事にあずからんや。唯しる処は念仏して極楽に往生するのみなり、汝も後世のために念仏をせよやとの給いつゝ、鉦打敲て念仏し給うを、つらくゝ見奉る時、豁然として剣法の妙処を悟れりとぞ。後に人にかたりて、われ曾て行者の念仏し給うさまを見るに、分毫のすきまなく、一握の樟木をもって千万の敵にも称すべく覚たりきとぞいわれける。

とあるが、徳本上人の念仏される姿には一寸の隙もなく千万の敵にも対しうるものがあったようである。これは余程の念仏者でないと到達できぬ境地である。

（『徳本行者全集』）

この記述では、白井が徳本を訪れたのは、「文化のはじめ」とあるが、この年代には疑問がある。なぜならば、白井は来訪の理由を「高僧に逢たらん時、剣法の示を請よと、吾師のいわれしによりて、遥々訪奉れり」と述べているから、寺田の教示によることは明らかで、そうするとこの白井の来訪は白井が寺田を師と仰ぐ文化八年以後でなければならないからである。

ただ、この記述からいって、白井が寺田の教示によって摂州の勝尾寺まではるばる徳本を訪ねたのは、寺田に師事してから、そう何年も経っていなかったことは考えられる。

とすると、白井が徳本と会ったのは、白隠の「練丹の法」によって、いささかの自覚、自得が出る以前の可能性が強くなる。というより、まず間違いなく「練丹の法」による自覚以前に、徳本に会っていたのではないだろうか。

そう考えられる根拠は、白井が「練丹の法」を始めるのが文化十二年の正月で、同年の三月には、これにより病も癒え、いささかの自覚、自得を得て、寺田と連れ立って象頭山や厳島参詣の旅に立っているからである。したがって、白井が練丹の法で、自覚自得してから、徳本に会いに摂州（大阪）まで行き、すぐに帰って、寺田と再び四国中国地方への旅などに出られるはずがない。また、徳本の伝記によれば、当時は徳本もすでにこの勝尾寺を去っていた可能性が強い。

いずれにしても『一刀流兵法韜袍起源』にある津田の記述は、全体にかなり錯誤が目立つといわなければならない。

では、なぜ津田の書いたこの『一刀流兵法韜袍起源』には、事実関係に誤りが多いのであろうか。もちろん、その明確な理由はわからないが、白井についての諸資料を数多く書き遺している吉田奥丞が白井の晩年の愛弟子で、白井から非常に信頼されていたらしいことにくらべ、津田は元々寺田の弟子であり、寺田の死後白井に師事したいわば義理の弟子で、津田自身も、白井に対するより、寺田に対する思い入れの方が強く、このため白井との間に多少感情的な壁があったのではないかと思われる。

筆者は、こうした微妙な問題も含みながら、津田が、寺田から白井へと受け継がれた天真一刀流の道統を継承し、三代目になったのではないかと考えている。

なぜかというと、白井は、寺田から天真一刀流を受け継いで二代目となったが、すでに無住心剣術と、夕雲、一雲（特に一雲）への思いが募っていた白井にとっては、この天真一刀流を継ぐことは、いささか有難迷惑だったように思われるからである。当時すでに白井は「練丹の法」によって、無住心剣術により近い、天真白井流を創り上げたいと考えはじめていたと思われる。しかし、義理が重んじられていた当時、師の寺田が、白井を見込んで継がせた天真一刀流の道統を投げ出すわけにもゆかず、白井はなんとか、この道統を誰か適当な人物に譲って、自分は自分の信じる道を行きたいと思っていたに違いない。そう考えて、その人物を物色している時、寺田と同じ高崎藩士であり、白井に師事はしているが、白井よりも先師の寺田への思い入れの方が一段と強かったと思われる津田が浮かび上がってきたのであろう。

もちろん、あまりいい加減な人間に道統を譲っては、師の寺田も、白井自身も笑いものになってしまうから、津田は、それなりに使える人物であったのだろう。

このような、自分自身の心境の変化により、師から受け継いだ流儀とは別に自分自身の流儀を開く時、師伝の流儀を誰か適当な人物（多くは自分の門人）に継がせるという方法は、他にもしばしばみられる。余談ながら一例を挙げてみよう。

たとえば、筑前秋月藩士の安部五郎太夫頼任は、タイ捨流（大捨流）を東権右衛門正直および相良喜平次頼章に学んだが、慶安二年（一六四九）自ら円頓流を開き、寛文二年（一六六二）これを円流と改称した。この時代の安部の流儀を、安部立《りゆう》とも呼ぶ。さらに寛文七年この円流をも廃め、以後、単に剣道とのみ称したがこの時四十四歳であったという。安部の流儀は、大捨流を門人の飯田一右衛門重統が継ぎ、安部立は喜田村惣三郎が継ぎ、最後の剣道は村上忠兵衛正一が継いだという。

《『上毛剣客史』によれば、津田明馨は弘化三年（一八四六）に高崎藩の剣術師範に就任。軍学にも通じ、『慶元軍要録』という著作もあったが、文久三年（一八六三）没した。養子

の明常が跡を継いで藩の師範になったが、翌元治元年（一八六四）に病没したため、高崎藩の天真一刀流の道統は途絶えた。》

津田に天真一刀流の三代目を継がせた時、白井はおそらく、心ひそかに、手枷、足枷が外れた自由さを味わっていたと思われる。

もとより、寺田と白井の師弟関係は決して悪くなく、互いに信頼し合ってはいたであろうが、ピッタリ息の合った師弟とはいいきれないぎごちなさが、ずっと漂っていたと思われる。もちろん、これは誰が悪い、ということではなく、相性の問題であったのだろう。もっとも、白井に本心を語らせれば、寺田に対する具体的不信不満を述べたことであろう。

それは、寺田が無住心剣術などのいわゆる術技を捨てた心法の剣術を研究していながらそこへ深く入って行こうとせず、あくまでも一刀流にこだわり、その形をほとんど変えようとしなかったことについての不満であったと思われる。

5　寺田における心法の剣術

寺田の開いた天真一刀流が、その型自体は一刀流の本流とほとんど変わらず、一刀流の特徴を残したさまざまな太刀構えや、太刀の操法を伝えていたと思われることは、技術家の千葉周作が、この寺田に就いて学んでいることからも明らかである。

おそらく白井は、そうした師の寺田の行き方に対して、内心「寺田先生は、無住心剣術等を、よく研究されているのに、どうして、さまざまな形に泥《なず》んだ一刀流の型を、よしとされているのだろう。無住心剣術からみればこれでは邪道ではないか」と、不満に思っていたことであろう。

白井は板行して公けにした、その著『兵法未知志留辺』には晩年の師を称えて、

師浪花に止る事八年にして文政四辛巳年九月東都に還る。其居に到りて其技を比するに、益進み愈妙にして余が及ぶ可き所に非ず。此時師年七十七歳古今稀有の老翁と云ふ可し。

と書いているが、おそらくは内心「自分は先生とは違った道を行こう」と思っていたことであろう。

ではなぜ寺田は無住心剣術を深く研究しながらも、そちらへは傾かなかったのであろうか。

考えられる最も大きな理由は、寺田が高崎藩松平右京大夫の命令で一刀流を学びにきていたことである。主君の命令であれば、主持ちの武士として、これに逆らうことは出来ない。しかし、筆者が思うには、このこともたしかに理由の一つではあったかもしれないが、さらに大きな理由は、寺田が無住心剣術の伝書を読み込んでみて、そのなかにある、あまりに武家社会の通念常識に反した危険な匂いを嗅ぎとったためではないかと思う。

そしてもう一つの、寺田が無住心剣術へと全面的に傾かなかった大きな理由は、無住心剣術がその特色として無意、無必、無固、無我な何心ない意識を捨てた状態で相手に応じるため、尋常な剣術の試合ではない、不意に襲われるなどのさまざまな意識的、無意識的な状況判断も必要となるような複雑な戦闘場面では役に立たないと考えたからではないだろうか。

つまり、無住心剣術では主君の護衛など、武士として重要な務めの場において、次のような時は、他流の剣術より役に立たないことが起きてくるからである。

それは、複数の刺客が主君と主君を護衛している無住心剣術の剣客を襲ってきた場合で、この時、刺客の全員がまず護衛をしているこの剣客に向かって来るのならば、それなりに護衛の任は果たせようが、刺客が二手に分かれ、一方がこの無住心剣術の剣客に、もう一方が、この剣客の主君に向かった場合、この剣客は、主君を斬ろうとしている刺客へ追いすがって、これを倒す、ということは出来ないからである。

なぜならば、無住心剣術は、いままで種々述べてきたように、意識を捨て、ただ太刀を引き上げて落す、という簡素な太刀の操法のみを用い、それ以外の種々な太刀捌きを捨てたことによって成り立っている剣術だからである。

もし、この剣客がその場の地形や状況など種々意識的に判断して、主君に向かって行く刺客に後から追いすがり、たとえば下から抄い上げるようにして斬ったり、樹木を楯として戦う、などという複雑な戦闘方法をとったとすれば、それは一雲が『夕雲流剣術書』で、然ルニ敵ヲ一目見テ、目付ト云事ヲ定メ、其間ノ遠近ニ慮ヲ加ヘ、活地、死地ノ了簡ヲ生ジ、或ハ太刀ノ長短ノ寸尺ニ泥《ナヅ》ミ、其上ニ与ヘ、奪ヒ、ウカガヒ《(窺)》、刧《オビヤカ》シ、動カシ、擒《カラ》メ、縦《ユ》ルメ、遅速品々ノ習ヒ心ドモヲ発シテ、上手メカシク働ク。

と論難をしている他流の剣術感覚と同じことになってしまい、これでは「無住心剣術」とはいえなくなってしまう。

つまり、無住心剣術とは、徹底した「専守防衛」の「われに立向う者を斬り殺す」剣術であるため、「意識の沙汰」を用いねばならない状況下では使えないものなのである。もちろん場合によっては、この種の剣術がボディーガードとして非常に役立つ場合もある。すでに述べたように、この無住心剣術の特色を受け継いで成立した雲弘流は、主君の身辺を守る剣術として肥後では非常に重視されていたという。が、これは、この雲弘流の剣客が死を恐れず主君の楯となってたじろがない、という特色を買われたためで、前述したような刺客が二手に分かれて襲ってきた場合には、役に立たなかったであろう。

このような尋常な剣術試合などの立合いではない、特殊な状況下の戦闘に無住心剣術が不向きなことは、無住心剣術の側でも気がついていたようで、こうした特殊な状況での対応について一雲は『天真独露』のなかで次のように述べている。

衢切《つぢぎり》・闇討《やみうら》の類、必ず刀を以て戦んと欲すべからず。近ければ則ち組討ち、遠ければ則ち蹴倒すべし。太刀を忘るゝこと専要の秘術なり。

これは、辻斬や闇討という、相互の認識交流が不十分な上、相手が夢中でヤミクモに打ちかかってくるような場合は、相手が十分こちらを認識して打ってこないため（すなわち「能くあて」てこないため）、「能くあたるものは能く外れ」という無住心剣術特有の剣理が使えないからであり、したがってこのような場合は剣を用いるな、と説いたのであろう。

さらに、無住心剣術では、さまざまに太刀使いを揮ってわが身を防ぎ、また相手を斬り立てる、という太刀の使い方は「畜生の所作である」として捨てているため、こういった混乱した状況下では役に立たなかったと思われる。そのため、高邁な剣理を説いている無住心剣術とはとても思えないような、「近ければ則ち組討ち、遠ければ則ち蹴倒すべし。太刀を忘るゝこと専要の秘術なり」と述べているのであろう。

寸尺に泥まず、一切の意識判断を捨てることを強調している無住心剣術に、このようなナマナマしい護身のための原始的格闘術が説かれているのは、武士の武術はさまざまな状況下において、それなりに対応できなければならないということが、不可欠な要素の一つであったためであろう。

しかし、このような武士にとっての非常時に、武士の表芸である剣術が役に立たないということは、大方の武士達にとって少なからぬ抵抗があったのではないかと思う。

寺田五右衛門が無住心剣術を尊重しつつも、決して一刀流の型を捨ててまでそちらへのめり込まなかったのは、このような無住心剣術が抱えている問題点に気がついたことが大きな理由の一つであったように思われる。

寺田が、この無住心剣術が抱えている武家の武術（戦闘術）としての大きな問題点に気づいたらしいことは、白井が『兵法未知志留辺』のなかで書いている次のような寺田の教示から察することが出来る。

師常に示教するに練丹天真を以てし、又兵は詭道なり、賊起る時は聖者も已む事を得ずして是を行ふ技も亦然りとて敵に示すに虚を以てし、敵を誘《みちび》くに利を以てす。

おそらく白井は、はじめのうちはこの寺田の教えをそのまま受け入れていたのであろう。『兵法未知志留辺』では、この寺田の言葉にすぐつづけて、次のように述べている。

余此れに膠固して其技を行はんと欲し、敵に対し其争競の気熾《さか》んなるを見て忽ち真空を失ひ、心に雑撃暴戻を嫌ひ技は雑撃暴戻に至らんとす。

しかし、このなかで白井自身が嘆いているように、寺田の教えのとおりに練丹は天真で行ない、実際の剣技では虚実の掛け引きを使うと、どうしても闘争心が湧き出て乱れてしまい、白井は悩みを深くしていったようである。そして、この悩みを抱きつつ、無住心剣術の伝書を繰り返し読むうち、白井はしだいに寺田の教示には疑問を持つようになったと思われる。

本書でも種々無住心剣術の伝書を引用してこの剣術の内容を検討してきたが、それらの引用によっても明らかなように、無住心剣術は、いかなる場合でも、剣術の立合いの場においては、相手と虚実の掛け引きや「だまし」を行なうことはなく、もし、そうした術策を使えば、それは天理の自然に背く「畜生兵法」に堕ちてしまう。

このことに気がつきはじめた当初、白井はおそらく、その性格からいって苦しい思いをしたと思うが、一方どこかで「寺田先生の限界はみえた。自分は、この先生の道をとらず独自の境地を開拓し、それをもって無住心剣術を再興しよう」と、ひそかに決心したようにも思われる。おそらく、この時白井は、寺田とは決定的に違う道を歩みはじめたと思われる。あくまでも武家の武術としての枠を守りつづける寺田に対し、白井は、「幻の無住心剣術」を一人で追い求めはじめたのであろう。

6 天真白井流への軌跡

さて、寺田が大坂に去ってから白井は、ますます独自の工夫を凝らしてゆき、自分なりに種々発見もあったようである。その様子を白井は『兵法未知志留辺』のなかで「練丹自強し、参じ参じて終に聊か真空の実する事を得」と書いている。

おそらくこの頃から白井は、後に詳しく述べるが「練丹して腹を修し、真空を養ふては空気に渉り、練丹空気を以て太刀先の赫機を出し其の赫機《のび》を以て遣ふ」という白井独特の剣術理合を体系化しはじめていたのであろう。

『天真伝白井流兵法遺方』によれば、

偖《さて》又先生は猶も御修行あつて、文政戊寅年三十六歳にて明道論・神明(妙)録・天真録を御記也、

とあるから、この頃天真白井流の骨組は出来上がっていたとみるべきであろう。また、この頃か、その前後か、時期ははっきりしないが、白井は本郷御弓町富士見坂の松平美作守より三人扶持を受けて、出稽古に出向いていたようである。

どうやら白井の剣名は、この頃かなり上がっていたらしく、岡山藩から再度召し抱えの話があったようだが、『天真伝白井流兵法遺方』によれば「能々聞合の所、定府に抱へて国へ引越の様子故、又々辞退也」とある。したがって、白井亨は、多くの武道参考書では岡山藩士と記されているが、正式に藩士となったことは一度もなかったようである。

文政四年(一八二一)、八年間の大坂での勤めを終えた寺田が江戸へ帰ってくる。この時、久しぶりに白井は七十七歳になった師の寺田と立合ったようである。その時の様子を白井は、さきほどすでに引用したように「益々進み、いよいよ妙にして、余が及ぶべきと

ころに非ず」と『兵法未知志留辺』で書いているが、これが白井の本心であったかどうかは、はなはだ疑わしい。吉田も『天真伝白井流兵法遺方』のなかで一切このことに触れていないところからみて、この白井の感想は旧師に対する儀礼的なものであったと思われる。

この時白井は、前述の三冊の著作、『明道論』『神妙録』および『天真録』をもって弟子を教えることを師に願い出、寺田もこれに了承を与える。この三冊のなかに、一雲が書いた『天真独露』をそのまま載せた『天真録』が含まれていたことからみて、寺田自身、白井が自分とは同じ道を行かないことを暗に悟ったと思われる。

この会見から四年後の文政八年（一八二五）八月一日、寺田五右衛門宗有は八十一歳の長寿をまっとうして没する。駒込の光源寺に葬る。《光源寺の過去帳によれば、宗有の戒名は究竟院天翁宗有居士である。》その死の直前まで、「灌水専修怠る事なし」というから、よほど健康にも恵まれていたのであろう。

寺田の後継者は、『天真伝白井流兵法遺方』によれば白井の他に「参州吉田の城主松平伊豆守殿」と出ているが、白井は自著『兵法未知志留辺』では、この名を出さず、寺田の孫で寺田の養子となった喜三太のことを記し、師とこの養子の喜三太（寺田の死の翌年没した）を称えて、恩師に礼を尽している。ただ、その末尾に、すでに白井の剣術が寺田のものと異なってきていることに不満を鳴らしていたらしい高崎藩の者を批判し、自分の行き方に対して妥協せぬ決心をのぞかせている。

師慈孫を養ひて子とす、喜三太と云ふ其技精敏、余が及ぶ可きに非ずと雖師没して後期年にして又死す文政九丙戌年九月二十九日嗚呼命なるかな、其道統已に絶えなんとす、幸にして余師が道の一毫を存す。今師が弟子高崎侯の藩数人余が技を以て師の道に違ふと云ふ斯の如く謂ふに至り師が道統を其藩に絶す者ありと、此れ其道を知らざる也。天道一なりと雖、其気稟に因て僅かに、其畔を異にす、

こうしたこともあって、白井は津田明馨に天真一刀流を継がせたのであろう。

《津田明馨の弟子には松本藩士の能勢頼誼もいて、のちに能勢は天真伝二刀流を開いた。ちなみにこの流派は、別名天真伝無敵流ともいい、明治十七年頃に文部省が学校に剣術を採用するかどうかの調査を行った際の四流派のうちの一つだった。(他は直心影流・北辰一刀流・田宮流居合)(『東筑摩郡・松本市・塩尻市誌　第二巻　下』『史料　明治武道史』)》

そして、これ以後白井は誰に遠慮することもなくひたすら自分の信じる道を追求していったようである。

白井はまず流名を「一刀流別伝天真伝兵法」と名づける。その理由について吉田は『天真伝白井流兵法遺方』のなかで次のように述べている。

文政八乙酉年八月朔日、寺田先生八十一歳にて死す、此時先生は四十三歳也、是より先

生は、寺田先生の天真翁の伝を受伝へるとて、流名を一刀流別伝天真伝兵法と号くる也、且つ一刀流別伝とは、一刀流に伝る伝書、十二ヶ条目録・仮字《かなじ》目録・本目録等是を用ひざる故也、併し、白井先生方《かた》の誓紙の始めには一刀流兵法とあり、是は流名改ざる已前よりの書にて是を改めず、其儘也、当伝書《巻》残らず白井先生の御制作にて御認め故に、御伝書は先生御一名也、寺田先生は先師と計あり、

このなかで吉田が寺田を尊敬しつつも、どこか疎んじている風があるところが興味深い。すでに述べたように吉田は、白井の晩年の弟子で、白井に対する思い入れはきわめて深かったようであるが、それだけに寺田に対しては距離を置いていたようである。

この吉田奥丞が白井の許に入門するのが天保二年（一八三一）であるが、それからも段々と白井の剣術は変化し、伝書や技の名称なども変わっていったようである。その様子を吉田は、次のように詳しく書いている。

偖又、先生四十九歳の時、天保二辛卯年十二月十四日愚吉田奥之丞入門する也、夫よりも伝書の文も少々づゝ折々替る、又遣ひ方も折々替る也、天保四癸巳年、先生五十一歳にて兵法未知志留辺を記し給ふ、

序文は此方様也、御代筆は並河庄之助真信とて一橋公の御家人なり、二の序の代筆は小栗庄治郎とて御旗本二千五百石小栗又一殿の弟也、又跋を書し人は是れも御旗本五千石

本郷御弓町冨士見坂の松平周蔵殿也、上袋を書きしは是も御旗本にて二千四百石御船手頭向井将監殿嫡子源治郎也、又此の未知志留辺出来る時に、明道論の伝書改る、其後は改らず、又真剣払捨刀之巻も此砌《みぎり》に改る、其後は改らず、愚が伝受の巻物両巻とも先の分故違ふ也、又遣ひ方は度々替りて違ふ也、愚弟子入して先の中《うち》は、切りは打太刀皮の手袋を掛て、夫にて受る、切強く打つ故、ポンポンと云ふ、其内に和く打つ事を宜しとなる、戊年の辺りより、切は颪《おろ》しになりて手袋も止む、年々に段々と宜敷くなりて、益々空機の徳、赫機の徳開けて、虚体の処自然の技《わざ》、妙々の場出来て、言語に尽し難し、段々御大名の御弟子も出来て、自然と先生の御高徳も弘まるなり、茲に高崎の右京亮殿御屋敷へ御出なきは、先年彼の御屋敷へ御出にて稽古の御取立あり、然るに高崎の家中共先生へ甚だ失礼の事共あり、右に付き先生小言《こごと》を仰せられて御断に相成る、是れ寺田先生の跡、彼の屋敷に伝はらざる所以なり、寺田先生の所持の伝巻、色々の書物共、皆白井先生の御預りなり、又天保十二庚丑年のあたり、嫡子大治郎へ公儀御徒方の株を求て、大野大治郎と名乗らせ、大野の家跡を建給ふ也、又天保十三壬寅年十一月七日、此方様御弟子入被ㇾ遊し故、白井先生の方益々繁昌なり、翌年卯春になり、一刀流別伝と云ふ事を抜き、又天真伝の伝の字も抜ける也、是れ先生、此方様の御前にての穿鑿也、又象四十二本の遣ひ方御穿鑿ありて、委敷《くはし》く書て、此方様にて板木《はんぎ》仰付られし也、偖又、未知志留辺拾遺も板に成る計に成る、又、神明（妙）録の註解、兵法至途宇乃千利《しどうのちり》も段々出来て、板に成る計り也、此方様御世話被ㇾ下べく御沙汰もあり、この吉田の解説のなかで興味深いところはいくつかあるが、まず稽古法に関しては、皮の手袋（籠手の一種であろう）を使った時期があったこと（種々工夫の末、やがて廃めているが）が注目される。弟子思いの白井は、なんとか自分が得た境地を志のある者に伝えたいと、日夜研究していたのであろう。

また、恩師寺田のいた高崎藩とは、その後ますます反りが合わなくなっていったようである。これは、白井が独自の工夫を強めていった結果、形は、伝統的な一刀流であった寺田の剣と著しく異なってきたためであろう。それから、現在のところ筆者にもまったく解明できないのが白井を後援した「此方様」という人物の正体である。この『天真伝白井流兵法遺方』のなかで吉田が記している様子からみて、この人物はただならぬ身分の者であったことは確かであろう。

これはあくまでも推定であるが、吉田が、他の天真白井流の門弟となった大名達とは、まったく違った扱いでこの「此方様」について書いているところから、この人物は、徳川家に直接連なる人物か、そうでなければ皇族であろう。

《この「此方様」が誰かについても、宇田川敦氏の調査によって判明した。それによれば「富山県立図書館が所蔵する『武技略伝』は富山藩の武術について記した史料だが、其の中の白井流の項に「天保四癸巳年、亨著書シテ兵法未知志留辺ヲ作ル、以テ利保公へ其序文ヲ願フ」とあり、また、『天真伝白井流兵法遺方』に記載されている「此方様」と吉田の主君「殿様」が白井流の稽古を始めた日などが同じであることから、「此方様」は富山藩十代藩主の前田利保であることがわかる、とのことであった。》

このように、功成り名遂げた白井は、天保十四年夏、和泉橋通りの御徒町山下寄に家も道場も新築して九月に引越し、ますますその名を高めていったようだが、同年、すなわち天保十四年（一八四三）十一月十四日六十一歳で急死する。

この間の前後の事情を吉田は次のように記して、この『天真伝白井流兵法遺方』のなかの白井の伝記を述べた部分を結んでいる。

同夏に成りて、当時大野大治郎拝領地面、和泉橋通りの御徒町山下寄にて、是に家作をなされ、又道場も御拵也、家作も道場も立派に出来て、九月御引移り稽古始めも出来て、満れば欠るの理にて、先生技《わざ》其象何共申されず妙々也、余りに満過て、天保十四癸卯年十一月十四日夕七ツ時、天なるかな、先生頓死成れる也、行年六十一歳、

法名　顕名院栄誉徳昌秋水居士

江戸浅草新堀端松平西福寺寺中源宗院に葬る、浄土宗。白井・大野は寺は同寺也、紋所は白井は井げたなり、大野は離梅輪知《はなれうめわち》也、二男は白井民部と云、まだの女子一人あり、家内は松平右京亮殿の家来横山庄作伯母也、

残念は兵法未知志留辺拾遺、兵法至途宇乃千利なり、家作に掛居られて隙《ひま》なく、出来ずして死去也、
又跡は弟子中寄合稽古なり。

《宇田川氏の調査によれば、現在、白井の墓は蔵前の法林寺にあるが、住職夫人によると、今は墓石のみで遺骨は無いそうである。また、当時の過去帳は度重なる罹災で今は無いとのこと、「源宗院」ではなく「源崇院」が正しいこと、白井・大野両家の墓は谷中霊園にあるが、白井家は絶えたこと、大野家の血族の話に、震災前の蔵前の墓地に勝海舟や門弟達が建てた白井の顕彰碑が有ったそうだが、それも今は無いらしいとのことである。》

こうして、江戸時代後期に、無住心剣術の小出切一雲を尊崇して、異彩を放った剣客、白井亨義謙は没した。一雲を尊崇しつつも、その無住心剣術の稽古法には上達のための具体的な手掛かり——稽古法——がないと嘆いて、自らは「錬丹の法」こそ、その手掛かりであると信じた白井であったが、これも、他の多くの者には、白井が嘆いた無住心剣術の稽古法と同様、具体的な手掛かりにはならなかったようである。そのこと——白井の後を十分継げるだけの実力のある後継者が育たなかったこと——は、吉田が「跡は弟子中寄合稽古なり」と記していることからうかがえる。

《この、「跡は弟子中寄合稽古なり」については、白井が寺田から印可を受けて間もない頃からの弟子である筒井六華が、安政二年（一八五五）に執筆した『撃剣難波之楳』に、その苦しい胸のうちが記されている。同書は天真一刀流の大坂の道場、天真館の「師弟諸賢の為に」書かれた物だが、天真一刀流・天真白井流の実態を探るのに恰好の資料である。まず序文に、「予若年の比《ころ》、白井亨先生の門に入、鉄面・籠手・腹巻等を具足し、竹刀を以て撃剣を修行し候が、近世の趣を以てこれを考るに、近比の竹刀は先細くして其寸長く、面もひご極て繁く、業も亦大に卑劣になれり」とあることから、白井が指導を始めた頃から、防具を着けた竹刀稽古が行われていた可能性が高い。また、本文の二十ケ条は「撃剣試合の綱領」とあるが、「彼我面を打来らば、摺上て直に打返すべし」「我右の胴を打来らば、我右の足を彼が右の脇へ踏込、彼が躰に添て後へ廻るべし」などの応対の手引きや、白井の教導法を無視したような、「我太刀の切先と彼が眼中に心を置こと、須臾も忘るべからず」とか「事は神速を宗む。彼に虚ある時は、猶予せずして速に業を施すべし」などの心得が並んでいる。この綱領が白井の教えに背くことを六華居士自身自覚していたことは、後書きに「併、是は剣道の正旨には非ず。一時の権道にして、止事を得ざるの術なり」と記していることから想像できる。

白井没後、世上の面籠手による打合稽古の流行には抗すべくもなく、道場維持のため、とにかく他流試合に負けないような手段方法をとらざるを得なかったのであろう。

山岡鉄舟が、白井の事蹟をよく知りつつも、その方法をとらなかったのは、こうした白

井の末流の哀れさを知っていたからかもしれない。》

7　天真白井流の剣術原理

白井亨は、練丹の体感と老荘思想、それに徳本の説教等も参考にしたのではないかと思われる独特の剣術理論と稽古の手引としての「たとえ」を多く使った道話を作っている。

白井の教導法は、食物を嚙み砕いて、赤ん坊に食べさせるような親切さが感じられるが、吉田奥丞が書いた『天真伝一刀流兵法』には、白井が初心者にまず教えたという「六ツノ伝」というものが出ているので、まずこれから引用紹介してみよう。

当流初身ニ教ル六ツノ伝アリ
忘レテ捨ル物三ツ覚テ修ス物三ツ
忘レテ捨ル物三ツハ敵ノ躰ト、我躰ト我持タル剣
覚テ修スル物三ツハ真空ト、我腹ト、太刀先キノ赫機《ノビ》也
敵ノ躰ニ気ヲ附テ見留ルト気夫《ソ》レ切リニテ留リテ事《ワザ》モ夫切リ也我躰ヲ覚ルト肩ヘコリ胸ヘコツテ躰堅ク成テ悪キ物顕ル故天真ヲ失フ我持タル剣ヲ覚ユルト手強クナリテ自然ノ事叶ハズ兎角我躰ト我ガ剣ヲ覚ト敵是ヲ見当ニスルナリ
（中略）
覚テ修ス物ハ真空ト腹ト太刀ノ先ノ赫機也真空ヲ養フテ空気一円ニシテ敵ヲ包ム也。腹

ヲ修シテ躰ヲ和ラゲ惣身ヲ腹ノ内へ入ルル也、太刀ノ先ノ赫気ハ敵ヨリ先へ何十丁モ見越テ遣フ長竿ヲ持タル心ニテ遣フノビニテ敵ヲ破ル也

すなわち、「(先生がおっしゃるには) 当流には初心の人びとに教える大切な六つの要旨がある。それは忘れて捨てるものが三つと、覚えて学び修業するもの三つである。

まず、忘れて捨てるもの三つとは、敵の体(姿)と、自分の体と、自分が持っている剣で、この三つを意識しないようにすることである。

覚えて修するもの三つとは、真空と我が腹(丹田)と太刀先の赫機《ノビ》である。

まず、敵の体を忘れて捨てるとは、敵の体(姿)を意識すると、敵の動きにつられて敵の動きに泥み、気も、技も束縛されて動きがとれなくなるからである。

我が体を忘れて捨てるとは、自分の体を意識していると肩がつまり、胸がつまり、体が硬くなって、敵が打ち込みやすくなってしまうからである。これではとても本来の自然の働きはできない。

我が持たる剣を忘れて捨てるとは、自分の持っている剣を意識していると、どうしてもその剣に頼ろうとして、つい手に力が入ってしまい、自然の働きは出来ないからである。とかく自分の体と、自分の持っている剣を意識すると敵に打ち込む手掛かりを与えてしまうものである。

覚えて学び習うものは真空と腹(丹田)と太刀先の赫機である。真空を養って空気を球

状にしてこれで敵を包むのである。さらに腹（丹田）を練って体を柔らかに調和させ全身を腹と一つにすることが肝要である。太刀先の赫気《ノビ》は、長い竿を持ったようなつもりで敵の背後何十丁（数キロ）も突き貫く勢いで使い、これで敵を破るのである」。

この解説で天真白井流の概要はつかめようが、「真空」についての説明がこの『天真伝一刀流兵法』ではあまりないので、『天真白井流兵法譬咄留』から「真空」に関する解説の部分を抜き出してみよう。

真空ハ当流ノ肝要也。阿蘭陀ノ真空ハ、天機地機有ル、マタ其ノ上ノ天機モ地機モ通ヒ無キ空ヲ真空ト云也。当流ノ真空ハ、天機地機通フテ万物ノ生ル空機、言語ニモ述難キ真実《マコト》ノ空ト云フ心ニテ真ノ空ト云フ。此空機ニ軀心ヲ和シテ、其ノ空機ヲ一円ニシテ敵ヲ包ム也。

すなわち、「真空は当流の最も重要なものである。オランダの真空は天ノ気、地ノ気を超越したところを真空というようだが（白井は蘭学をどこかで聞きかじったのであろうか）、当流の真空は天ノ気・地ノ気が交流して万物を生ずる空機（働き）、その言葉では表現できない深奥な、真実の空を真実の働きという意味で、真ノ空という。この空機（真空）に心身を調和させ、この空な機（働き）を球状にして敵をそのなかに包み込むのである」。

白井はまた、『天真伝一刀流兵法』のなかで、これら真空（空機あるいは空気も含む）と腹と赫機について、独特のたとえを用いて解説している。参考までに『天真伝一刀流兵法』のなかからいくつか抜粋して紹介してみよう。

まず、「空気（機）」のたとえとして次のようなものがある。

空気ノ譬アリ鯛網ヲ引トキ因果ナ平目ヤカレイヤコチヤ何モ彼モ其当リ居ル魚ハ皆網ノ内へ入ル也鯛計ニ限ルベカラズ皆入也、空気ニテ斬掛レバ火叓（事）ノトキ風下ニ居レザルガ如シ、是敵ト空ト一躰ニ見ル故也

すなわち、「空気（機）のたとえとして次のようなものがある。鯛網を引くとそのあたりにいた因果な（捕られる運命にある）平目や鰈やコチなどの魚はみな網にかかって捕られてしまう。鯛網だからといって、なにも鯛だけがかかるわけではない。これと同じで空気をもって敵に斬り込んでゆけば、その威力は凄まじく、ちょうど火事の時は、とても風下にはいられないようなもので、その辺一帯のものは手も足も出ないものだ。これが敵と空（空機）とが一つになっている（敵を空機が包み込んでいる）というのである」。

次に「腹」のたとえを一つ紹介してみよう。

練丹シテ腹ヲ修シ惣身トモ腹ノ内へ入レ顔モ水落へ入レテ如何ニモ縮ミテ卑ク驕ラザルヤウニシテ遣フ、是ニ譬アリ

昔シ信長公討死後アヅチニテ柴田勝家ト羽柴秀吉ト会合ノ時勝家謀略《ハカリゴト》ノ為ニ諸大名ノ悪シミ請ル事ヲ知ラズシテ秀吉ヘ非儀非道ヲ振舞フ秀吉蟄シテ少モ起ラズ誤リ居テ諸大名ノ助ケヲ蒙リ終ヒニ志津ケ岳ニテ勝家ヲ亡ス、誇リタル故ニ勝家ハ亡ブ秀吉ハ蟄シタル故ニ勝利ヲ得ルナリ

すなわち、「練丹して腹を練り、全身を腹のなかに入れ、顔も水落へ入れ、すべて縮めて卑《ひく》く驕らないように剣を使うことが肝要である。(縮めて、というのはもちろん萎縮するという意味ではなく、全身を意識せず気配を消し静かに柔らかく保つことで、威張らないように、ということであろう。)

《白井の弟子の平野元亮が書いた『養性訣』に、白井から教わった調息法が載っているが、そこには、「これを行《おこなふ》には、その体《からだ》を柔和《にうわ》にし、肩を垂《たれ》背《せ》を屈《かがめ》、すべて胸《むね》腹肩臂《ひじ》を虚《たわいなしに》して、たゞ臍下《ほぞのした》に気息《いき》を充実《みたす》なり」とか「今この帯を用ひて胸下を紮《くくる》の法は、強《あながち》に脊骨を直《まつすぐ》にして趺坐《すわる》におよばず、たゞその体を放《ゆるりとし》て平坐《すわり》、面《かほ》を伏《うつむけ》て臍中《ほぞのなか》を覗《のぞく》やうにして、鼻頭《はなはしら》と臍《ほぞ》とを対《むきあは》しむ。且行住坐臥《かつたちゐおきふし》にその意を用ひて、須臾《しばらく》も止《やむ》ことなく、大気《いき》をして常に臍下《ほぞのした》に充実《はりつめる》なり」と記されている。また、『天真伝一刀流兵法』に各種の構の挿絵があるが、木刀を持った上半身裸の男の胸には帯が締められ、胸が凹み腹が張り出している。さすがに剣術なので、養生の為の調息法とは違い臍中を覗くほどではないが、顎を引き目を伏せて刀を

構えているし、挿絵の後には、その腹帯が白隠伝来の物で、寺田を通して伝わったことが記されている。ちなみにその姿勢は、現代剣道のような胸を張った姿勢とはまるで異なった中国武術等にみられる姿勢に近い。またこの図を見ると、木刀を持つ者の両手の間がきわめて近く、図によってはほとんど重ねているように見える。筆者も二〇〇八年の六月のはじめから、それまで両手の間を離して刀を持っていたのを寄せるように変えたが、あらためてよく江戸期の剣術の伝書等を検討してみると、両手を寄せて刀を持っている絵の方が多い。これは胸を反さない姿勢が当時は一般的であり、現代剣道の勧める刀を持つ両手の間を離し、胸を張った姿勢は明治以後の欧化思想の結果だと思わざるを得なくなった。》

これについては同書のなかに次のようなたとえ話がある。

昔、織田信長公が討たれた直後、安土城で柴田勝家と羽柴（豊臣）秀吉が会合したが、この時勝家は謀略をもって秀吉を非難した。ところがそのために勝家はかえって諸大名から反感を買い、一方秀吉は、この非難に対して身を慎んで（蟄居して）反論しなかったため、諸大名の信用を得て、その助力で結局賤ケ岳で勝家を亡ぼすことが出来た。これは秀吉が身を慎んで蟄居して（縮めて）いたため最終的には勝利を得られたのである」。

最後に「赫機《ノビ》」のたとえを二つ挙げてみよう。

又赫機ノ譬アリ早駕《ハヤカゴ》カツギノ棒先ヲ我ヨリ三、四尺計モ出シテ行ク也、向フ者自然ト

ヨケル也、是赫機ニ同ジ

又赫機ノ譬アリ蒸物スルトキ湯ゲノ強ク立ツハ釜ノ下ノ火ヲ強ク焼ク故也、甑キノ関板ニ少キ穴アリ此少キ穴ヨリ湯ゲ強ク上ル関板ナシニテハ蒸物ヲソシ、又湯トウ（桶）ノクチヨリ湯ヲツグ時湯ノ強クハゼデルハ中ニ湯ノ沢山アル故也、依テ赫機ノ強クキクハ練丹ノ腹気ノ強キ故太刀ノ先ヨリ何尺トモ先ヘキク也、赫機ノ修行ハ腹ガ元トシテ空ト敵ト一躰ニ見テ遥カ先ノ空ヘ刺撃ヲナス叓（事）専一也、マダルクトモ幾度モ幾度モ順ニ修行スル叓也、急イデ邪ノ早道スルト湯トウノ蓋ヲ取リ横ニシテ湯ヲアケルガ如シ、故ニノビ失フ

すなわち赫機《ノビ》のたとえとして、白井はここで早駕籠の棒先を出している。

「早駕籠は、駕籠の棒先を自分より三～四尺も前へ出しているため、向こうから来る者は、誰でも自然と避ける、この棒先の働きと赫機の働きは似たところがある」。

次に、白井は蒸し器の一つ甑《こしき》を例に挙げて次のように赫機を説く。

すなわち、「蒸し物をする時、湯気を強く出さねばならないが、これはまずなによりも釜の下の火を盛んに焚くことが必要である。しかし、この蒸し物をする（蒸し器の）関板に小さな穴が開いていることも重要である。この小さな穴が開いている関板がなかったら蒸す能率は悪くなり時間がかかってしまう。

また、湯桶の口から湯を注ぐ時、湯が強く跳ね出るのは、湯桶のなかに湯が沢山あるか

らである。（と同時に蒸し器の関板に開いた小さな穴の原理と同じく、湯桶の口がすぼまっているからである。）

つまり赫機が強く利くようにするには、練丹して腹の気を強くし、その練った気が太刀の先から、何尺もほとばしり出るようにしなければならない。赫機の修行は腹を元として空（空機あるいは空気、さらに真空をさす）と敵とを一体として（空気で敵を包み込んで）その敵のはるか後まで赫機で突き貫くことをもっぱら稽古すべきである。とにかく、手間がかかって退屈であっても繰り返し繰り返しこれを素直に修行する事が大切である。このような単純な稽古ではすぐに上達がみられないと、手早く上達することを願ってあせると邪道に踏み込む、それは、ちょうど湯桶から湯を出すのに、口から注ぐのを待っていられず、蓋をとって湯桶を横にしてなかの湯を一度にあけるようなものである。そんなことをすれば当然ノビ（赫機）は失われてしまう」。

つまり、このなかで白井は満たしたエネルギー（湯気や湯）の出口（甑の関板や湯桶の注ぎ口）を絞ることで、そこから中の満ちたエネルギー（湯気や湯）が勢いよく出てくること、エネルギー（気）が出口（剣先）から赫機となってほとばしり出ることを、説きたかったのであろう。

この真空と腹と赫機は、いずれも「練丹」をもとに白井が発明および命名したもので、天真白井流の柱となったものである。腹は後に「神丹」と改められ白井の自著『兵法至途宇乃千利』（『神妙録』の注解）によれば、この六ツノ伝は次のように記されている。

愚初学ノ弟子ニ示教スルニ先ヅ勉メテ忘失スル者三ツ又覚得スル者三ツヲ以テ忘失スルノ三ツハワガ支体トワガ採ル処ノ剣ト敵ノ全身也、敵持スルノ剣ハ敵ノ全身ノ中ニ含メリ此三ツノ者目視ニ遮リ軀心僅ニシル処アレバ天真至道ヲ遮蔽スルコト一指泰山ヲ蓋フガ如シ、故ニ愚常ニ教ルニ三ツヲ断スルコトヲ以テス又覚得スルノ三ツハ神丹ト赫機ト真空也、コノ三ツノ者鼎ノ足ノゴトク又火薬ヲ製スルニ磺硝炭ノ三種ノゴトク細々ニ製煉シ秤準明白、然ル後ニ和勺シ酒湿搗過シ点於自然ニ遠ク到ルガ如シ

すなわち、「小生は入門してきた初心の門弟に剣術を教えるのに、まず各自の意識のなかから忘れ捨て去るもの三つ、会得するよう努めるもの三つを挙げて説ききかせている。忘れて捨て去るもの三つは、自分の肉体と、自分が持っている剣と、敵の姿全体である。敵が持っている剣は敵の姿全体のなかに含めて見るようにする。この三つは少しでも意識にのぼれば、天真の妙道を塞いでしまう。それはたとえば、泰山があっても目の前に指を一本出しただけで見えなくなってしまうようなものである。したがって小生は常に、この三つを徹底的に忘れ去ることを説いている。

また、会得するよう努めるもの三つは、神丹と赫機と真空である。この三つは鼎《かなえ》の三本の足のようであり、また火薬の成分である硫黄、硝石、木炭のようなものであろう。それぞれを精製して正確な比率で混ぜ酒で練り固めて作り上げ（鉄砲に込めて弾を撃てば）、自

然と遠くまで銃弾を飛ばすことが出来る」。

ここで白井は、神丹と赫機と真空を火薬の硫黄と硝石と木炭にたとえているが、これらをもって実際に相手と立合う場合については、銃を例に出し、真空を銃の本体に、神丹を火薬に、そして赫機を銃弾にたとえて自流の剣の特色を説いている。

また、このいわば銃の種類にあたるものはいくつかあったようで、『兵法未知志留辺拾遺』には、長透貫、遠撃淵、照貫、虚貫などこの白井流の心法の術技名が挙げられている。このうち照貫、虚貫は初学者用のもので、長透貫や遠撃淵は、白井がよく用いたようである。その解説はきわめて形容が派手で晩年の白井の心事を匂わせている。参考までに一部引用してみよう。

敵若シ殺伐ヲ要スレバ彼来ツテ自ラ我ガ彀中（弓矢の射程の中、矢頃）ニ立ガ如ク晃輝ヲ以テ空機ニ発テバ敵ノ肺肝ヲ透過スルコト譬バ雷霆雲中ヲ迸《ほとばし》ルガ如ク敵更ニ禦《ふせ》グ攴能《コトアタ》ハジ号《なづけ》テ是ヲ長透貫ト云長空ヲ透過シ貫ノ義也、

すなわち、「敵がもし、向かって来て、私の制空圏に入ったならば、こちらは光り輝く空機の働き（いわばミサイル）を発する。これが敵の呼吸をとめ、胆を奪って突き貫くさまは、あたかも雷が雷雲のなかから走り出るようなもので、とうてい敵はこれを防ぐことなど出来ない。これを「長透貫」と名づけたのである。長空（遠くの空間）まで突き貫い

て透りぬけることの意味である」。

（この白井の「長透貫」の解説が、後に述べる円四郎の「陽発気生」の剣理――自分自身の剣理を昇る朝日にたとえて説いているもの――に酷似していることは興味深い。白井は自著のなかで円四郎についてはほとんど触れず、もっぱら一雲を賞揚しているが、無住心剣術の術理について、どの資料よりも具体的に記されていた『前集』および『中集』は、よほど何度も読み込んだと思われる。）

白井は、こうした心法、練丹を練り上げるため、白井自身が一刀流から抜き出して新たに制定した形をもって稽古指導をしていたようである。その「型」は、はじめ五十六本（後に四十二本に整理）あったようで、『天真伝一刀流兵法』には、その全技名と遣い方の概略が載っている。一例を挙げれば、

合刃

打太刀陰ニ構居ル下段ヨリ突出シ切ル打太刀右ノ小手ニテ請ル又切ル左ノ小手ニテ請ル跡下段　四、五本モ重テ遣フ、又互ニ礼ヲスル

これを読むと、まだかなり、種々な太刀捌きが残っているようだが、後に白井は、母法三法、子法十二法、合わせて十五法に「型」を整理し、その太刀捌きも簡潔なものとしている。なかでも、斗魁《トカイ》、昇竜《ショウリュウ》、廻飈《カイヒョウ》の母法三法は、無住心剣術を意識していると思われる

きわめてシンプルな遣方である。参考までに「斗魁」の説明を引用してみよう。

斗魁

打太刀上段ヨリ一ツ宛《ヅツ》三度打。遣ヒ方下段ヨリ咽喉《ノド》ノ当リヲ一ツ衝《ツク》、太刀ヲ下ゲ又一ツ衝　太刀ヲ下ゲ　一ツ衝又是ニテ一本トス跡下段

この新しい型は、白井に就いて熱心に学んでいた医者の平野元亮が、職業がらひどく多忙なため、白井に型の簡略化を願い出、白井がそれに応えて制定したものであるという。(ここにも門人に手厚かったという白井の性格がうかがえる。)

このように年毎に技法も心境も変転していった白井は、錬丹をもとにした剣術を通して晩年はより宗教的世界へと入っていったようで、晩年の著作である『兵法至途宇乃千利』や『兵法未知志留辺拾遺』にはそういった記述が目立ってくる。これはもともと真面目で人生をつきつめて考える傾向のあった白井が、どうやら「命のやりとり」という業を背負っている「武の世界」を通り抜けて、「宇宙の真理」といったものを把握したいと切望するようになったためのようである。たとえば『兵法未知志留辺拾遺』には次のような記述がある。

余伝フル処真剣閃鋒ハ尚天真ニ主一無滴純一無雑ヲ得ルノ捷径ニシテ初伝ト云ヘドモ向

上極意ヲ貫通ス　我ガ門ノ学者ヲシテ此技ヲ正ニ得セシメンガ為ニシバシバ反復シテ其真ヲ示ス　学者勉メテ此機ヲ得レバ其気宇宙ニ充塞シ其心古今ニ通徹シ神気乾坤ト一ニシテ彼此ノ分アルコトナク為ス処為サザルニ似テ天機之レヲ為スガ如ク求メズシテ摂生ノ道ニ安居シ空機ヲ以テ事業トス昌《サカ》ンナル者ニアラズヤ

四　江戸時代が育てた剣術の技と思想

1　『猫之妙術』の世界

日本の剣術が程度の差こそあれ心法を重く視ていることは、幕末初期、剣術にとかくありがちな神秘誇大な考え方を排し、合理思想をもって北辰一刀流を開流、近代日本剣術の革命児といわれている千葉周作でさえ、その著作『剣術名人の位』のなかで、人心を読むこと神の如き異獣さとりも、木樵自身も知らぬ間に手から飛び抜けた斧の一撃には避けようもなく打たれて死んだという「木樵と異獣さとり」の話を例に引き、無念無想で使う、いわば心法の剣が、剣術至上の位に位置することを説いていることからもうかがえる。

この話は、同工異曲の筋立てで日本各地に古くからかなり広く伝承されている民話のようである。話の粗筋は、山のなかで一人の木樵が木を伐っている時、さとりという異獣（伝承によって名前はさまざま）が出てくる。木樵は、珍しい動物なので「ひとつ生捕りにしてやろう」と考えた。すると、そのさとりは、「おまえは俺を捕まえたいと思ったな」と得意気にいう。これは心のなかを読まれたか、と驚く木樵に、「おまえ、心のなかをいい当てられて驚いたであろう」とすかさずさとりはいい放つ。そこで木樵は、「もうこれはひと思いに、この斧で打ち殺してしまおうか」と殺意を持つと、「おや、おまえはこの俺を殺そうと思ったな」と、またしてもさとりは、木樵の心中をいい当てる。思うこと、考えることを片端からいい当てられた木樵は「もう相手にはなるまい」とあきらめて、もとのとおり木を伐りはじめる。するとさとりは、「もうおまえは、この俺にはかなわぬとあきらめたであろう」と、満足気に木樵を嘲笑った。しかし、木樵は、もう、このさとりととりあわず一心に木を伐る作業に没頭した。すると、どうしたはずみか、ふと斧が手から飛び抜けて(斧の頭の部分が柄から抜け出た、という話も多い。実際この方が現実味があろう)、ちょうど、まだそこにいたさとりに命中した。この、木樵自身にとっても思いもよらぬ不意の出来事には、さすがのさとりも予見することが出来ず、なにもいう暇もなく即死してしまった、というものである。

この民話の本来の主旨は、おそらく自分の能力を誇りすぎ慢心していると、とんでもない目に遭う、ということを戒めたものであろう。それを、千葉か、あるいは千葉以前の剣客の誰かが、剣の極意、無想剣の寓話として読むことを発見し、後世に伝えたものと思われる。

江戸時代、多くの武士達の教科書的存在となった『天狗芸術論』の著者、佚斎樗山の著作『田舎荘子』のなかにある『猫之妙術』も荘子を元に、創作された剣術の極意書であるが、所作に勝れた「するどき黒猫」、剛強な気を練ることに努めている「虎毛の大猫」、鋭気をあらわさず、心中に和を以て柔らかく対応しようとする「灰毛の初老猫」、そしてこの物語の主人公である、その姿形からは、利口そうにも敏捷そうにもみえない「無類の鼠とりの名人の古猫」と、ユニークな役者を揃え、巧みな筆致で、この「木樵とさとり」の話と同じような主旨をさらに詳しく、主人公の「古猫」の口を借りて語っている。

この『猫之妙術』は、無住心剣術と、諸流の剣術との違いを検討する上でも、好適な参考資料となるので、原文を抜粋引用しつつ、話の内容を紹介してみよう。

話は、勝軒という剣術者の家に強大な鼠が白昼から現われて荒しまわる、というところから始まる。

勝軒はまず、手飼の猫にこの鼠を捕らせようとするが、逆に鼠に喰いつかれて逃げ出してしまう。そのため、近所から鼠捕りにかけては評判の高い猫「逸物の名を得たる猫ども」を何匹も借り集め、この強鼠に向かわせるが、鼠は、いよいよ強暴になって、どの猫も敵わない。腹をたてた勝軒は、自ら木刀をもって打ち殺さんとするが、大汗をかいて戸障子を破るだけで、翻弄されてしまう。

そこで勝軒は、噂に聞いていた六、七町先の「無類の逸物の猫」——鼠捕りの大名人猫——を下僕に命じて借りて来させる。さて、その無類の評判の猫は、連れてきてみると「その形利口げにもなく、さのみはきはきとも見へず」うすぼんやりとして、あまり頼りになりそうもなかったが、ためしに、鼠に向かわせてみると、「鼠すくみて動かず、猫何の事もなく、のろのろとゆき、引くわえて来れり」と、あっけないほどに、この強鼠を退治してしまった。

その夜、この強鼠捕りに失敗した「逸物の名を得たる猫ども」が、この勝軒の家に集まり、かの古猫を上座に据えて、その前に跪き、次のように教えを乞う。

我々逸物の名を呼ばれ、其道に修錬《しゅれん》し、鼠とだにいはゞ、鼬《いたち》、獺《かはうそ》なりとも、とりひしがむと爪を研《とぎ》罷在候処、いまだかゝる強鼠《がうそ》ある事をしらず。御身何の術を以《もって》か、容易《たやす》く是をしたがへ給ふ。願はくば、惜むことなく、公《かう》の妙術を伝へ給へと謹而《つつしんで》申ける。

すなわち、「われわれはいままでこの鼠捕りの道に精進し、抜きん出た一流の遣い手と呼ばれ、鼠はもとより、イタチ、カワウソさえも倒すほどに武術を磨いておりました。ところが、今回のような、いまだかつて聞いたこともないような剛強な鼠に会い、その自信も打ちひしがれております。あなた様は、このような強敵をいったいどのような術であれほど容易に倒されたのでしょうか。なにとぞ、その妙術について、これを秘伝とされずわれわれに御教示を賜わりたく存じます」。

すると、古猫は笑って「みな腕自慢の者達らしいが、武術の真の理を知らないため、このたびのような思いがけぬ失敗にあったのであろう。とにかく私が話をする前に、まず各々修業してきた経歴を話してもらいたい」と次のように集まった猫達に話しかける。

古猫笑《わらつ》て云。何れも若き猫達、随分達者に働き給へども、いまだ正道の手筋をきゝ給はざる故に、思ひの外の事にあふて、不覚をとり給ふ。しかしながら、先ヅ各《おのおの》の修業の程をうけ給はらんと云。

そしてこれからいよいよ「鼠とり問答」に入るわけである。作者樗山の、この大真面目な舞台設定は、鳥羽僧正筆と伝えられる「鳥獣戯画」を見るような楽しさが感じられる。おそらく樗山は、剣術啓蒙の書として、本書を書いたのであろうが、樗山自身も、かなり興に乗って楽しんで書いている雰囲気が感じられる。特に、この古猫の「先ヅ各の修業の程をうけ給はらん」という言葉に応じて、最初に進み出た「するどき黒猫」に、

我レ鼠をとるの家に生れ、其道に心がけ、七尺の屛風を飛び越《こえ》、ちいさき穴をくゞり、子猫《こ》の時より、早《はや》わざ(業)、軽《かる》わざ至らずと云所なし。或は睡《ねむり》て表裏をくれ、或は不意におこつて、桁梁《けたはり》を走る鼠といへども、捕損《とりそん》じたる事なし。然るに今日、思ひの外成《ほかなる》強鼠に出合、一生のおくれをとり、心外の至りに侍《はべ》る。

すなわち、「私は鼠を捕るのが本業の家に生まれ、幼い頃より、この道に心がけ、そのおかげで、七尺の屛風をも跳び越え、小さな穴をも身をよじってくぐり抜け、その早業身のこなしは、猫として達し得る限界までに磨きあげたと思って居ります。

そして、時には寝たふりをして鼠を油断させ、いきなり飛び出して不意打をかければ、梁の上をすばしこく走りまわる鼠といえども捕り損なうことがありません。ところが今回、思ってもみなかった手強い鼠に出会って不覚をとり、まったく恥ずかしい思いをいたしました」

と語らせているあたりは、「我レ鼠をとるの家に生れ」の部分の「鼠」を「弓矢」に入れ換えると、往事の武士の挨拶そのままになり、樗山の皮肉とユーモアが感じられる。

しかし、そうしたユーモアでくるみながら、いうべき要所はキッチリと押さえている文才には、なみなみならぬものがある。この黒猫は早業、体捌きに長じた、いわゆる手練の技師の代表で、最もわかりやすい、ナマな武術のあり方をあらわしている。この黒猫の修練に対して古猫は、

吁《あゝ》汝の修《しゅ》する所は、所作のみ。故にいまだ、ねらふ心あることをまぬがれず。古人の所作を教《をしゆ》るは、其道筋をしらしめんがため也。故《かるがゆゑ》に其所作、易簡にして其中に至理《しいり》を含めり。後世所作を専《もつぱら》として、兎《と》すれば角《かく》(競)すると、色々の事《わざ》をこしらへ、巧《たくみ》を極め、古人を不足とし、才覚を用ひ、はては所作くらべといふものになり、巧尽《つき》て、いかんともすることなし。小人の巧を極め、才覚を専とする者、みなかくのごとし。才は心の用なりといへども、道にもとづかず、只巧を専とする時は、偽《いつはり》の端《はし》となり、向《さき》の才覚却而《かへつて》害に成ル事おほし。是を以かへりみ、よくよく工夫すべし。

すなわち、「ああ貴公の修業はただ体がよく動くように稽古をしていただけだ。したがって敵を倒してやろうという心をなくすことが出来ない。古人が具体的な体の使い方を教えるのは、その本質を修業者に悟らせるためなのである。したがって、その動きは簡単にみえても深い道理が含まれているのである。それを後世、具体的な動きの種類の多いことを武術として喜び、敵がこうくればああする、ああくればこうすると、色々な形を考え出し、よりいっそうの巧妙さを追求し、古人から伝わった動きでは十分ではないと思い上がった考えを持ち、そのあげく、単に動きの巧妙さのみをくらべあうようになった。そのようなことをしていれば、そうした動きの巧妙さの限界までいってしまった時、あとはもうどうしようもなくなる。小器用な小才の利いた者はだいたいその程度だ。たしかに才覚や知恵は心の働きの一つではあるが、真理にもとづかず、ただ器用さのみに目を向けていると、本筋を見失うもとになり、小器用な才覚は役に立つようでいて、かえって身をほろぼすもとになる。ここのところをよくよく省みてみることだ」と訓戒する。このなかで注目に価するのは、「古人の所作を教るは、其道筋をしらしめんがため也」と、所作を否定はしていないことである。『猫之妙術』は『田舎荘子』のなかの一冊で、『荘子』を元として書かれているのであるが、『荘子』の中核である内篇ほどの超越さはなく、世間日常の規範と折り合うよう、ソフト化、現実化されている『荘子』の外篇、後期道家の思想を受け継いでいるといえよう。（もっともそうでなければ、剣術の思想背景としては使えないであろうが。）

次に登場するのは「虎毛の大猫」である。

又、虎毛の大猫一疋まかり出、我おもふに、武術は気然《きぜん》を貴《たつと》ぶ。故に気を錬《ね》る事久し。今、其気豁達至《かつたつし》剛《がう》にして、天地に充《みつ》るがごとし。敵を脚下《きやくか》に蹈《ふ》み、先ヅ勝て然《しかう》して後進む。声に随ひ、響《ひびき》に応じて、鼠を左右につけ、変に応ぜずといふことなし。所作を用るに心なくして、所作おのづから湧出《わきい》づ。桁梁《けたはり》を走る鼠は、にらみおとして、是をとる。然るに彼《かの》強鼠、来るに形《かたち》なく、往《ゆく》に迹《あと》なし。是いかなるものぞや。

すなわち、この虎毛の大猫が大仰に進み出ていうには、「私はかねてより武術は気力（気迫）が最も重要であると考えております。そのため、長い間この『気』を練ることを行なってきました。おかげで、いま、この私の気は生き生き広々としてなにものにも屈せず天地に充満するほどになりました。敵に対します時はまず、この充実した気で敵を威圧し、実際に体を使う前に勝ってしまいますので、鼠など思うがままに扱ってきました。動く技術などは、このように気迫で敵を威圧してから進みますと、なにもいちいち細かい技法など考えなくとも自然と湧き出てくるものです。高い梁の上を走る鼠などは、なにもいちいちそんな梁の上まで飛び上がらずとも一睨すれば、落ちてしまいます。ところが今日の、あの手強い鼠は、気力で威圧しようとしても、まったくこれを受けつけず、正体がつかめません。いったいどうしたわけでしょうか」。
「気」の論は樗山の代表作『天狗芸術論』を読んでも明らかであるが、樗山の最も得意な分野であり、それだけに、粗雑な、この虎毛の大猫のような単なる気迫、気勢で相手を威嚇し、竦ませるようなものが「気」だと思われることに樗山自身不満をおぼえていたと思われる。――おそらく当時も、そういった気に対する見方はかなりあったのであろう――そうした、とかく大雑把になりがちな「気」に対する認識に対して、樗山は「虎毛の大猫」に答える古猫の口を借りて、次のように論評する。

古猫の云。汝の修錬する所は、是レ気の勢《いきほひ》に乗じて働くもの也。我に恃《たの》むこと有て然り。善の善なるものにあらず。我やぶつて往《ゆか》んとすれば、敵も亦やぶつて来《きた》る。又やぶるに、やぶれざるものある時はいかん《(如何)》。我レ覆《おほ》つて挫《とりひし》がんとすれば、敵もまた覆つて来る。覆ふに、覆はれざるものある時はいかん。豈我れのみ剛《がう》にして、敵みな弱ならんや。豁達至剛にして、天地にみつるがごとく覚ゆるものは、皆気の象《かたち》なり。孟子の浩然《かうぜん》の気に似て、実は異《こと》也。彼《かれ》は明《めい》を載せて剛健也。此は勢《せい》に乗じて剛健なり。故に其用も亦同じからず。江河《がうか》の常流と、一夜洪水の勢《せい》とのごとし。且《かつ》気勢に屈せざるもの、ある時はいかん。窮鼠《きうそ》却て猫を噛《かむ》といふことあり。彼は、必死に迫《せまつ》て恃《たの》む所なし。生《しやう》を忘れ、欲を忘れ、勝負を必《ひつ》とせず。身を全《まつたく》するの心なし。故に其志《こころざし》金鉄のごとし。如レ此者は、豈気勢を以服《ふく》すべけんや。

すなわち「古猫がいうには、貴公の修業によって得たものは、粗雑な「気勢」で相手を威嚇するもので、自分の（たいしたことはない）自信、自負によるものであり、それはそれで一つの行き方ではあるが最上の行き方ではない。こちらが相手を気迫で威嚇し打ち破ろうとすれば、敵もまたそれに対抗してくる。こちらの気迫がそれを上まわっていればたしかに勝てようが、相手の気迫が凄まじく打ち破れなかったらどうするのか。剛強な者は自分のみで、敵はすべて弱いとは限るまい。貴公の気が生き生き広々としてなにものにも屈せず天地に充満するように思っているのは、単に貴公の高慢からくる思い上りの「気」にすぎない。孟子が説く「浩然の気」のように思っているようだが、まるでくらべものにはならない。孟子の「浩然の気」は理を明らかにした上での、真の剛健であるが、貴公の気は単なる錯覚だ。「浩然の気」を晴雨にかかわりなく滔々と流れる大河とすれば、貴公の「気」は、たまたま降った大雨で普段は水のないところを一時的に濁流が流れたようなものだ。その程度の「気」では「窮鼠かえって猫を嚙む」という諺にもあるように、生死を忘れ、勝ち負けを度外視して必死になったものにはとても通用しない」と述べている。

このなかで「窮鼠かえって猫を嚙む」という例を出し、必死になった素人剣術の恐ろしさを説いていることは興味深い。

また、この古猫の答えのなかで注目される点は、虎毛猫が「豁達至剛にして、天地にみつるがごとく覚ゆる」という自信、思い込みに対して「それは、皆気の象なり」と説いているところであろう。いったい、この「気の象」とはどういうことであろう。前後の解説から考えるに「気の象」とは、威勢がいいとか、気勢が上がる、といった、そういった様子のことを指しているように思われるが、いまひとつ微妙な感じもする。

気に清濁、強弱、騒静、浮沈、などがあるという考え方は、他の武術書にもみられるが、「気に象あり」という形容は、筆者の知る限り、樗山独特のものである。（ただ、円四郎が、無住心剣術の剣理を説く際「形に気をかさず」といった表現をとっている。）

樗山は、この「気に象あり」という表現がきわめて自分の感覚に適っていたようで、『天狗芸術論』のなかでも、

> 剣術は心体自然の応用にして、往に形なく来るに跡なし、形あり相あるものは自然の妙用にあらず、僅に念にわたるときは気にかたちあり、敵其かたちある所を打つ、

と、この『猫之妙術』とまったく同じ意味のことを説いている。こうした樗山の気に対する感覚は、清濁、強弱という、いわば物理的な表現にくらべて、はるかに情緒的文学的であり、こうした点に樗山の日本的な感性がうかがえる。

最後に登場するのは、「灰毛の初老猫」である。

> 又はい毛の少《すこし》年闌《たけ》たる猫、しづかに進て云。如レ仰《おほせのごとく》、気は旺《さかん》なりといへども、象《かたち》あり。

象あるものは微也といへども見つべし。我レ心を錬ること久し。勢《いきほひ》をなさず、物と不レ争、相和して不レ戻《もとら》。彼つよむ時は、和して彼に添《そふ》。我が術は帷幕《いばく》を以、礫《つぶて》を受《うく》るがごとし。強鼠有といへども、我に敵せんとしてよるべき所なし。然るに今日の鼠、勢にも屈せず、和にも応ぜず、来往《らいわう》、神《しん》のごとし。我レいまだ如レ斯《かくのごとき》ものを見ず。

ここでいままでの古猫の話をきいていた灰毛の初老の猫が静かに進み出ていうには、「おおせのように、気を重視して練るといっても、ただ闘志をかきたてるようなものでは「自負、自慢」といった自分へのこだわりを作ってしまいます。自分へのこだわりがあれば、それがたとえわずかであっても破綻を生ずるキッカケとなってしまいます。そこで私は心を練ることに意を注いで参りました。（ここでいう心《い》とは感情という意味に近いように思われる。）怒りや脅しによって相手を威嚇せず、相手が強く出てくる時はちょうど幔幕で石つぶてを受けるように柔らかに受け止め吸収してきました。この方法には、いかなる剛強な鼠もとまどい、私に敵う相手はいませんでした。ところが今日の鼠は（虎毛猫の）剛強な気勢にも挫けず、私の柔和にして相手を包み込む心法でも手のほどこしようがありませんでした。このような鼠に私はいまだかつて出会ったことがありません」とその驚きを述べる。

これに対して古猫は、「貴公のいう和は、意識的に和そう合わせようという和であって、それをもって敵の闘志を外そうとしても、その作意はわずかであっても敏感な相手は感ずるものである。そうした下心のある私心を持った願望をわずかでも持てば、気も濁ってしまう。私心をもってやろうとすれば自然の感覚をふさいでしまい、自然の感覚をふさいでしまえば、自然の妙法、自然の働きは生まれてこない。真に自然の妙法を得ようと思ったら、一切の思念願望を捨て、ただ、その場に自分を任せ、自分の体が動きたいように動くのだ。こうすれば、自分へのこだわりがなくなり、気配も消える。そうした自分へのこだわりがなくなれば、自然と自分の敵は一人もいなくなるものだ」と灰毛猫に次のように教示する。

古猫の云。汝の和といふものは、自然の和にあらず。思つて和をなすもの也。敵の鋭気をはづれむとすれども、わづかに念にわたれば、敵其機を知る。心を容《いれ》て和すれば、気濁《にごつ》て惰《だ》にちかし。思ひてなす時は、自然の感をふさぐ。自然の感をふさぐ時は、妙用何れの所より生ぜんや。只思ふこともなく、することもなく、感に随て動く時は、我レに象《かたち》なし。象なき時は、天下我に敵すべきものなし。

それにしても、樗山の芸の細かさ、演出の凝りようは傑作である。いかにも業師的な猫を「するどき黒猫」、相手を威圧し、大言壮語を吐くが、その実は「張子の虎」のような猫を「虎毛の大猫」、経験を積んではいるが、いささか理兵法に傾いている様子の初老猫を「はい毛の少《すこし》年闌《たけ》たる猫」と、衣装の毛色までよく選んでいかにも、それらしく設定している。

これはまったくの余談であるが、昔の武士は、案外と、ユーモアがあって洒落や謎かけが好きであり、たとえば合戦の際の戦場での心得を説いた『雑兵物語』（著者は未詳、江戸時代初期の作品）に登場する雑兵につけられている名前のユーモラスさには思わず笑ってしまう。たとえば鉄砲持ちは「筒平」、弾薬箱持ちが「寸頓《ずどん》」、兵糧持ちが米を意味する「八木」の姓に「五蔵」と名前を五臓六腑に引っかけている。

また武士は、佩刀にも時に異称をつけたが、多くはその切れ味を賞でてたとえば「底ぬけ柄杓」（水もたまらぬ切れ味の意）、「籠釣瓶」（これも同じ意）、それに、触れればすぐ落ちる（斬れる）意味としては、「笹の雪」「草うらの露」「クサリナワ」などというものがあったようだ。

さて、この三匹の猫の話を聞き、各猫を論評し終わった古猫は、総括してから自らについては次のように語る。


然りといへ共、各の修《しゅ》する所、悉《ことごと》く無用の事なりといふにはあらず。道器一貫《だうきいつくわん》の義なれば、所作の中に至理《しいり》を含めり。気は一身の用をなすものなり。其気豁達なる時は、物に応ずること窮《きはま》りなく、和する時は、力を闘はしめず、金石にあたりても、よく折《くぢく》ることなし。然といへども、わづかに念慮にいたれば、皆作意とす。道体《だうたい》の自然にあらず。故にむかふもの、心服せずして、我に敵するの心あり。我レ何の術を用《もちひ》んや。無心にして、自然に応ずるのみ。

すなわち、「諸君各々の修練するところは問題はあるが、まったく間違ったことをしているというわけではない。真理は道器一貫（目に見える形としての働きと、それを支える目に見えない陰陽の働きとが不離一体となっている）であるから、所作（体現されるいわゆる技術）のなかにも深い意味があるし、「気」は体を持っている生き物にとって不可欠なものである。したがって、その「気」が生き生き広々と働いている時は、さまざまな相手、さまざまな状況にも対応することができる。

また心を和して相手に応ずる時は、相手を包み込んで勝手に働かせることなく、金属や岩石に当たっても挫けることはない。しかし、わずかでも意識が働けば、それは、わざとらしいつくりものになって、本来の自然から離れてしまう。したがって相手は、こちらに心服せず敵対してしまうのだ。

つまり、私は別に特別な術を用いているわけではなく、ただ無心にして、自己本来のありように任せているだけである」。

そして、さらにつづけて古猫は説く。「しかし、諸君、道は極まりのないものだ。私の得ている境地をもって最高のものと思ってはならない。昔、私のいた隣村に猫がいた。その猫は一日中居眠りをしていて、少しも勢いがない。まるで木で作った作り物のようであった。そして誰もその猫が鼠を捕ったのを見た者はいなかった。ところが、この猫の周辺には鼠が出て来ないのだ。この猫を、どこかよそへ連れていっても、やはりその近くに鼠は出なくなる。そこで私は、その猫の所へ行って、どうして、そうなるのか理由を聞いてみた。ところが、この猫はなにも答えてくれない。私は四回もたずねたが四回とも答えはなかった。ところが、よく注意して観察してみると、答えてくれないのではなく「答える」ということを知らないため答えようもなかったのだ。

そしてこの時、私は「知っている者は言わないし、言う者は本当に知ってはいないのだ」ということを理解した。この猫は、自分という存在をも忘れ、また他者という存在をも忘れ、生きていながら生きていない。在りながら無いという存在にまでなっていたのだ。神武にして不殺（真に無敵の武技を持つものは敢えてその武を用いない、用いる必要もない）とはこのことであろう。私もこの猫の境地には遠く及ばない」。

この古猫の話は、『荘子』の達生篇のなかにある「木鶏」の話と、知北遊篇のなかにある「無為謂」の話から採ったと思われる本書のクライマックスである。

然りといへども、道極《きはま》りなし。我がいふ所を以《もつて》、至極とおもふべからず。むかし我隣郷に猫あり。終日眠り居て、気勢なし。木にて作りたる猫のごとし。人其鼠をとりたるを見ず。然共、彼猫の至る所、近辺に鼠なし。所をかへても然り。我往《ゆき》て其故を問。彼猫不㆑答《こたへ》。四度《よたび》問へども、四度不㆑答。不㆑答《ざる》にはあらず。答《こたふ》る所を不㆑知《しら》也。是を以知《しり》ぬ。知るものは不㆑言《いは》。いふものは、しらざることを。彼猫は、をのれを忘れ物を忘れて、無物に帰す。神武《しんぶ》にして不殺《ふせつ》といふものなり。我また彼に、及ばざる事遠し。

　この「木にて作りたる猫のごとし」の原典である「木鶏の話」とは、紀渻子という闘鶏づくりの名人が、王の依頼で、一羽の闘鶏を養成する、という寓話である。

　内容は、紀渻子に鶏の養成を依頼した王が、まず、十日ほどして、王が「鶏已によきか」——もう使えるか——とたずねたが、紀渻子は「未だし、方に虚憍して気を恃む」——まだ空威張りして、自分の気勢に酔っています——と答える。また十日して、王がたずねると、「未だし、猶嚮景に応ず」——まだです、どうも、他の鶏の鳴き声や影にさえ応じようとしています——と答える。さらに十日して王が問うと、「未だし、猶疾視して気を盛んにす」——まだです、相手の鶏を睨みつけ闘志を湧き立たせています——と答える。そして、さらに十日経ってから王がたずねると、「幾《つ》くせり、鶏の鳴く者有りと雖も、已に変に応ずること無し、之を望むに木鶏に似たり、其の徳全し。異鶏の敢えて応うるものなく反走《にげ》らん」——出来上がりました。他の鶏が鳴いても、もう殺気だつこともなく、これを見ていると、まるで木で作った鶏のようです。その自然の徳は完全に働いています。もうどの鶏もこれには敵わず逃げてしまうばかりです——というものである。

　また、知北遊篇の「無為謂」の話というのは、「知」という人間の知恵と知識を擬人化した者が、北方の玄水のほとり、隠弅《いんふん》の丘（幽玄な場所の意）に登った時無為謂という者に出会い、道（根源的な真理という意味での道）をきくという設定のもので、知北遊篇の冒頭にあり、古来『荘子』のなかでも外篇の白眉としてよく知られているものである。

知は無為謂に向かって、どうしたら「道」を知ることが出来るであろうかと、次のように問う。「何をか思い、何をか慮《はか》れば、則ち道を知るや、何にか処り、何をか服《こと》とすれば、則ち道に安んずるや、何にか従い、何にか道《よ》れば、則ち道を得るや」。このようにつづけて三度たずねるが、無為謂は答えない、いや答えないのではなくて、答えるということを知らないのである。「三たび問うも無為謂は答えず、答えざるには非ず、答うるところを知らざるなり」。

仕方がないので「知」は、白水の南に反《かえ》り、狐闋の山（狐疑する心がなくなる意）に登って、狂屈（常識外れ、変わり者の意）に会う。この狂屈に向かって「知」は、無為謂にたずねたことと同じ質問を試みる。すると狂屈は「唉、予これを知る。まさに若《なんじ》に語らんとす」——ああ私は知っている、いま話してやろう——というのだが、話そうとしている最中に、その話そうとしていることを忘れてしまう。ここでも答えが得られなかった「知」は、帝宮に帰り、黄帝（中国の伝説的聖帝）に、ことのいきさつを話して、同じことをたずねる。すると黄帝は、「思うことなく、慮ることなくして、始めて道を知らん、処ることなく、服することなくして、始めて道に安んぜん、従うことなく、道《よ》ることなくして、始めて道を得ん」と、初めて「知」に対して答えてくれるのである。

この、なにも思わず、なにも考えず、決められた場所や立場に拘束されず、なにかに従い、すがり、頼りにすることなくして、はじめて道を得、道に安んずることが出来る、という主張は、老荘思想の根幹をなす考え方である。

このことについて、さらに黄帝は「知」の「我と若は之を知り、彼と彼とは知らざるなり、其れ孰《いず》れが是なるか」——私とあなたは道がなにかを、どうすれば得られるかを、こうして知りましたが、あの無為謂と狂屈は知りません、はたして、われわれと彼等と、どちらが正しいのでしょう——という質問に答える形で、次の有名なくだりをいう。

「彼の無為謂は真に是なり、狂屈は之に似たり、我と汝とは終《つい》に近からざるなり、夫《そ》れ知る者は言わず、言うものは知らず、故に聖人は不言の教を行う」。このなかの「知る者は言わず、言うものは知らず」は、『老子』の五十六章にある言葉で、『老子』のなかでも、最もよく知られている言葉の一つである。この粋ないい方は、古来東洋では非常に好まれており、老荘が歴史のなかで、体制、反体制を問わず、インテリ層から根強く支持されてきたのも、こういうところに大きな理由があったように思われる。

黄帝はさらに言葉をつづけて、「道は致すべからず（致《きわ》むべからずという読み方もある）、徳は至るべからず、仁は為《な》すべきなり、義は虧《か》くべきなり、礼は相偽るなり、故に曰わく、道を失いて而《しか》る後に徳あり、徳を失いて而る後に仁あり、仁を失いて而る後に義あり、義を失いて而る後に礼あり、礼は道の華にして乱の首《はじめ》なり」と、儒教に対して激しい論難の言葉を浴びせてゆく。特に最後の「礼は道の華にして乱の首なり」は、礼法を重んじる儒教に対して、そういった人為の規範が、人間の自然性を歪め、そこから、あらゆる虚偽、偽善、謀略などといった、世の乱れが生まれてくると痛論している。古来『荘子』が毒書ともいわれる所以はこの辺にあるのであろう。

こういった、荘子の反文明、反体制的な主張は、多少その毒の部分を薄めた形となって、無住心剣術や、その後に出た天真白井流にもしばしば引用されている。

さて、ここから『猫之妙術』は、いままでの古猫の話を聞いていた剣術者勝軒が、古猫の前へ出て師に対する礼をとり、

我剣術を修する事久し。いまだ其道を極めず。今宵各の論を聞て、吾が道の極所《ごくしょ》を得たり。願はくば猶、其奥儀《おくぎ》をしめし給へ。

「私は長い間剣術を修業していますが、まだその極意に至っておりません。今夜のみなさんの話を聞いておおいに悟るところがありましたが、どうか、そのさらに奥を、お教え下さい」と、懇願するところから後半に入る。

古猫は、はじめ、

吾は獣《けだもの》なり。鼠は吾が食《しょく》なり。吾何ぞ、人のする所をしらんや。

と一応は遠慮するが、「然れ共、われ窃《ひそか》に聞し事あり」と前置きしてから蘊蓄を傾けて説きはじめる。

樗山は古猫の言に托して、一気に次のように語る。

夫《それ》剣術は、専《もつぱら》人に勝《かつ》事を務《つとむ》るにあらず。大変に臨《のぞみ》て、生死《しやうじ》を明らかにする術也。士たる者、常に此心を養ひ、其術を修《しゆ》せずんばあるべからず。故に先ヅ、生死の理に徹し、此心偏曲なく、不疑不惑、才覚思慮を用ゆる事なく、心気和平にして、物なく、湛然《たんぜん》として、常ならば、変に応《おうず》ること自在なるべし。此心わづかに物ある時は、状《かたち》あり。状ある時は、敵あり。我あり。相対して角《あらそ》ふ。如《キ》レ此は変化の妙用自在ならず。我が心、先ヅ死地におち入て、霊明《れいめい》を失ふ。何ぞ、快く立《たち》て明らかに勝負を決《けつ》せむ。たとひ勝たりとも、めくら勝といふものなり。剣術の本旨にはあらず。無物《むぶつ》とて、頑空《ぐわんくう》をいふにはあらず。心、もと形なし。物を蓄《たくわゆ》べからず。僅《わづか》に蓄る時は、気も亦其所に寄る。此気僅に寄る時は、融通《ゆうづう》豁達なること能はず。向ふ所は過《くわ》にして、不レ向所は不及《ふきふ》なり。過なる時は、勢溢《あふ》れてとゞむべからず。不及なる時は、餒《うへ》て用をなさず。共に変に応ずべからず。我が所謂《いはゆる》無物といふは、不蓄不寄《ふちくふい》、敵もなく我もなく、物来るに随て応じて迹なきのみ。易曰《ニク》、無《ク》レ思《フコト》、無《ク》レ為《スコト》、寂然不動、感《ジテ》而遂《ニ》通《ズト》二於天下之故《コトニ》一。此理を知て剣術を学ぶ者は、道にちかし。

すなわち、「剣術はただ人に勝てばいいというものではない。生命をかける大事に直面した時、真に自分自身が納得できる決断と行動をとれるようにする術である。(この樗山の主張は剣術を闘争のテクニックから、思想へと昇華させた新陰流開祖上泉伊勢守の思想を受け継いでいるように思われる。）したがって武士であれば、常にこの決断の心を養い、そのための術を修業しないということがあろうか。

そのためには、まず生死の執着から離れ、その心に偏りを持たず、疑い惑わず、どうこうしようという思慮分別を捨て、心気を和ませてこだわらず、深く静かな心境を保ち得れば、さまざまな事態に遭っても自由に応対が出来るようになる。しかし、この心が少しでもこだわりを持つと、自由な状態に偏りを生ずる。偏りを生ずれば、敵が意識され、自分が意識され、そこには対立抗争が生まれる。そうなれば自然の応対をすることはもはや出来ず、自分の心が窮地に陥って、人間本来の生命の知恵ともいえる霊明さが失われてしまう。そうなればどうして自分自身で納得のいく会心の勝負が出来ようか。もし仮に勝ったとしても、偶然勝ったというだけであり、剣術本来のあり方ではない。

さきほど、この私もはるかに及ばなかった猫が、無物に帰していたと話したが、この無物というのは、ただカラッポでなにもないということではない。心は本来姿形はなく、したがって、なにも溜めたり、溜まったりするものではない。ところがなにかこだわりがあって、わずかでも、この、本来なにも溜めたり、溜まったりしないはずの心に、引っかかりができると、そこに、余計なものが溜まってくる。そうなると、それがたとえわずかであっても、気もまたそれによって、そこに引っかかってしまう。そして、この気が引っかかると、自由自在な働きはたちまち失われてしまい、行こうとすれば、出すぎてコントロールが利かなくなり、静かにとどまっているところは、気が枯渇して、働かなくなり、いざという時、自由に応対することが出来なくなる。私がいう『無物』とは、溜めず、偏らず、敵も自分も意識せず、物（敵）が来れば、こだわりなく自然に応対することである。『易経』に「思うことなく為すことなく、寂然不動、感じて遂に天下の故に通ず」とあるが、この意味を知って剣術を修業する者は、剣術の本旨から外れることはないであろう」。

　ここで勝軒は「何をか敵なく、我なしといふ」と質問を発する。それに答えて古猫は、「自分を意識するから、敵があるので、自分の心にあるこだわりを捨てれば、敵もなくなる」という心法論を次のように展開する。

> 猫云。我あるが故に敵あり。我なければ敵なし。敵といふは、もと対待《たいたい》の名也。陰陽水火のごとし。凡そ形象《けいしゃう》あるものは、かならず対するものなり。我心に象《かたち》なければ、対するものなし。対するものなき時は、角《あらそふ》ものなし。是を敵もなく、我もなしと云。物と我と共に忘れて、潭然として無事なる時は、和して一《ひとつ》也。敵の形をやぶるといへども、我もしらず。不レ知《しらざる》にはあらず。此《ここ》に念なく、感のまゝに動くのみ。此心潭然として、無事なる時は、世界は我が世界なり。

すなわち古猫がいうには、「自分を意識するから敵があるのであり、自分を意識しなければ敵もない。敵というのは、もともと対となる二つのものの片方の現れで、陰陽や水火といった象徴的な対構造（概念）と同じものである。およそ、形（象）のあるものは、すべて、こういった対構造をしている。したがって自分の心に形（意識するところ）がなければ、対立するもの（対となるもの）はない。対立するものがなければ当然争うことはなにもない。これを敵もなく、自分もない、というのである。

対立する物も、自分も、ともに忘れて深くやすらかにして、一切の妄念をなくした時は、すべてのものが調和して一つになっている。この時敵を倒すと、それは自分で倒したという意識はない。というより、ただ自然の流れのなかで自然に動いたというだけであろう。このように心が深く静かで、一切の妄念が消えている時、全世界は自分であり、自分が全世界である、という心境になっているものだ」。

古猫はさらに古人の格言を出して心の持ち方の重要さを説き、千万人の敵のなかで、自分の肉体は打ち砕かれようと、自分の心が慥《たし》かであれば、この心はどれほどの大敵といえどもどうすることも出来ないと諭す。（この言葉も、上泉伊勢守の思想「火炎の内に飛入磐石下に敷かれても滅せぬ心こそ心と頼むあるじなれ」と共通するところがあるようである。）

古人曰。眼裏《ガンリ》有《アリテ》レ塵三界窄《スボク》、心頭《シントウ》無事一生寛《ユタカナリ》、眼中《めのなか》わづかに塵沙《ぢんしや》の入時は、眼ひらく事能はず。元来ものなくして、明らかなる所へ、物が入るが故にかくのごとし。此心のたとへなり。又曰。千万人の敵の中に在て、此形は微塵《みぢん》になる共、此心は我が物なり。大敵といへども、是をいかむとすること能はず。

こう述べてから古猫（樗山）はいよいよ結びに入る。

師は其事《わざ》を伝《つた》へ、其理を暁《さと》すのみ。其真《まこと》を得ることは、我にあり。是を自得と云。以心伝心ともいふべし。教外別伝《けうげべつでん》ともいふべし。教《をしへ》をそむくといふにはあらず。師も伝《つたゆる》こと能はざるをいふなり。只禅学のみにあらず。聖人の心法より、芸術の末に至るまで、自得の所はみな以心伝心なり。教外別伝也。教《をしへ》といふは、そのをのれに有て、みづから見ること能はざる所を、指して知らしむるのみ。師より是を授《さづく》るにはあらず。教ることもやすく、教を聞こともやすし。只をのれにある物を、慥《たしか》に見付て、我がものにすること難《かた》し。これを見性《けんしやう》といふ。悟《さとり》とは、妄想の夢の悟《さめ》たるなり。覚《さむる》といふもおなじ。かはりたる事にはあらず。

すなわち、「師匠に出来ることは、その術技を伝え、その術技の理合を諭すことだけである。剣術の奥旨を悟るのは、あくまでも修業する自分自身であり、それを得た時、これを自得というのである。術の奥旨は禅でいう以心伝心、教外別伝で文字や言葉ではなく感じとるのである。これは師匠が教えないのではなく、教えることが出来ないことだからである。なにもこのことは禅のみではなく、古の聖人の教えから、種々の芸術（普通当時芸術といえば武術を指すが、ここでは広く技芸一般を指しているように思われる）に至るまで、自得というのはすべてこの以心伝心、教外別伝によっている。「教える」ということは、弟子が本来持っていながら自覚できないものを、自覚させるように導くことであり、別に師匠が持っているものを授けるわけではない。言葉で教えるということは簡単であり、それをただ頭で理解するだけなら難しくはないが、自分に本来備わっているものを発見して、わがものとすることは難しいものだ。

　これを禅では「見性する」というのであり、「悟る」というのも「覚める」というのも迷妄から目覚めるということで同じ意味のことである」。

　この『猫之妙術』の著者、佚斎樗山は、下総（千葉県）関宿の久世大和守の家臣で、本名を丹羽十郎左衛門忠明といい、万治二年（一六五九）の生まれである。万治二年といえば、円四郎より三つほど年上なだけであり、この二人はまったく同世代の人物といえる。しかも不思議なことに、江戸時代としては、八十二歳という異例な長命を保った円四郎と競うかのように、樗山も八十三歳という長命で、円四郎の没年の前年、寛保元年に関宿で没している。したがって、この二人は、ほとんど同時代をともに生きたといってもいいであろう。

　本書『猫之妙術』は、享保十二年（一七二七）、樗山六十九歳の時の著作で、その約一年後に有名な『天狗芸術論』が出ている。この『天狗芸術論』が『武用芸術論』などと改題され、江戸時代中期以後の武士の教科書的役割を果したことはすでに述べたが、この『猫之妙術』の方は、明治の剣聖といわれた、一刀正伝無刀流開祖、山岡鉄舟が秘蔵愛読した、と伝えられたことなどもあって、一時は、一刀流の極意、秘伝の書と思われていた時期があったようである。（もちろんこれは誤りで、『天狗芸術論』同様、板行され、書肆から売り出されている。）

ただ、そう誤解されるほど、樗山の著作は江戸期の武術書のなかでは特にすぐれており、明治以後、この『猫之妙術』は、いろいろな形で紹介され、語られてきている。

富田常雄の柔道小説『姿三四郎』のなかにも「これは沢庵が柳生宗矩に伝授した極意とも、又、井藤典膳（忠世派一刀流の祖、小野派一刀流の開祖、小野次郎右衛門忠明の子とも弟ともいわれている伊藤典膳のことを普通は指すが、富田常雄は、伊藤一刀斎か、その弟子神子上典膳——すなわち小野次郎右衛門のこと——を思い浮かべて書いたのではないかと思う）の伝えたものだとも言うが……」という、三四郎の師、矢野正五郎のセリフを入れて、この『猫之妙術』を、全文引用して紹介している。

このように、小説家が自らの作品のなかに、短篇とはいえ、全文を引用したくなるほど、樗山の文は、構成といい、流れといい、きわめて魅力に富んでいるが、これは、樗山が武術の素養もなみなみならぬものがあったと思われる上に、神、儒、仏、さらには老、荘、禅等にも、造詣が深かったためであろう。そのため、樗山は、江戸の多くの識者、文化人等と交流があったようである。

このような顔が広く、しかも武術を論じさせては第一人者であった樗山が、同世代、同時代の剣客として、著名であったと思われる真里谷円四郎を知らなかったとは、とうてい考えられない。『猫之妙術』や『天狗芸術論』に目を通した限りでは、樗山が、直接無住心剣術を学んだ形跡はないが、自分と同じ久世大和守の家臣、植松三右衛門が、一雲に破れて以後、一雲の熱心な門下生になっていること、享保六年には、将軍吉宗も無住心剣術に関心を示し、旗本のなかに何人か、一雲の高弟がいたことなどを考え合わせてみると、樗山が少なからぬ関心を無住心剣術に対して持っていた、と考える方が自然であろう。

ただ、円四郎が健在で、無住心剣術が歴史のなかの流派ではなく現役であった当時においては、正式に入門して稽古を積み、それ相当のところまで行かなければ、伝書や詳しい話を聞くことは出来なかったに違いない。しかし、武術の論客としてすでに一家をなしていた樗山としては、いままでのすべてを捨てて、無住心剣術に走るわけにもいかず（もっとも、その気もなかったであろうが）、もっぱら、当時の人の噂や体験談を聞き集めて、無住心剣術の実体を想像していたと思われる。

その場合、樗山は無住心剣術をどのように分類していたのであろうか。

これは筆者の推測であるが、樗山は『猫之妙術』のなかの「灰毛の初老猫」を、無住心剣術と重ね合わせ「心法の剣術」として考えていたように感じられる。後に詳しく述べるが、無住心剣術は、「古今ノ兵法諸流、心ヲ以テ之ヲ論ズ、心豈ニ応ニ論ズベケンヤ、唯気ノミ」と「気」を強調している剣術であるが、一般の印象としては『前集』で編著者の川村弥五兵衛自身も、自流である無住心剣術のことを、「心法とてつかふ剣術を、後代の諸人見給ひ候はば……」と書いているところからみて、「心法の剣術」と見られていたように思う。
このような「状況証拠」からみて、筆者は、「灰毛の初老猫」は、どうも樗山が、無住心剣術系統の剣客批判のために登場させたように思えてならない。
もっとも『猫之妙術』にみられる樗山の傾向からみて、樗山自身が無住心剣術の思想を否定している様子はなく非常に評価もしていたと思われるが、この流派が、ともすると口先だけの理兵法に陥る者が出やすい危険性は、少なからず感じていたように思われる。したがって、無住心剣術に共感を覚える面は多々あったであろうが、全面的にはこれを支持しなかったに違いない。
そのあたりの感触は、樗山が自らの剣術思想を、最もまとまった形で書いている『天狗芸術論』のなかで、
剣術は勝負の事なりといへども、其極則に及ては心体自然の妙用にあらずといふ事なし、然ども初学の士にはかに此に至ることかたし、故に古人の教は形の自然にしたがつて縦横順逆のわざを尽し、易簡にして強ることなく、筋骨の束ねを正し、手足のはたらきを習はし、用に当り変に応ずるのみ、事《わざ》に熟せざれば、心剛なりといへども、其用に応ずることあたはず、
すなわち、「剣術は勝負を争うものであるが、その極意に至っては心身の自然の働きを

活用するということだけである。しかし、初心の者が、すぐこの境地に至ることは難しい。したがって、古人の教えは身体の自然に順《したが》って縦、横、順、逆の術技を尽し習わせ、無理をせず筋肉や骨格の発達を促し、手足の使い方を学ばせ、何事かあった時、ものの役に立つように教育したものである。すなわち、実際的な術技を十分に修練して使いこなせるようにならなければ、いかに心が剛健で胆がすわっていようとも、武術として実際の役には立たないものである」と、体を通した具体的な武術の稽古をも重視している点からみて明らかである。

この考え方は、『猫之妙術』のなかで、「吁《あ》、汝の修する所は、所作のみ」と「するどき黒猫」を批判しながらも、後に「道器一貫の義なれば、所作の中に至理を含めり」と『天狗芸術論』と同じ主旨のことを説いているところからみて、これは樗山の剣術に対する基本的主張であろう。

樗山はさらに禅の「悟り」を例に出し、

心体開悟したりとて、禅僧に政を執しめ一方の大将として敵を攻むに、豈よく其功を立んや、其心は塵労妄想の蓄へなしといへども、其事に熟せざるがゆゑに用をなさず、

すなわち「悟りを開いた名僧がいかに明鏡のような境地で軍勢を率いて戦に臨んでも、具体的な軍事の知識や経験がなければ役に立たず勝てるはずがない」と説得力のある文章

を書いている。

このように『天狗芸術論』は、理に偏することを戒めているが、同書の巻ノ四に「収気の術」という、白隠の錬丹法を思わせるような、寝て行なう気の養成法を載せているところから、この『天狗芸術論』も、理に過ぎているという批判が出てくるのである。

たとえば、『天狗芸術論』が刊行されてから約六十年後の天明七年に板行された『芸術二葉始』では、著者の古萱軒緑水が、

其題する所は天狗芸術問答とあり。ひらきて見るに、其理《り》のこまやかなる事、ひとつとしておろかならず。くり返して見るほど、心ざしのたよりすくなからず。近来の妙書ならんと、義経の虎の巻得給ひしもかくやと、うれしく乞取《こひとり》て秘蔵せしが、

と、『天狗芸術論』を非常に称揚しつつも、同書が、技術がある段階まで達した者にはいいかもしれないが、技術も未熟な者には、やや難解であると述べ、技術からして未熟な初心者への教示を受けようとして、再び天狗を呼んで天狗に聞いたという形で書いている。

また、無眼流三代、大東満兵衛良興が書いた『剣術論』も、この『天狗芸術論』を非常に意識している。同書では「天狗論ニ述ル所、理ヲ説ク事大旨好シ」とは述べているものの、前述した『天狗芸術論』巻ノ四の「収気の術」については、

近キ頃、樗山子トカヤイフ人ノ編ル、天狗芸術論ヲ見侍リシガ、心気ヲヲサムル術ヲ云所ニ、仰向《アフムケ》ニ寝テ、シカ〱スル事ヲ述タリ。是ヲ修シ覚テ、又坐シテシカ〱スル事、修行ノ日数ヲ積テ、変ニ逢テモ心気動ゼズ、事ニ応ズ、事ニ応ズル事速《スミヤカ》ナルヨシヲ記セリ。是俗ニ云フ青表紙ニテ、迂遠《マハリドホ》ナル事也。箇様ニセズシテ、刀ヲ持チ敵ニ向ヒテ、此術ナル《(成)》事アリ。仰向ニ寝テ能《ヨク》治リテモ、又起カヘリテハ変ズル也。况ンヤ手ニ剣戟ヲ持、敵ニ向フニ及デハ、坐シタル時ノ如クニハ有ベカラズ。殊ニ最前アヲノケニ寝タル時ノヤウニハ似モツクベカラズ。勝負ノ用ニハ立難シ。

と、論難を加えている。「収気の術」を青表紙すなわち子供用の絵草紙だと酷評しているのは、この無眼流が、体術、気術、剣術の三術によって構成されており、そのなかでも特に「気術」を重んじて、その具体的な独自の修業法を持っていたからであろう。この無眼流は、無住心剣術と思想的に非常に重なる面がある一方、その思想の展開のさせ方や具体的な稽古法は、無住心剣術とはまったく異なっていたようで、無住心剣術を考える上では、天真白井流とともに、参考流儀となるだろう。

しかし、このように『天狗芸術論』について言及した本が出たということは、同書がいかに江戸中期以後の武士達の間で広く読まれたかを示している。

2　千葉周作にみられる近代合理性の萌芽

さて、この『天狗芸術論』が江戸中期以後の武士の剣術に対する思想の教科書的役割を果したことからみて、この本は当時の武家社会から拒否されない健全な思想書であったといえよう。反体制的な『荘子』の毒も、この場合は話を面白くする「隠し味」あるいは香辛料として働き、かたい儒教をはじめとする当時の武士の一般教養書よりは、よほど魅力があり剣術への興も湧いたであろう。

さきほど、異獣さとりのところで触れた千葉周作も、千葉自身、手記や剣術の手引書などを書き、歌なども詠んでいるところから、樗山の著作にはもちろん目を通し、学ぶところ、共感するところもあったと思われる。

千葉が『剣術初心稽古心得』のなかで、

稽古中気は大納言のごとく、業は中間小者の如くすべし

と説いたり、『剣術修業心得』では、

気は早く　心は静　身は軽く　目は明らかに業は烈しく

という歌を紹介しているところなどを読むと、樗山と符合するところがあるように感じられる。しかし、樗山よりは百五十年ほど後の時代に生まれ、竹刀防具による打合稽古によ

って近代合理思想の気配とでもいえるものを、その体内に宿していた千葉は、樗山の『猫之妙術』にあるような名人のエピソードとは本質的に肌が合わなかったようである。たとえば、千葉はその著『剣術物語』のなかで、「昔の名人同士の試合は、互いに見合ったまま双方動かず勝負がつかなかったといいますが——

又問ふ、古の名人は勝負に臨み、互に見合ひて、勝負の付かざることありと承れども、今は箇様の事を承はらず、此儀は如何候や、

という門人の質問に答える形で、次のようにそういった伝説的な名人同士の試合を批判している。

答へて曰く、業を以て術《じゅつ》を遣ひ、術を以て業を遣ふ、業を専らとすれば勝負烈しく、術を専らとすれば勝負静かなり、互に静かなれば明かにして、其の明かなる場合に同気すれば、輙《たや》すく打出す事難し、勝たんとすれば、負くるの虎口《こぐち》あり、故に理を専らとして覚えし術は、業に達者ならずして、烈しき業に破らる、然れば今の形剣術様《やう》の事にて覚えし上手同士ならば、如何にも右様の事もあらん、左れども互に烈しき業を以て当るに、勝負付かずと言ふことなし、名人の五分同士にて勝負付かざれば、下手の五分同士にても勝負付かぬ筈なれども、其沙汰なし、これ全く世の物語にして、互に心ばかりを対し、

業を対せざる故、打出さずして勝負付かざることなど言ひし事と察せらる。

すなわち答えていうには、刀を扱う具体的な技術をもってする剣術と、心術をもってする剣術との違いは、具体的な剣技を主とする勝負は烈しく打合うことになるし、心術を主としてお互い対すれば、その勝負は容易に打ち出せず静かなものとなる。つまり、この場合、へたに打ち出すと、その機を逆にとらえて打たれるおそれがあるためだ。したがって、こうした心術を主とする術者は、時に具体的剣技を烈しく使う者に負けるおそれがある。双方が烈しい打合稽古を行なわない「型剣術」のみを修業して上手となった者同士であれば、たしかに互いに見合ったまま動かず勝負がつかないようなこともあったであろうが、両者がともに烈しい打合稽古による剣術（千葉が推奨する竹刀による打合稽古であろう）を修業している者であれば、見合ったまま勝負がつかないなどということはない。

つまり各人同士が同等で勝負がつかないならば、下手な者同士でも同じ程度であれば勝負がつかないこともあるはずであるが、そうした話は聞いたことがない。つまり、このような、名人同士が互いに見合ったまま動かず無勝負に終わったなどという話は、いまの剣術からみれば神話伝説の類で、互いに相手を探り合うのみで、実際に技を闘わせられなかったため、名人同士は互いに見合ったままで無勝負に終わるなどといい伝えられたのだと思われる。

この千葉の意見は、剣の精神を重要視する伝統的な一刀流の剣客や無住心剣術等を尊重する心法派の剣客に対する具体的な批判ともいえる。

新興の竹刀防具による打合稽古によって、新しい剣術の稽古体系を世に広めようとしていた千葉にとって、この見解は当然といえば当然であるが、剣の神秘性、尊貴さを信奉する剣客達の目には、さぞかし小賢しい才子と映ったことであろう。『日本剣道史』のなかで山田次朗吉が、「北辰一刀流と号しても別に新案を加へて術の異なるものではなかった」と述べた後、さきほど引用したような千葉の言行を次のように例に引き、

千葉の説くところは玄妙に趨せず。何人にも了解し易く。而も其人剣柄を握つては鬼神を凌ぐ腕前があつたので、当時の青年の其門に蝟集すること頗る多いのは異しむに足らぬことであつた。最初日本橋品川町に道場を設けてから神田に移つての繁昌は、殆んど天下第一であつたのである。千葉が一刀流より自立したのは、時代に迎合した傾きもないではないが、千変万化を主とする剣術に、いつも一刀流の下段星眼でばかり構へては、対手の気を見るといふ機先がない。そこで構へなどは敵に随て三段四段自在に扱はせた。

と、評価しつつも、やや批判的なのは、日本の剣の道の精神の高邁さを鼓吹した山田らしい解説である。

こうした、千葉の言動をみていると、千葉が上州で古流の馬庭念流と衝突を起こし、いわゆる「伊香保騒動」を起こしたのも当然であろうという気がしてくる。このような近代

的感覚を持っている千葉の眼からみれば「相ヌケ」などといっている無住心剣術は、はなはだいかがわしい剣術に見えたであろう。

ただ千葉は、中西道場で修業していた当時、寺田五右衛門、白井亨といった無住心剣術に傾倒していた先輩剣客からも、直接指導を受け、白井の稽古熱心と寺田の非凡な実力は深く認めている。白井の紹介はすでに書いたので(一九七ページ)、ここでは寺田について書いているところを引用してみよう。

扨《さて》寺田氏は鞱打ちの稽古は更にせぬ人にて、組太刀計り稽古致せしなり、或時師家中西の門人、寺田氏に向て鞱打の稽古を望みしかば、寺田氏云ふ、我等は何れも承知せらるゝ通り竹刀の試合ひは好まず、併し達て望みとの事なれば是非に及ばず、拙者は仕馴れたる素面素籠手にて、木刀を以て相手すべし、御手前は面籠手《めんこて》にて身を固め、拙者と試合ひの上、此の方に透き間あらば、少しも遠慮に及ばず、頭なり腹なり、勝手次第に十分に打ちたまへ、拙者は決して打たれ申すまじと、断然云ひ放たれければ、何れも其の高言を憤り、寺田氏に重も疵を負はし呉れんものと、或る一人は手早く面籠手を掛け、鞱打ち振り立ち向ふ、寺田氏は素裸にて、二尺三寸五分の木太刀を提げ、しづ〳〵と立ち向ふ、此の体を見て、中西氏は云ふに及ばず、同門の人々も、すは事こそ起りたれと、手に汗を握り、此の勝負如何有らんと、瞬きもせず見居たりしに、相手は寺田氏の頭上真ツ二つにせんと心中に思ふとき、寺田氏は声かけて、面へ打ち来れば、摺揚げて胴を打つぞと云ふ、又相手寺田氏の籠手を打ち折らんものと思へば、寺田氏声掛けて、籠手へ打ち来れば切落して突くぞと、悉く相手の思ふ処、為さんとする事を察し、一々其の事を陳るにより、相手は中々に恐ろしく、何一つ仕出したる業もなく、すご〳〵其の場を引き退きて感服致せしなり、其の跡へ二三人入れ替り、我れこそ寺田氏を打ち挫がんものと、交る〳〵立ち合ひたれども、何れも同様にて、寺田氏に向かひ一度も打ち出すこと叶はず、皆々同氏の術に深く感服せし事あり。（『剣術名人の位』）

すなわち、「さて寺田氏は防具竹刀による稽古は、まったくしない人で、組太刀（型）ばかりを稽古している人であった。ある時、同じ中西道場の門人数人が（この寺田の態度を日頃から面白くなく思っていたのであろう）、寺田氏に向かって、竹刀による打合稽古（実質的な稽古試合）を望んだところ、寺田氏は、私は諸君らも承知のとおり竹刀の打合など好まない、しかし、どうしてもというならば仕方がない、私は日頃から使い馴れた素面素籠手に木刀でお相手をしよう。貴公らは、面籠手の防具をつけ、私と試合えばいいだろう。私が防具を着けていないからといって遠慮はいらない、もし少しでも隙があれば頭であろうと腹であろうと好きなところを存分に打ち込みたまえ、私は決して打たれるようなことはない、と断固としていい放った。この寺田氏の自信に満ちた言葉に挑戦者らは憤り、寺田氏を打ちのめして半殺しにしてやろうと、なかの一人は素早く面籠手を着け、竹刀をとって立ち向かう。寺田氏は素面素籠手のまま、二尺三寸五分の一刀流の定寸の木刀を提げて少しもあわてずしずしずとこれに向かう。この有様を見て、道場主の中西氏はもとより、居合わせた門人一同、これは見ものだ、と手に汗を握り、いったいこの勝負はどうなるか、と瞬きもせずに見守った。挑戦者は寺田氏の頭上を真っ二つにしてやろうとしたのであろう。すると即座に寺田氏は、これを感じとったのか、面へ打ち込んでくれば、摺り上げて胴を打つぞ、という。そこで、また相手は、今度は籠手を打ってやろうと思ったのであろう。するとまた寺田氏は、籠手へ打ち込んでくれば、これを切り落して突きを入れるぞ、という。こうして寺田氏は相手が行なおうとする動きをすべて察知し、その度にそのことを指摘するため、相手は身動きが出来なくなってなに一つ技を出せず、すごすごと、その場を引き退いて兜を脱いだ。その後つづけて二、三人が挑戦し、自分こそ寺田氏を打ちのめしてやろう、と立合ったが、いずれも同様な結果となり、ついに誰一人として寺田氏に向かってただの一度も竹刀を打ち出せた者はなく、居あわせた皆々寺田氏の術の見事さに深く感服した」。

この寺田の試合ぶりには、千葉もよほど感ずるところがあったようで、以後、寺田に就いて組太刀（型）の修練にも熱を入れたようである。しかし「日本剣術の革命児」といわれた千葉だけに、寺田を高く評価しつつも、決してそれ以上、白井のように惚れ込みも深入りもせず、新興の竹刀防具による打合稽古の重要さを説いて、自分の立場を守り、次のように述べている。

又た此の教話により熟考するに当流にて組太刀と云ひ、諸流にて形と唱ふる業は熟達致したく思ふことなり、此の業に練磨せざるときは真の勝負に於て大に齟齬する処あるべし、然れども組太刀或は形と唱ふるものは理にて、韜打ちは業なれば、車の両輪、鳥の両翼の如し、故に理業兼備の修業こそ切に望む処なれ。（『剣術名人の位』）

すなわち千葉は、この寺田の試合により、一刀流で組太刀といい、他流では型という、剣術の原点としての術技も十分に習熟しなければならないと思ったようである。「この組太刀が十分に磨かれていないと真剣勝負の時、勝手が違ってあわてることになるであろう。しかし、組太刀、あるいは型というものはその流儀の剣術の理合を示すもので、竹刀打の稽古は、実際の体の動きを練るものであるから、組太刀と竹刀打は車の両輪、鳥の両翼のように相補って修業するのが剣術の本筋である」。

この寺田の試合のエピソードを千葉はこう結論づけて終わっているが、この部分は千葉が自己の剣術に対する信念が寺田の試合ぶりで揺がぬよう入念に自分の思想を整理した形跡がうかがえる。この稿も、おそらく往時を思い出しながら言葉を選んで念を入れて書いたことであろう。

ここで多少筆者の想像を拡げてつけ加えるならば、千葉が異獣さとりの話を、この寺田のエピソードを述べた後で『剣術名人の位』のなかに加えているのは、寺田を意識してのことと思われる。相手が心中に思ったことを即座にいいあてるさとりは、まさに寺田とオーバーラップしたことであろう。とすれば、「心法の剣術といっても寺田先生程度ではまだ不十分だ。剣客の最終目標は無心に飛び出した斧にある」と師に対し不遜なばかりの思いを千葉が抱いたとしても、千葉ほどの人間ならば不思議ではない。

しかも千葉のしたたかさは、それを露骨には表わさないことである。

しかし千葉は、具体的な術技を詳しく説きながらも、自分一人は、心法の剣術の研究を人知れず行なっていたふしがある。

それがあったからこそ晩年になっても高弟達と立合って敗れなかったのであろうし、幕末の多くの剣術の流儀をリードする立場に立てたのであろう。

ともかくも、千葉周作は、現代に生まれていれば一代にして大企業を創り上げていたことであろう。そのことは、千葉の来歴と、千葉が開いた北辰一刀流が現代剣道にまで強い影響を与えていることからもうかがえる。

ところで、千葉がそれほどの成功をみたのは、剣の技量と、明晰な頭脳に加え、師の権威、体制の権威に呑み込まれず、あくまでも自分の意見を持ちつづけたことであろう。

その信念と行動は、しばしば、師匠や先輩に不遜と受けとられたであろうが、千葉は、表面は出来る限り柔軟に対応しつつも（これが千葉のしたたかなところであり、成功をみた理由でもあろう）、基本的信念は一貫して変えていない。これらの千葉の性格、資質は、新たな大組織、体系を創る者にすべて必要とされるものである。

もっとも古来、一流を樹てた者は師匠を深く尊敬はしていても、過剰な憧れや惚れ込み方は決してしないものである。憧れというものは、本来、自分が及ばない、手が届かないものに対して持つものであり、憧れをいつまでも持ちつづけているようでは進歩にブレーキがかかってしまう。もちろん、初心のうちの憧れはその人間の進歩向上への強い誘引力となって働くが、そうした気持ちからしだいに脱皮して、自分自身の観察力を養い、価値観を育てなければ、本質的な向上は望めないものである。

もっとも、こうした変化は、往々にして武術界では、生意気で傲慢な態度にみられることが多く、一流を樹てた者の多くが、旧師に背く形となってその流儀を開いている。

無住心剣術の開祖、針ケ谷夕雲も、師の小笠原玄信の技法を否定してこれを打ち破り、新流儀を開いたが、これなどは、単に師に背く以上に師匠に打撃を与えている。

千葉周作も、その師に背いて一流を樹てた典型例の一人であり、旧師、浅利又七郎とは、義理の親子関係まで結んで、一時期、浅利姓まで名乗っていたが、剣の理念がどうしても合わず、浅利家を出て北辰一刀流を開流したのである。

千葉周作の指導法にみられる近代性は、いままでの伝統的な一刀流の稽古、指導法を詳しく検討しなおして合理化をはかったことであろう。たとえば、従来の小野派一刀流の進級段階が、小太刀、刃引、仏捨刀、目録、かな字、取立免状、本目録皆伝、指南免状と八段階になっていたのを、千葉は思いきって整理し、初目録、中目録免許、大目録皆伝の三段階に制定しなおしている。

また、とかく「経は、わからぬところがありがたい」などと思われがちであった難解な剣の理の解説を、前述したような平易な表現にあらためて教えた。そのため、剣術の技法原理そのものは、師伝の中西派一刀流と大差はなかったにもかかわらず、大変な評判を呼び、「千葉の玄武館で学べば、他の塾で三年かかる業は、一年で功成り、五年の術は三年にして達す」と喧伝され、神田お玉ケ池といえば千葉の道場「玄武館」の代名詞になるほど盛況をきわめた。玄武館の最盛期は、道場の広さが一町四方にも及び、鏡心明智流の桃井春蔵直正の士学館、神道無念流の斎藤弥九郎善道の練兵館と並んで、江戸三大道場の一つに数えられたが、その規模の大きさでは断然他を圧していた。したがってその後の日本の剣術界に与えた影響はきわめて大きく、現代剣道の形態も千葉周作を抜きにしては語れないほどである。

筆者の個人的感想では、千葉の日本剣術界に対する功績は、功罪相なかば、というより現代剣道の現状をみるにつけ、罪の方が大きかったのではないかと思っているが、千葉周作という人物が出現したこと、そのものについては「歴史の必然」というのであろうか、あるいは「時代が呼んだ」とでもいうのであろうか、不思議な感慨を抱かずにはいられない。なぜならば、この大盛況をきわめた千葉道場が、ちょうど幕末の風雲期に現われ、千葉が水戸家に仕えた奇縁もあって、この道場が、幕末志士の養成学校となったからである。また、この千葉の近代合理主義的思考法による教授法が、幕末から明治にかけて流入してくる西洋文化や思想を受け入れやすい下地をつくったと思われるからである。

千葉周作成政は安政二年（一八五五）十二月十日、六十二歳で没する。四男一女あり、そのなかでも次男の栄次郎は、「千葉の小天狗」と謳われるほどの遣い手で、江戸一との評判もとったが、三十歳で早世した。また周作の弟子千葉定吉は、「桶町の千葉」と呼ばれ、京橋桶町に道場を構えたが、ここで塾頭を務めたといわれるのが土佐の坂本龍馬である。

とにかく千葉周作は、現代剣道にまで及んでいるその影響力の大きさからいっても、柳生但馬守などとともに宮本武蔵に次ぐ、その知名度からいっても、日本の剣術史を論ずる上では外すことの出来ない人物であることだけは確かである。

いま、千葉周作のところでも寺田五右衛門について触れたが、寺田の剣術思想をよく検討してみると、どうも無住心剣術というより、伝統的な日本剣術の考え方が色濃く、さきに述べた『天狗芸術論』や『猫之妙術』を著わした佚斎樗山の剣術思想と非常に重なる部分が多い。おそらく寺田は（資料としては残っていないが）樗山の著作も相当深く読み込んで参考にしていたと思われる。

その状況証拠は、次に引用する津田の『一刀流兵法韜袍起源』の序文を書いている中西是助（中西派一刀流の四代目である忠兵衛子正のこと、寺田に就いて組太刀を学んだ）の文のなかに出てくる寺田の言葉である。目を通してみれば明らかなように、この言葉は、時に言いまわしまで『猫之妙術』等の樗山の文章にきわめて似通っている。（関心の深い方はさきに引用した二八一ページの『猫之妙術』の引用部分と読みくらべていただきたい。）

依テ寺田氏ニ謁シテ、予愚盲ヲ忘レテ就テ深意ヲ学バント請フ。寺田氏吾ガ言ヲ可トシ、サラバ御流義ノ荒増《アラマシ》ヲ語ラン、（中略）故ニ兵法ハ専一ニ人ニ勝ツ業ヲ成ストイヘドモ、全ク修行ニ勝ツ事ヲツトメ行フニ非ズ。変ニ臨デ、生死ヲ明《アキラカ》ニスル術ナリ。生死ノ理ニ通徹シ、心ニ偏曲ナク、疑ヒナク惑ヒナク、思慮分別ヲ用ヰズ、心気平《タイラカ》ニシテ常ナレバ、変ニヲフ（応）ズル事自在ナルベシ。此心僅ニ物アル時ハ、形チ出来《イデク》ル。形チ有ル時ハ、敵アリ。我有テ、相対シテ争ヒナリ。心クラミテ霊明ヲ失ナフ。故ニ明ラカニ勝負ヲ決スルコトナラズ。一刀流ノ本理ニアラズ。

このように寺田が述べたということは、寺田が竹刀防具による打合稽古には強く反対していたものの、型、組太刀を基礎とした古流各派の在り方には、むしろ肯定的であり、無住心剣術のように、従来の一切の稽古法を否定してはいなかったことがうかがわれる。おそらく寺田は、先述したように、夕雲や一雲の達した境地には尊敬を抱いていたのであろうが、その剣術としての具体的な展開のさせ方については、武家の通念や常識と相容れないことや、それによって起こる混乱を読みとり、この無住心剣術に対しては、ある程度距離をとって、それ以上は踏み込まないようにしていたと思われる。あるいは、白井にこの無住心剣術の伝書を見せる時「あまりこれに深入りするなよ」といった意味のことをいい添えたかと思われる。

3 無刀流開祖、山岡鉄舟

こうした寺田の剣術思想と、寺田が禅に縁が深かったことを思い合わせて考えていると、寺田がいた中西道場の流れを汲み、やはり禅によって大成して「明治の剣聖」と仰がれた一刀正伝無刀流の開祖、山岡鉄舟が思い浮かんでくる。

ただ、鉄舟は一刀流に属し、禅の影響を強く受けて無刀流を開いたが、竹刀防具による打合稽古が特色の北辰一刀流や、やはり中西道場の流れを汲む浅利又七郎義明（二代目の浅利又七郎で、中西忠兵衛子正の子として生まれ、初代浅利又七郎の許へ養子に行った人物。初代浅利又七郎義信は、はじめ千葉周作を養子にしていたが、千葉が浅利姓を捨てて出、新たに北辰一刀流を開いたため、中西家からこの義明を養子に迎えたのである）に学んだためか、寺田の組太刀主義とは異なった、竹刀での打合稽古を主としており（といっても、千葉道場のような理業一致の論理的なものではない）、その点かえって、多方向から無住心剣術や天真白井流を考える上で興味深いところがあるので、その剣術思想と稽古法ならびに鉄舟の人間風景をここで紹介しながら、無住心剣術や寺田、白井（主として、白井）の剣術と対比させてみてゆきたい。

山岡鉄舟は、白井亨とは年代的には重ならないが（白井は鉄舟が八歳の時に没している）、本書のはじめに触れたように（二八ページ）、鉄舟とは晩年まで非常に親しかった勝海舟が、白井と立合って驚嘆したことを述べていることからみても、また、鉄舟がかつて寺田や白井を輩出した中西派の系統の一刀流を学んだことを考えても、鉄舟自身が、寺田や白井のことを知らなかったということは考えられない。

しかし、鉄舟の剣術に関する多くの資料に目を通してみても、鉄舟が寺田や白井、さらに無住心剣術の夕雲や一雲などに関心を持った形跡は見えてこない。これは鉄舟の気質が、素直（この場合の素直とは直情径行でやや単純という意味も含む）で明るく、たとえば現代でも歓迎される「明るく純情なスポーツ根性ものの主人公」といったところがあったためであろう。

《たしかに鉄舟自身が書き遺したものや、門人が記録したその教えのなかに無住心剣術について直接説いたものはないようだが、このちくま学芸文庫による増補改訂版を出すため、『一刀正伝無刀流開祖　山岡鉄太郎先生遺存剣法書』『山岡鉄太郎先生直筆剣道書』『山岡鉄太郎先生直筆剣道書　続編』『一刀正伝無刀流開祖　山岡鉄太郎先生年譜』をあらためて調べてみると、鉄舟が『一刀流兵法別伝天真伝兵法目録（明道論）』『一刀流兵法韜袍起源』『夕雲談話（夕雲流剣術書）』『帰嬰書』『辞足為経法　前集』『平常無敵山内蓮真剣術書』と、天真白井流・天真一刀流・無住心剣術・平常無敵流の伝書を写本していたことがわかる。このうち『一刀流兵法韜袍起源』は、おそらくは、白井の孫弟子で、信州松本で天真伝二刀流を開いた能勢頼誼から借り受けて筆写したものと思われる。しかし、すでに述べたように（二四六ページ）、鉄舟が不用意に、こうした心法の剣術に近づかなかったのは、白井の門人筒井六華が抱えたジレンマを知っていたからかもしれない。》

体は大きく、気はやさしくて力持ち、男らしい整った顔立ち、性格は、いい出したら決して後へ退かない桁外れの負けず嫌い、それでいて金銭に淡白で、常に貧者に心を配り、「時の名士」であったが、まったく身に贅沢をせず、いつも人の為の借金だらけ。具体的な例を挙げれば、鉄舟は宮中の侍従を務め、俸給は三百五十円という、当時としては破格の高給をとっていたが、弟分の石坂周造の二十五万円という大借金を背負っていたため、侍従をやめるまで、給与のなかから二百五十円を差し引かれており、残った百円も、義兄の高橋泥舟の生活費その他、身近な者達へ渡していたため、手元にはまったくといっていいほど残らなかったといわれる。そのため、身分柄馬車を使うようにと、宮中から馬車を贈られたが、

馬車ならで我が乗るものは火の車かけとる鬼のたゆる間もなし

と詠んで笑い、相変わらず人力車に乗っていたという。

このような、いわば国民的英雄の典型ともいえる鉄舟が、禅に深く関わったとしても、無住心剣術や、それを尊崇していた白井の剣術のような、具体的術技を捨てて過度に心法に傾いた流儀に魅力を感じなかったであろうことはうなずける気がする。

ただ、白隠を尊崇するところが篤かった鉄舟は（鉄舟は自分が中心になって、臨済宗各派

の管長を説き、明治政府に白隠に国師号贈賜を願い出ている。この願いは叶えられ、白隠は明治天皇より正宗国師の国師号を贈られている)、白隠が説いた「練丹の法」や内観法をもって宿痾の胃病を治そうと試みたりはしていたようである。

それだけに、鉄舟が、寺田や白井、特に柔和無拍子の無住心剣術に惚れ込んだ白井の剣をどう考えていたかは知りたいところであるが、まったく、一切なにも感想を述べていないところをみると、やはり、肌が合わなかったのであろう。

鉄舟はどうも、激しく体を動かして青春を謳歌するような稽古を好んだようであり、それは鉄舟が開いた一刀正伝無刀流の稽古法が、はじめは竹刀の持ち方とか基本的なことはなに一つ教えないで、面籠手胴に身をかため、「四谷の薪割」と噂された太く短い竹刀で終日猛烈に打ち合わせる、という方法であったことからも明らかであろう。

鉄舟は、こうした稽古法がよほど性に合っていたらしく、自分自身、一日二百面、七日間連続して千四百面の数稽古を行なっており、後に、鉄舟の道場春風館では「誓願」の制度を設け、この立切稽古をもって昇進の試験としている。

ただ、一日二百面の第一期(これを通るには満三年の稽古を積み、その上で終日立切二百回次々と入れ替わって立ち向かってくる先輩同輩と試合をするもので、無事に終われば、鉄舟から十二ケ条の目録と青垂れが与えられた)と、三日間連続の立切六百面の第二期(これを通ると仮名字目録が与えられた)まで通った者はいたが、最後の七日間立切千四百面を通って免許皆伝となった者はついに出なかった。ただ、長谷川運八郎という者が一人、どういう理由か鉄舟より免許皆伝を受けている。

この立切時における消耗の激しさは、言語に絶したと伝えられており、こうした方法はいわば死線をくぐることの擬似体験として、たしかにそれなりに十分意味があったと思われるが、白井亭が見たら間違いなく眉をひそめたであろうし、寺田も決して賛意は表わさなかったであろう。ただ、寺田と鉄舟の共通点は二人とも、一刀流の型を尊重しこれを伝えたことである。鉄舟は猛烈なる竹刀による打合稽古とは別に、小野派一刀流の正脈を伝えていたと伝えられる小野家九世小野業雄に就いて組太刀を学び、これを継ぐが、この時「中西派に伝わる組太刀は伝書と符合しない所があったが、小野派に伝わったものは、伝書とみな一致して、世の外見的華法に流れる弊が少なかった」と述べたという。そのため、鉄舟自身が開いた無刀流の頭に「一刀正伝」をつけたといわれるが、こうした鉄舟の行き方をみていると、鉄舟は寺田よりもさらに保守的な伝統尊重派であったともいえる。

伝統尊重と新興の竹刀打合という、寺田や白井にとってみれば相容れがたいものを両立させていた鉄舟には、その剣術思想に両者を取り入れるための深刻な思想探究の過程がみられないが、これは鉄舟の持って生まれた素直で明るい性格からいって、人間そのものを深く掘り下げて考える、という哲学者や思想家としての資質が薄かったからと思われる。鉄舟は、硬骨漢で、思いやりがあり、そのエピソードは型にはまらぬユニークなものが数多く、野人的印象が強いが、本質的にはラディカルな考え方が育ちにくい、いわば体制的な思考の持ち主であったようだ。

そうした鉄舟の志向は、鉄舟が門弟の籠手田安定等に語ったという「武士道講話」が教育勅語の参考資料になったという説からもうかがえるし、キリスト教や自由民権運動に対しても、まったく耳を貸さなかったエピソードからも察することが出来る。

こういった点をみても、革新的、前衛的な無住心剣術やこれに憧れた白井とは合わなかったことが、あらためて納得できる。

また、白井とはまったく立場が違うが、山田次朗吉は『日本剣道史』のなかで鉄舟を称揚しつつも、次のようにやや批判的に評している。

居士の無刀流は忌憚なく評すると、森厳に過て本能を発揮せしむるに難い批難を免れない。故に上根も下根も多くは効半ばにして貫通の器たることを得ぬ憾みが多かつた。

この論評は、剣術が禅臭を帯びることを好まなかった山田らしい意見といえるが、気を失うまで太い竹刀で猛烈に打合をするという無刀流の稽古方法が「森厳に過て本能を発揮せしむるに難い」という感想は、やや場違いな感じもする。

ただいえることは、無刀流が、禅によって鉄舟が得た境地と、鉄舟自身が持っていた血気盛んな若者好みの稽古法との間に落差がありすぎ、この落差に梯子をかけることは鉄舟以外には誰も出来なかったのであろうということだ。

したがって無刀流は、香川善次郎等によって多少後世に伝わったが、すぐに衰微してし

まった。もちろん鉄舟自身、そのことは十分に予測していたことであろう。それは、鉄舟が最晩年に、司馬温公の、

金ヲ積ミテ以テ子孫ニ遺スモ
子孫、未ダ必ズシモ守ラズ
書ヲ積ミテ以テ子孫ニ遺スモ
子孫、未ダ必ズシモ読マズ
……

を、妻英子に後事のことを尋ねられた時に書き遺していることからも察せられる。

これを書いてからほどなくであろう、明治二十一年七月十九日、山岡鉄舟高歩は、五十三歳の生涯を閉じる。法名は全生庵殿鉄舟高歩大居士、谷中の全生庵に葬った。

山岡鉄舟は筆者が「尊敬する人物」として初めて自覚した歴史上の人物であり、個人的な感情としては、現在でも強く惹かれているが、夕雲一門のような徹底した既成概念の排除からくる、一種荘子的な「毒の魅力」といったようなものは、感じられない。これは多分に鉄舟の性格によるのであろうが、あるいは、伝統を否定し去ることの危険さを鉄舟自身の心の奥底では感じており、ユニークな稽古、修業法を創りはしたが、伝統とは決して離れないようにしたのかもしれない。

とにかく、夕雲も鉄舟もともに禅を通して剣術に開悟したと伝えられるが、このような生き方の違いをみていると、人間の思想とその展開のさせ方の多様性をあらためて感じさせられる。

五　日本の剣術思想にみられる「気」の概念

1　「気」の概念の芽生え

『前集』は、一雲の書いた『夕雲流剣術書』や『天真独露』等にくらべると、無住心剣術の技法や稽古法について、ずっと具体的なことが書かれており、夕雲流の実態を知る上では、最も貴重な資料といえる。ただ、そうはいっても無住心剣術自体が他の諸流の剣術とは著しく異なった概念にもとづく剣術であるため、具体的とはいっても、その解説は、きわめて難解であり、抽象的である。すでに述べたとおり、「型」も、さまざまな太刀捌きの技術もない、文字通りの「無住心」剣術であったこの流儀は、一雲が『夕雲流剣術書』のなかで、

イガタ（鋳型）ナクテ手離レノシタル兵法故、当流ニハ他流ヨリハ結句心得違ヒアリテ、正脈ヲ取失フ紛レ者ノ出来《イデキタ》ラン事ヲ深ク恐レテ、此一巻ヲ記ス。

すなわち「当無住心剣術は他流のようなその流儀特有の「型」がない不定形な心法によ

る自在な剣術であるため、それだけにかえって他流にくらべ、当流の流儀の真意が伝わりにくく、当流の正しい伝承が失われてしまいやすい。それを憂えて、ここにこの一巻を記す」とわざわざ断っているように、一般的にはきわめてわかりにくい剣術であった。

このわかりにくさは、無住心剣術が、いわゆる剣術諸流のような、具体的な種々の構えや太刀捌きを用いず、それに代って目に見えない「気」の運用を特に重視する剣術の構造であったからかもしれない。

とにかく、無住心剣術の大きな特色は、この「気」の強調であろう。無住心剣術の極意の伝書といわれている『天真独露』は、冒頭「凡ソ諸人之気ニ四種之分チ有リ」から始まり、随所で「気」を論じ、たとえば、「古今ノ兵法諸流心ヲ以テ之ヲ論ズ、心豈ニ応ニ論ズベケンヤ、唯気ノミ」と「気」を強調している。

現在、一般には「武道と気」とは切っても切り放せないほど深い関係のように思われており、たとえば合気道などは「気」抜きには論じられないような感がある。しかし、日本の武道史上最も広くその名を知られている宮本武蔵には、後世の「気」という概念はほとんどなかったようである。

武蔵の書いた『五輪書』は、著名な剣客が長年の経験で得た剣の技法と思想を、自分の言葉、自分の表現方法で書いたものとして、最もよく知られている剣術書であるが、それだけに、体の運用等についての説明は具体的で、次のように詳細をきわめている。

身のかゝり、顔はうつむかず、あふのかず、かたむかず、ひづまず、目をみださず、ひたひにしわをよせず、まゆあひ《(眉間)》にしわをよせて、目の玉うごかざるやうにして、またゝきをせぬやうにおもひて、目をすこしすくめるやうにして、うらやかに見ゆるかを、鼻すぢ直にして、少おとがひを出す心なり。くびはうしろのすぢを直に、うなじに力をいれて、肩より惣身はひとしく覚へ、両のかたをさげ、脊すぢをろく《陸(まっすぐ)》に、尻を出さず、ひざより足先まで力を入て、腰のかゞまざるやうに腹をはり、くさびをしむるといひて、脇差のさやに腹をもたせて、帯のくつろがざるやうに、くさびをしむると云をしへあり。
惣而《そうじて》兵法の身においては、常の身を兵法の身として、兵法の身をつねの身とする事肝要也。能々吟味すべし。

しかし武蔵は、このように身体の在りようについては細かく説いているが、江戸時代中期以後諸流の剣術で常識となった「気」については、なにも述べていない。一、二ケ所で「気」「景気」といった記述があるが、これはごく常識的な「素質」とか「状況」といった意味で使われており、後世のような、心と気を区別して、気にそれなりの意味を持って考えているような気配はまったくなく、武蔵は心という言葉のなかに、後世の気の概念、気の働きを含めて論じている。

そういう点、この『五輪書』は、東洋神秘的な雰囲気が稀薄で、実地の戦闘で勝つことを主眼に述べており、現代の心理学や企業戦略とも通ずる点が多いようである。そのためか、かつて、アメリカのビジネス街で、この『五輪書』の英訳本が大ヒットしたことがあった。

それだけにこうした武蔵の実戦重視の精神は、その後の観念的精神主義の比重が大きくなった、武蔵より後の時代の剣術思想とは、かなり異なっており、そのため、武蔵に対する反発は、先述した神谷伝心斎の例からもわかるように、江戸期からも相当にあったようである。

本書のはじめに述べた、山田次朗吉と山田の影響を受けた直木三十五の武蔵批判なども、そうした伝統を受け継いだといえるかもしれない。

ただここで武蔵の剣術と「気」についてつけ加えておきたいことは、武蔵の創始した流儀、二天一流が後世広がらなかったことからもうかがえるように、武蔵の流儀は剣術の体系としては、どこか特殊な武蔵の個人的体構造ならびに精神構造からくる偏りがあったとしか思えず、それを武蔵は武蔵自身が個人的に持っていた天才的力量、気迫で埋めていたとしか思えない点である。逆にいえば、そうした天才であったからこそ、その剣術の体系には癖のある偏りを生んだのかもしれない。（それはたとえば一般の武士には難しい、大刀を片手で扱うことを奨めている、といった面にも具体的に表われている。）このことは、すでに何人かの先人が指摘されているが、筆者も同感である。

この武蔵の気迫（武蔵自身は、すでに述べたように「気迫」などという語は使っていないが）が、後世でいうところの「気」の働きの一つかもしれず、もしそうならば、たとえば『猫之妙術』で虎毛の大猫が目指した「気の武術」は、あるいはこの系統に入るかもしれない。そういう面からみれば、武蔵は、いわばナマな「気」を最も直接的に用いた剣客といえるかもしれない。

ただ、末期とはいえ戦国乱世の匂いをかいだことのある武士の一人として武蔵は、この気迫ですべてを間に合わせるという考え方は決してとっておらず、実際の武具の良否や、心理的かけひき、体の運用の仕方にも十分に心を配っており、これはまさに戦闘者としての面目躍如というところであろう。

ところで、直木が武蔵と対比させて、この人物こそ日本を最も代表する剣客、と述べた上泉伊勢守信綱は、『夕雲流剣術書』においても「兵法中興ノ名人也」と述べられているように、日本の剣術に具体的な哲学性、精神性を持たせた最初の人物であったように思われるが、この伊勢守も、その創始した新陰流を説くのに「気」といった言葉や概念は用いていない。

「気」が兵法（剣術）の理合のなかで語られはじめるのは、徳川家の剣術指南役となった上泉伊勢守の門弟、柳生石舟斎宗厳の子、但馬守宗矩の頃からであろう。これは泰平の時代になって武士が読書階級となり、中国の古典に通ずるようになって、そのなかから、しだいにこの気の概念を発達させてきたためと思われる。

特に、徳川家の末永い安泰を築くため、武士の野性味を抜くということに苦心した柳生但馬守（とそのブレーン達）は、武士を積極的に読書階級にするために禅を学び、また中国の古典を学んで、武士がその武の修練を、武蔵のような「合戦、実戦のため」ではなく、個人の人間形成のために行なうように方向づけたともいえる。

こうした傾向は江戸期に急速に広まり、剣術、柔術など多くの武術書が中国の古典の理を取り入れて論じるようになり、「気」ということが「心」と分けて用いられはじめた。「気は心を載せて体を使うものなり」という『天狗芸術論』にみられる所説は、その最も典型的なものである。この『天狗芸術論』はすでに述べたように佚斎樗山によって書かれたもので、以後幕末に至るまで、『武用芸術論』などと改名されたりして武士の教科書的存在として広く読まれたものである。

2 無住心剣術における「気」

そうした「気」の概念が独立して現われてきた傾向のなかにあって、無住心剣術は、「型」による具体的な「技」の修練をまったく行なわない流儀であるだけに、いっそうこの「気」の理論を自流の骨格として使ったようである。無住心剣術では「気」を「心」と完全に分離して、さきほどの『天真独露』にあるように、「古今ノ兵法諸流心ヲ以テ之ヲ論ズ、心豈ニ応ニ論ズベケンヤ、唯気ノミ」(傍点引用者)と断言し、つづいて「故に気に転換の法有り調養之術有り」と述べて、無住心剣術にはそうした気を養う修業法があったことをもらしている。

この『天真独露』にいう調養の法というものが、どのようなものであったかについて、円四郎は『前集』のなかでこの『天真独露』の一節を引いてから次のように解説している。

先生云、清濁強弱は気に有て心になし、気半身以上へ昇る時は、半身以下は足らず、其時は脚下に養ふべし、右へ片寄れば左へ足らず、左へ強くかたよれば右へ足らず、前へ強く進めば、余りて後ろ足らず、腰のはまり強過れば、下を払はれてあたる、是皆気の濁りて片釣《かたつり》になる故に也、其気を転換して、片寄らざるごとくに、其気を調養するの術なり。

すなわち、円四郎はここで、「ふつう心が清いとか濁っている、また意志が強いとか弱いといわれているものは、みな「気」の働きによるもので心の領域ではない」と断じている。(もちろん、これはあくまでもこの場での表現方法であり、無住心剣術が心法の剣とも呼ばれているように、心を無視しているわけではない。現代も同様であるが当時の言葉の概念も気と心は分かちがたいところがあったと思われる。それだけに無住心剣術の新しい概念を打ち出すため、こうした表現方法をとったのであろう。ここでは特に気が感情と体の動きを直結させるものとして説かれている。)

そして、「気が上半身に上ってくると、下半身が頼りなくなってくるから、このような時は特に脚下、足の裏に気を養うような気持ちを持って、気を引き下げるようにしなければならない」と具体的な気の養い方について説きはじめ、つづけて、「また、気が右へ片寄れば左が足りなくなる、左へ片寄れば右が足りなくなる。前へ強く向かえば後がそのために足りなくなる。さらに腰もしっかりと据えすぎると、かえって居ついてしまい自由が利かなくなる。これらは、みな、本来は全身に均等に満ち保たれているべき気が、濁って片寄っているために起こるのである。したがって無住心剣術では、こうした片寄った気をよく転じて、体の部分に片寄ることなく全身によく流通して自然な本来の気が体に充ちるよう調え養うことが大切なのである」と述べている。

この気を「脚下に養う」ということは、『天真独露』の本文のなかでも次のように強調されている。

一物眼ニ遮《さへぎ》ル時、之ヲ見ント欲スレバ則チ気、上リテ半身以上ニ走セ半身以下ハ空気也、是レ兵法ノ寇《あ》ダ也、見ルトキハ眼気ニ任セ必ズ応《まさ》ニ脚下ヲ養フベシ

さらに一雲は、いかにも医塾の学頭出身者らしく、つづいて経絡の用語を用いて次のように補足説明をしている。

頭上百会穴ハ極陽ナルガ故ニ却テ天ニ一水ノ気在《あ》リ足下湧泉穴ハ窮陰ナルガ故ニ却テ地ニ二火気在リ百会ヲ忘レ湧泉ヲ認ムルコト専要也

この「気を脚下に養う」という考え方は、おそらく道教の大周天や荘子の「真人は踵をもって呼吸する」といったあたりにヒントを得て開発されてきたものであろう。無住心剣術は、こうした実際の修業法に老荘の影響が濃いため、禅で開悟したといわれる夕雲であるが、いわゆる「剣禅一致」というような禅臭が少ないのであろう。無住心剣術が、いってみれば体制的通俗的な「剣禅一致」趣味とは異なった型破りなところがあるのは、そうした理由にもよるのかもしれない。

実際、『天真独露』を読んでみると、禅の用語はほとんどなく、老子からの引用が目立つ。これは夕雲の、さまざまな体捌きを捨て、ただ太刀を引き上げて落すだけ、という技術(人為)否定の簡素な剣術が、一雲には老子の所説との符合を強く感じさせたからかもしれない。

中国は、「自然随順」を宗とする東洋思想の、いわば母国ともいえる存在であるが、同時に、火薬、羅針盤、印刷技術等の元を発明した国でもあり、そういった面からみれば、中国は、近代ヨーロッパの科学文明の生みの親とまではいえなくとも、祖父母か曾祖父母の一人としての役割は十分に果している。

中国に、そういった、いわば「原科学」とでも呼べるものが胚胎していた大きな理由は、陰陽思想という、人格神なくして自然現象を説明する、というきわめて「科学的」な土壌があったからであろう。近代および現代の欧米知識人のなかに、この中国思想を知って、強く魅せられた者がいるのは、十分にうなずけることである。

日本は、その中国文化の影響を最も濃く受けているにもかかわらず、どうも、そのなかにある「原科学」的文化には、微妙に異なった反応をしてきたようである。

その一例が「気」に対する認識の仕方の相違である。日本の思想というより、嗜好というべきであろうか、日本人の感性とでもいうべきものなのであろうか、それは、常に、物事に対して、理科学的な把握と、文学的情感的な把握とを絶えず溶かし合わせた形で、とらえようとしていたように思われる。そのため「気」も中国的な、いわゆる生体エネルギー的な考え方の影響を濃く受けた江戸期以後にあっても、ごく身近な日常感覚の用語として日本人のなかに生きつづけ今日に至っている。このように、新しいものを積極的に取り入れても、それを旧来のものと溶け合わせて使ってゆく、曖昧さを許容してゆく文化感覚の伝統というものが日本にはずっと在りつづけてきたように思う。こうした感覚の善悪についてては、たやすく断じられないが、この感覚があったからこそ、明治維新以後、短い年月で西欧の文化技術を習得することが出来たのであろう。

では、中国思想が生んだ、この「気」は、日本人好みの感覚により、どのような概念として育てられてきたのであろうか。剣術の場合、もちろん、流派により、また個人個人により、それぞれ異なっているが、概して、気を心と肉体をつなぐ媒体としての認識以上にはあまり、特殊なエネルギーとしては考えていないようである。幕末の剣客としては、最も有名な先述した北辰一刀流の開祖、千葉周作が「それ剣は瞬息、心気力の一致」という有名な言葉を残しているが、門人の森景鎮は、自著『剣法撃刺論』のなかで、この言葉を次のように解説している。

扨この心気力別れ〳〵なる時は剣法の用弁を致さず、たとへば砲薬の如し、硫黄、白硝、灰と別れ〳〵にある時は勢至て弱く、三品合法する時は勢ひ当りがたく、天地も震動するに至る、是合法の力ならずや、心気力も又同じ、力余りありても心気別れ〳〵なれば又用弁なしがたし、孫子の兵勢の篇に在るがごとし、一致ならざれば全勝を取ことかたし、間不レ容レ髪と云も心気力一致の謂なり、石火の機と云も心気一致の謂也、敵の未発の機を打つも心気力一致の謂なり、又猫の鼠を捕るも心気力一致の謂なり、

これは、さきに述べた、『天狗芸術論』の「気は心を載せて体を使うものなり」と同系統の、日本武術の最も典型的な「気」のとらえ方であろう。

森は、ここで心気力を、火薬の三つの成分にたとえて述べているが、このたとえは、すでに述べたとおり天真白井流の白井亨が、晩年、その剣術の三大要素、神丹と空機と赫機を、同じく火薬にたとえていることと重なり、発想に共通するものがみられて興味深い。

もっとも、この森は、不二心流の開祖である中村一心斎の知遇を得て、白井と同じように内観練丹の法を修業しているから、似てくるところがあるのも当然かもしれない。不二心流も、当時の富士講の影響を受けた心法の色あいの濃いものであるが、農村に入り農業指導も行なうなどユニークな流派である。

一心斎の剣術の実力は、千葉周作がその著書のなかで感服しているほどであるから、当時の剣客のなかでは、第一流のものであったと思われる。

一心斎はこの流儀を生みだすために多くの流儀を学んでいるが、最も影響を与えたのは、桂小五郎（木戸孝允）が学んだ神道無念流であろう。

3 丹田の発見

さて、この「気」を生み出す母体ともいえるものに、東洋独特の身体観から生まれた「丹田」がある。

丹田については、白井亨の「練丹の法」のところですでに述べたが、ここであらためて「気」とは切っても切り離せない、この「丹田」について考えてみたい。

身体のなかで場所だけあって実体はなく、したがって解剖しても見当たらない、それでいて、体の感覚を研ぎ上げてゆくと、具体的に体感されてくるという、この奇妙なもの「丹田」が、いったいいつ頃発見されたのか、それはわからない。

丹田の語源は、丹薬すなわち不老長寿の秘薬が稔る田の意味があるというが、この語が中国で出来てからでさえもうどのくらい経つかわからない。当然丹田の感覚、概念は、この言葉よりずっと以前から伝えられてきたであろうから、東洋における、この丹田の歴史は少なくとも数千年は経っていると思われる。

なぜ、この丹田が発見され伝承されてきたかについては、いままであまり論じられてこなかった。つまり「丹田に力が集約され、丹田を中心に動くと最も合理的な動きが出来る」、そういうものなのだ、という定義と反論を許さぬ伝統がずっとこの丹田についていたように思う。もちろん筆者も、この丹田についての定義に反論をするつもりはない。ただ、どうして、この丹田というものを発見、設定したのか、その背景を考えることも、人間をみつめる上で重要ではないかと思うので、ここで少し筆者の考えを述べてみたい。

いま、丹田について、発見、設定、というやや意味の違う言葉を使ったが、まさに、この丹田とは、発見といえば発見であり、設定といえば設定ともいえるものである。すなわち人間という、特定の生活形態があるわけでもなく、本能による生活技術はほとんど持っていない、自由といえば自由、不安定といえばこれほど不安定はないような哺乳動物にとって、この不安定を、安定させ一つの恒常性を維持させるものはどうしても必要だったと思われる。

そうした背景のなか、東洋には古くから心身不二の思想感覚があり、この精神の不安定さは、身体の不安定さと一つのものだという見方があって、そうした面からも、人間の二本足という不安定な姿勢を、より安定させ、より合理的に運用しようとしたと思われる。このような必然性の上に、丹田は発見、設定され、これを開発する方法も種々考えられてきたのであろう。

では、なぜ丹田は東洋でのみ発見発展研究され、西洋にはないのであろうか。筆者が思うに、西洋は、人間が感じた不安定さからくる不安を、キリスト教の人格神に全面帰依することと、科学を発達させ、知的に知ることで解決しようとしたのではないだろうか。つまり、不安とは、わからないから不安なわけであり、その不安が知的欲望を生み、科学を発展させたということである。

もちろん東洋、西洋といっても人間であることに変わりはないから、東洋のなかにもいわゆる科学的発見や、道具の発達はあったし、西洋人のなかにも「丹田」という言葉や概念は一般化してはいなかったが、すぐれた職人や芸術家等は、自分の技術が最もよく発揮される時、丹田、すなわち下腹部に独特な安定感を感じていたようである。たとえば、世界的なチェロ奏者カザルスは、身体の中心に黄金の重みを感じる、といっていたという。ただ、西洋では、この丹田が感覚として一般化せず、民族全体の雰囲気、気分といったものに影響を与えなかったため、頭脳的思考力が優先される文化を創っていたのであろう。

これに対して、身体感覚が、民族の文化に大きな影響を与えた東洋は、この丹田という第二の本能（というほど強くはないが）のおかげで、体を通して行なう動作、作業が身につき、体を使って働くことが、西洋よりも苦役とは感じなかったように思われる。仕事を苦役とは考えていなかった例は、日本の職人が代表的であるが、たしかに丹田を中心に自分の体が効率よく動くことは、高性能なメカニックな機器を上手に操作しているような快感が生まれるものである。

東洋に自然随順、人為をなるべく加えないことを尊ぶ思想が生まれたのも、この丹田の発見設定と関係が深いであろう。ただ日本では、この練丹を説く「道教」が一度も本格的に入ってきたことがなく、他の中国文化に付属して若干入ってきた程度であったため、丹田は感覚としてはあったが、はっきりした形では、中国ほどには知られていなかった。白井が「練丹の法」を伝えた人物として白隠の名を強調するのも、日本にそうした道教的背景が薄かったためであろう。白隠以前にも「練丹の法」を説いた者はいたであろうが、主に特殊な人間や団体の間でひそかに受け継がれていたのであろう。武士も含めた一般人に「練丹の法」を広めた功績はやはり白隠に帰せられると思う。白隠は白幽仙人から教わったという神話的説得力を持たせて巧みにこの「練丹の法」を広めている。

白隠が、単なる山林の禅修行者でなく、禅の教育者としても著名になったのは、それまでの具体的な手段を否定していた禅の修行法によって、あたら有為の青年達が、体をこわしたり、ノイローゼ、時には発狂することを憂えて（真面目に一心に取り組む者ほど、具体的な修行方法が不完全であった禅の修行では、潰れていったと思われる）、こうした者達を救済するために、あえて現世利益の色も濃い、具体的な心身の健康法となる「練丹の法」を説いたのであろう。（これは、白隠が初学では日蓮宗に就いていた影響かもしれない。日蓮宗は救国済民的思想が強く、白隠の意識の奥には、これが染みとおっていたように思われる。）

さて、気に関連してよく論ぜられるものに「超常現象」があるが、無住心剣術を支えている「身体を通した、よほど確かな感覚」とは、一種超常的な感覚だったのであろうか。もちろん、常人には出来ない、受け外しも躱しもしない剣術を可能にさせるものであるから、見方によっては「超常の力」ともいえようが、これは念力や法力と呼ばれる一種の集中力を必要とするものとは明らかに違うものであろう。

なぜならば、武術という再現性が重要視される技術体系のなかでは、きわめて特殊な状態に自分を置かなければならない技術では間に合わないからであり、相手にとっては不思議と見えようとも、それを術として使う者自身にとっては、それがいささかでも奇妙や不思議であってはならないからである。そのことについては一雲も『夕雲流剣術書』のなかで、

第一、当流修行ノ人ハ、芸者ノ心ヲ捨テ、何トゾシテ兵法ヲ芸ニナサヌ工夫、兵法ノ所作ニ妙不思議ノ生ゼヌヤウニト慎ム事肝要ナリ。

すなわち、「超常願望を持つな」と念を押している。また、無住心剣術が折に触れては「常の気のまま」を強調するのもそのためであろう。

しかし、命のやりとりという人間にとって平常とは著しく異なった状況下では、「火事場の馬鹿力」のような異常なことも起こりやすい。すでに述べたように剣術になんの心得もない素人が、切羽つまって時に剣術の練達者をも圧倒するような動きをすることがあったようだし、その他、古来から極限的状況下ではさまざまな「超常的」なことが起きてきているようだ。

『夕雲流剣術書』や『天真独露』では一雲は一切そうした「超常的」なことに触れていな

いが、円四郎は『中集』のなかで一雲から聞いた話も含めて次のような「超常的」なエピソードを述べている。

一雲の云、気の移りし儘に行は、をかしきものなり、或鷹匠のはなしに云、或時はやぶさを合せしに、跡よりへ緒《を》を持て走り行て見れば、豆の葉の中をへ緒にて縫通して有りし葉中を、鷹の突貫きて通りたるこそ、不思議の事なりと話してけると也、又云、鷹匠の人主君、秘蔵の鷹を取放して、それに付て走り行、前に有ける川を一文字に越行、向にて漸と鷹を据上《すゑあ》げて、帰りに元の川を渡りにのぞみしが、たやすくかち(徒歩)渡りにならぬ水勢にて、回りて帰りしと也、又、或人の云、江戸の町名主平右衛門所の二階にて、三四人夜話して有けるに、向の町屋より火事有て、水よ〳〵と呼声を聞、平右衛門おどろき、直に二階の窓より飛出し、ひさしの上にて世話をやきしが、少しの火事故程なく火も消し、故にもとの窓より入らんとせしに、窓の口狭くして入帰事ならず、ひさしへはしご掛けて、廻りて帰し、その頃不思議の事に人話しき、

円四郎が『中集』で、このような鷹が豆の葉のなかを突き貫いて通った話や、鷹を夢中になって追った鷹匠が、鷹を追いかけている時は目の前の激流も知らぬ間に一気に渡り、鷹をつかまえて落ち着いてからは、とても歩いては渡れなかった話、さらには、火事に驚いた町名主が、やはり火事が消えて平静に戻ってからはとても通れなかった二階の小さな

窓から飛び出した、というような「超常的」な話をここで説いたのは、無住心剣術で相手を意識せず――つまり「目ニハ色ヲ視ルト雖モ瞽ノ如ク」――、ただ何心なく入ってゆけば、相手の太刀の長短やさまざまな太刀筋などは自然と外れて身に障らないということを、これらの話を例にしていいたかったからであろう。それは円四郎が、いま引用した話に関連させて『中集』のなかで次のようにも説いていることからもうかがえる。

先生云、心に思慮有て勝負の場に立てば、敵間遠く見えて中の勝負に塞《ふさが》れて、向へ届かざるものなり、中の勝負を忘れて、向へ広く見れば、障《さは》るものなく届くなり、譬ば前に高山大河有て、行く事のならぬに似たり、高山大河も本来無きものと観ずれば、心に障るものなし、

このような「意識しなければ、ないも同じだ」という観念の転換によって認識感覚自体を変え、それによって既成の常識的な動きの枠を超えようとすることは、たしかに人間以外の他の動物には真似の出来ないことであり、そういった面から見れば、無住心剣術が、受け外したり、躱したりする種々の太刀捌き、体捌きを用いる他流の剣術を「畜生兵法」と呼ぶことは当然かもしれない。

しかし、こうした極小の動きで済むように工夫しぬいた剣術というのは「人為の極」の剣術といえるかもしれず、そうすると、「人為を捨て『天理の自然』に基づく」という無

住心剣術の根本理念とは矛盾することになってしまう。

これをもってみても、人間の行為のなかでなにを人為といい、なにを天理の自然というかはきわめて難しいといえよう。すなわち、いま述べたように、相手が斬り込んできた太刀を躱したり、受け外したりする動きの方が、生物の働きとしては自然ともいえるからである。

4　無住心剣術における気の練成

話が少し外れてしまったが、無住心剣術が相手の認識作用の根本に直に入る剣術であるのに対し、天真白井流は、なにか気が具体的に出ると感じる道具を必要としたように思われる。白井が自分の木刀の先からは輪が出る、といったというのも、そういった白井の剣術の特徴のためであろう。

すなわち、無住心剣術の場合の「気」は、白井のような、いわばエネルギーとして放射されるものという見方も時にはとっているが、それよりも、状態、状況そのものを表わし、時にはそれを媒介するという働きの方が主となっているように思われる。

もとより、きわめて把握しにくい概念である「気」を特定することは不可能であるが、『中集』で円四郎は、この「気」が放射されるという働きと、感応するという働きとの双方を認め、またその両者の関連について次のように説いている。

一気の万物を貫き通すを見よ、一気の木石をつらぬき通すを見よ、形の大小に依らず、生枯《せいこ》につれて軽重あり、木のもくは気の貫き通りたる是跡ならんか、石の内へも貫て、竪横のもん有り、水の内へも入て冷温有り、寒気・暑気の諸人の肉身を貫き通すを見よ、いづれの所より入来て、いづれへ移り行くと云ふ境はなし、一身一枚につらぬく、爰を以て、吾流の気の敵を貫き通すも、是に等し、敵を一まいにつらぬく、我が気ばかりを以て敵をつらぬき通して立つにはあらず、名人は空気と連れ立ち、能《よく》貫くものは敵の気とつれ立つ、空気と連立、万物と連立、是を以て貫く、

すなわち、「根源としての気がすべてのものを貫き通してゆく様子を見よ、たとえば木や石は形の大小によらず生きている木、枯れている木それぞれに応じて気は貫き通している。木に木目があるのは気が通った跡ではなかろうか。石のなかにも竪横の目がある。また気は水のなかに入って冷温を司る。冬の寒気、夏の暑気を人びとが感じるのも、またこの気を感じるからであろう。どこから来て、どこへ行くという境目もなく、この気は体全体を通ってゆく。

無住心剣術の気が敵を貫き通すのもこれと同じで、敵の全体を貫いてゆく。しかも、こちらが発する気のみで敵を貫くのではない。当流の名人は空気と一つになり、また敵の気、万物の気とも一つになって敵を貫くのである」。

こうした「気の運用」を養うため、無住心剣術では、まず全身を気の滞りがないように

調養するために、「気を脚下に養う」という感覚を実感できるように訓練をしたのであろう。

この訓練法の原典は、おそらく中国の道家の大周天等と呼ばれる呼吸法であると思われるが、同じく道家の主要な訓練法、修業法であった「練丹の法」をなぜ無住心剣術では説かなかったのかは多少疑問が残る。ただ考えられることの一つは、「練丹の法」で特に丹田を意識してゆくと健康になり、それなりに能力も出て来るが、他との協調、交流を断ち切って突出してしまうおそれがあるということである。

前述の肥田式強健術の肥田春充などはその典型例であり、寺田もおそらくはそうであったと思われる。そして、そうはなるまいと白井は種々稽古法を工夫したようであったが、やはり白井も自分の後を継ぐほどの者はついに育てられず、白井の道統は白井一代で終わってしまった。これに対して、無住心剣術は三代続き、道統を継いだ一雲や円四郎以外にも、かなり使えた者が何人か出たということは、皮肉なことだが、この無住心剣術が「後人が学ぶのに手掛かりがない」とこの流儀を批判した白井の剣術よりも、結果としては門弟が学びやすかったといえるのかもしれない。もっとも円四郎の代で、円四郎のあまりの天才性と無住心剣術自身が内包していた矛盾点が露出して衰微してしまったが。《『武田真里谷家譜　全』の発見によって、さらに数代伝承されていたことが明らかになった。》

とにかく、無住心剣術が、その「気を養う」のに「練丹」というような方法をとらず、もっと自由な「体感を主とした意識の統御」とでもいうような方法を用いていたらしいことは、『中集』に出ている次の円四郎の教示からも推察できる。

一先生云、形は柔順とやはらかに、気は健剛とすこやかにせよと古人も被ㇾ仰候、当流も形に気を仮さずして、やはらかに養ひたるがよしと被ㇾ仰候、

一或人、気をすこやかに養ひ候と云は、形を柱にもたれ、心をしづめ、眼をふさぎて居候得ば、養ひ候哉と尋ければ、先生云、気はさやうに養ふものにはあらず、形を静にしてこなたに置、気は眼に任せて庭中の松枝を見れば、自然と気はあなたに移り養ふと被ㇾ仰候、

すなわち、「先生（円四郎）は身体は柔らかに、気は強く健やかにせよとは古人の教えであるが、当流も知識でいい状態を知って努めようとせずに、体を柔らかに養うことが大切であるとおっしゃっている。

ある人が「気を健やかに養うには、体を柱にでももたせかけてゆるめ、心を鎮めて目をつぶれば養えるのでしょうか」と先生に尋ねたところ、先生は、「気はそんなふうにして養うものではない、まず身体を静めてこちら（部屋のなか）に置き、気は、庭の松の枝でも、自然と目で見るに任せておくようにして見ていると、自然と気は松の枝へと移ってゆき、それによって自分のなかに健やかな気が生まれ育ってゆくのである」とおっしゃった」。

この静かに身を置いて松の枝を見て気を養うという方法は一種の「観法」、木との感応道交と思われるが、「練丹の法」などの、いわば身体的なナマナマしさにくらべると、その内容が抽象的であるだけに、この内部感覚を研ぎ澄ます方法は詩的で透明感があり、不思議な広がりを感じさせる。

六　逆縁の出会い——武家思想に与えた禅の影響

1　命のやりとりをどうみるか

精錬工夫によって磨き上げられた技術を、そのまま肯定するのではなく、そういった技術を超えた、無為無心の、まったく何気ない動きこそが剣術の極意奥義である、という思想は、すでに述べてきたように無住心剣術のみならず、日本の剣術諸流のほとんどが、その根底に潜在的に持っている考え方である。表面的善悪を超え、無心の境地で剣を揮うことをめざす、というこのような思想があるからこそ、人間の本能が最も強く禁止している人間同士の命のやりとりを敢えて行なう武士が、社会の表舞台に立ち、独特の文化を創り上げてきたのであろう。そして、それが現在の日本人の思想、志向にまで影響を及ぼしていることを考えれば、この武家の存在が、日本独特の思想や文化の形成に大きく作用したということは、間違いないであろう。

日本の武家の思想は、中国にはみられない日本独特のものである。中国においても武は重要なものではあったが、必要悪とみなされていた面が濃く、「兵は凶」「武は不祥の器」等という言葉が、それを象徴している。

この中国の「武」に対する考え方は、もちろん日本にも入ってきたが、日本の武士達は、この文明大国中国の古語には怯まなかったようである。いや、多少内心は怯むところもあったのであろう。それは次のような神道無念流の壁書に多少影を落している。（この神道無念流は幕末長州の桂小五郎——後の木戸孝允——が学んだ流儀として有名である。）

兵は兇器といへば其身一生用ふることなきは大幸といふべし。これを用ふるは已むことを得ざる時なり、私の意趣遺恨等に決して用ふべからず是則暴也。戦陣君父の讐の如きに用ふるは義のある処也。是則武徳也云云。

しかし、この壁書にもあるとおり、義を立てることでこの影を払い、日本の武士達は、命のやりとりを正面から肯定しようとしてきた。

なぜ、そのような志向が日本で生じ、育ってきたのか、そのことについて筆者は拙著『武術を語る』のなかで「逆縁の出会い」と名づけて、この思想について論じたが、ここで改めて、この「逆縁の出会い」も含め、武士が日本の身分社会のなかで頂点に存在しつづけられた理由を、「禅」の影響なども見据えながら考えてゆきたい。

いったい、人と人が命をかけて太刀を把って向き合うということは、どういう理由によるものであろうか。本来生物学的にみれば、哺乳類で同種間の殺し合いをするものは、まずめったにみられない。鼠は殖えすぎて、ヒステリー状態になった時、時として、そういう行動を起こすというが、もっと大型の哺乳類では、わずかな例外を除いてはまず見当たらない。そして、その例外の代表が人間である。人間という、高度に知能の発達した哺乳類が、そのような同種間の殺し合いを行なわざるを得なかったというのは、その高度な知能によって、生活環境を改変し、人間にとってより都合のよい状況を作り出したためであろう。

つまり、そうした作業によって猛獣、病原菌といった「天敵」に対しても、干魃、風水害といった「天災」に対しても対抗することが出来るようになり、人間という「種自身」の手による種の個体数の軽減——すなわち人口調整——を行なわないと、種全体が滅んでしまう危険を背負ったためと思われる。

このことは、人間にくらべれば、はるかに知能が低いとはいえ、他の哺乳類のなかでは、きわだって高い猿の仲間に同種間の殺害行為がみられることからも裏づけられるように思う。アフリカのチンパンジーや、インドの猿ハヌマンラングールにみられる、単なる異常状態ではない慣習化した子殺しの事実は、知能が高く、そのため殖えすぎた個体数を、自らの手で調整しようとしているためであろう。

しかし、基本的には本能が最も強く禁じている同種間の殺し合いを行なうということは、特に意識が発達した人間にとって、大きな負い目であることは確かであろう。そのため人類は、長い歴史のなかでずっと、この極悪行為を、どう位置づけるかということで苦慮してきた。

「殺すなかれ」という教えは、仏教、キリスト教を問わず、宗教のなかで最も基本的な教えである。しかし、他の動物とは懸絶した知能を持ってしまった人間の反作用（業）ともいえる、この種自身の手による種の個体数の調整、すなわち人間と人間の命のやりとりは、有史以来の人類の歴史のなかで、かつて止んだ時期は一度もなかった。

このパラドックスに苦しんできた人間――特に宗教心を持っている人びと――にとって、人間と人間が命をかけて立合いながら、お互いに打てず、打たれずの状態となって「相ヌケ」になる、という無住心剣術の理合は、たまらない魅力であったろう。禅の鈴木大拙翁が夕雲に強い関心を示したのも（二〇および三五三ページ）、そうした理由によるものと思われる。

たしかに、無住心剣術の「相ヌケ」は、世界中の武術、格闘技術史を調べてみても、他にその例をまったくみない特異な理合であろう。（理合というより「状態」というべきかもしれない。）ではなぜ、日本という精神風土で育った剣術以外では、このような「相ヌケ」が生まれなかったのであろうか。

その最も基本的な理由は、日本における武の社会的地位が、単に政治権力的に高かったということではなく、日本の文化、思想自体へも大きな影響を与えた存在だったためであろう。西欧では中国のような「兵は凶」と見る「崇文軽武」（文を尊び、武を卑しむ）の思想はなく、勇者は称えられ武人はそれなりに尊ばれはしたが、その戦闘技術そのものが、思想化、哲学化、そして宗教化するようなことはなかった――たとえば騎士が、自分の剣技の具体的な説明に聖書を引用した、などという話はまったく聞いたことがない。

2 日本における武の思想の特色

前述したとおり日本の不思議さは、中国文化の影響を濃厚に受けながらも、中国の「崇文軽武」の思想に染まらなかったことである。

日本がなぜ中国文化の影響を強く受けつつも中国化せず、武人が政権の座にいつづけられたのか、その理由ははっきりとはわからない。一つには神道の影響ではないかとも思われるが、この国にはなにか「よく生きることとはよく死ぬことであり、よく死ぬこととはよく生きることである」といった生死に同等の価値を見出す思想が、ひそかに息づいていたようにも思われる。そして、その流れを積極的に肯定し武家の思想の精神的支えとなったものは、やはり「禅」であろう。

筆者は「剣禅一如」等といった言葉を安易に言うことは抵抗を感じる方であるが、禅が武家の精神的支柱として、どれほど大きな役割を果したかについては認めないわけにはいかない。禅が栄西によって本格的に日本に入ってきてから、武士の間に広まるのにそれほど年月はかからなかった。

その大きな理由は、武士が精神的に完全に独立するためには、この新興仏教が必要であったためであろう。すなわち武士が武士自身の文化と宗教を持ち、貴族社会への憧れを断つためには、それまでの仏教諸宗にはない簡明さと、超論理的な勁さを持っている禅が打ってつけであったと思われる。

もちろん武士には、禅が日本に入る以前から直截な死生観があり、中国のように武人は肩身のせまい思いはしていなかったであろうが、それでもやはり確固とした宗教的基礎は欲しかったであろう。

いかに役目とはいえ、「人を殺す」という人間にとって最も罪深い所業を行なううしろめたさは、ぬぐってもぬぐいきれないものがあったと思われる。

そのことは、源氏の武士のなかでも剛勇を謳われた熊谷次郎直実が、後に出家を志して初めて浄土宗の開祖法然に会った時、「自分のような、人を多く殺めてきた武士が、ただ念仏するだけで極楽往生できるとは、なんとありがたい教えでしょうか」と感涙にむせんだという故事をみてもうかがい知ることが出来よう。

元暦元年（一一八四）源平、一ノ谷の合戦の折、平家の年若い公達、平敦盛を討った時、

あはれ弓矢取る身ほど口惜しかりけるものはなし、武芸の家に生れずば、何とてかかる憂き目をば見るべき、情なうも討ち奉る者哉。（『平家物語』）

と、武士の宿業にめざめ、この時から出家を志したといわれる熊谷であるが（出家の直接のキッカケは叔父の直光との境界争いが昂じて発作的に髻を切り、武士の身分を捨てたためであ

るという)、直実ほどの剛の者でも心に深く影を落す「合法的殺人」への罪の意識は、多くの武士達にとっても大きな問題であったろう。そうした心の影を払うためにも、単刀直入で、超論理的な勁さを持つ「禅」は大きな力になったと思われる。

その禅が、武家文化に深く溶け込みながら時代が下り、戦国期に入ると、武士達は禅とともに日本に入ってきた茶を、日本人独特の感性をもって、これを飲む文化——すなわち茶ノ湯の道——に強い関心を示すようになる。

筆者は直接茶ノ湯を稽古したことはないが、村田珠光から武野紹鷗を経て千利休で大成されたといわれる「茶ノ湯」が最も代表的な日本文化の一つであり、本来これは人と人との「真の出会い」を追求していったものであって、筆者の表現でいえば「最高形態の「順縁の出会い」を果そうとした道」だと確信している。

すなわち「茶ノ湯」は、人と人とが相会うことの最高形態を追求した「出会いの芸術」ともいうことが出来るであろう。と、なれば当然のことながら、その「最高形態」を追求するために、その舞台となる茶室や調度さらに茶道具等が、独特の感性で磨きに磨きぬかれていくことは論を俟たない。

そして当然、これと対応して、その立居振舞は、その一挙手、一投足に至るまで、その存在の見事さを追求していったと思われる——「存在の見事さ」とは必然性と同時に自由さ、広がり等を持つことであり、たとえば画家がさまざまな手法を使いつつ自分の絵を追求してゆくことと同じことであろう。

したがって「茶ノ湯」の主役は、あくまでもそこで相会う人の存在感（力量）であり、道具でもなければ、挙措のテクニックでもないはずだが、茶ノ湯自体が、きわめて微妙な世界を取り扱っているものだけに、本末顚倒が起こりやすいのであろう。（筆者が「茶ノ湯」に強い関心を持ちつつも、その世界へ入って行かないのは、この筆者自身が持っている「茶ノ湯」に対するイメージを、現実にこの世界に身を置くことで壊される危険を感じるからである。門外漢の筆者がこのようなことをいうのはどうかと思うが、時折耳にする現在の「茶ノ湯」の世界には、この本末の顚倒したものがあまりにも多いように思われる。もちろんなかには素晴らしい方もおられようが。）

死が日常であった往時、戦さの合間のひとときをこの「茶ノ湯」に浸った武人は、これに格別の思いを持ったであろうことは想像に難くない。そして、禅の思想がこうした形で具現化されている茶ノ湯に触れるうち、自分達武士の本業である「命のやりとり」をこの茶ノ湯に重ね合わせて見る者も出てきたと思われる。（茶ノ湯が禅の影響を強く受けていることは、村田珠光が風狂の禅者といわれた一休宗純に就いて禅に触れていることをはじめ、武野紹鷗も大林宗套に参禅し、利休も大林に参じ、後に大林の弟子笑嶺に就き、またその弟子の古渓宗陳とは特に親しい間柄になっていることからも、明らかである。）

こうした時代の背景によって、武士達は、熊谷次郎直実のような「武士の宿業に身を苦しめる」ところから、武を正面から肯定して見据え、命のやりとりという人間にとっての「業」を、いわば茶ノ湯と表裏をなす「逆縁の出会い」の最高形態のものとしてみてゆこうとする空気が生まれてきたように思われる。

そして、その具体的なあらわれの一つとして「切腹」という日本の武士特有の風習がますます発達して制度化してきた。

「切腹」という、この衝動的ではない理性下における自殺という形態は、人間の最も基本的な、生命を維持しようとする本能の激烈な抵抗をも抑えきって行なわなければならないだけに、単なる思想教育でこれが現実に行なえるようにすることはきわめて難しい。

そのため武士は、常に死をみつめる生き方を身につけるため、幼児期から現実に命のやりとりをする道具である刀剣とともに行住坐臥生活し、また、その刀剣の操法を学ぶことにつとめたのであろう。

また、いざ切腹に臨んだ場合、最後の一瞬まで端然として狼狽することのないよう、切腹時の細かい儀式の手順や場所の設定の仕方、さらに、切腹後仰向くのは見苦しい、ということまで定めたのであろう。そのためたとえば雖井蛙《せいあ》流の開祖深尾角馬などは、切腹に臨んで、その直前まで周囲の者に諸国を巡っていた折の話を面白おかしく聞かせ、いざ、切腹の座につくと、まず、自らの両足の拇指を両手で捻って脱臼させ（こうすれば、切腹後仰向けになる煩いがない）、十分に腹を切ってから、介錯の門人に声をかけて首を打つよう促したという。

ここに参考までに『武学拾粋』に載っていたという切腹場の設定の仕方と切腹時の作法について、新心無手勝流の伝書より引用してみよう。

切腹は古は寺院にて夜陰に及び切腹させし事なるが、近代は預人の庭上座敷にてある事なり、古法は切腹人に行水させ髪を結ふ、其結様右より櫛を取、始め右左上下四櫛使ひ、左巻に四つ巻て髷を下の方へ逆に折曲て、無紋水色の麻上下の衿を外にしたるを着するなり、切腹の場は上輩は六間四方、中輩は二間四方に虎落を結、南北に二つ口を明る、南を修行門と云、北を涅槃門と云、白縁の畳を撞木に敷竪の畳に白絹六尺四幅にし、四隅に四天を付是を敷畳の前に女竹を白絹にて巻高八尺横六尺華表の如く立、四方に四幅の幕を張るなり、切腹人涅槃門より竪の畳の白絹の上に北に向坐す、此時給仕人杯を持出る。

古伝に竪畳の両脇に燈を二つ立、竹六尺を白絹にて巻上に土器を置蠟燭を燈し、又其傍に六尺の旗を立、其旗を直に葬場に用ゆと云。

其方式は供饗足付の合せ目を放し、土器二つ組、上は土器、下は塗杯也、肴は香物か昆布を供饗へ二三切載て出し、箸を逆に置銚子は片口の銚子也、切人上の土器一つ請て梵天に供すと云、地上に翻し次に杯にうけて飲む、以上二献なり、杯終り肴を引終りて切腹刀を持出る、腹切刀は八九寸の短刀柄を布か紙にてくる〳〵と逆に廿八巻て切先五六分出す、若柄あるときは目釘を抜へし供饗の切目の縁を放し刀の刃を切人の方へ向、先を右にし、切人の膝より一尺程隔て差置也、以上給仕人何れも麻上下無腰也、其時検使へ黙礼し右より肌をぬき、左をぬき終り、左へ向直し右の手に持替左の手にて三度腹を押撫臍の上一寸許の上通りに左より右へ刀を突立。

或流には臍の下た通りが宜し深さ三分か五分に過へからす夫より深きは刀廻り難きものなりと云、其刀を引廻す所を介錯人首打落す其様子を見ると直に検使は立也、其時白張の屛風を引過し、柄杓の柄の方を胴へ突込先の方へ首を継合せ、下に敷たる白絹にて死骸を包み棺に入取仕まふ也、以上古法近世は簡約を旨とし、切腹人髪結終り、上下着すると其儘湯漬杯等出し、仕舞が多し旗燭台幕を用ひず、畳白絹の敷物白張屛風計にて事済たるを多く聞及べり昔検使切人と杯事あり、亦相伴人と号し別人有て杯を遣すことも有しなり、其肴組は供饗に香物か昆布一切を角折敷に載せ箸取添へて出す時切人へ会釈し一献うけて飲て切人へさけ、間三間計隔て坐につくべし、申渡す事あらば随分爽に述べし事長なる文言を余り大音に云出せば跡つゝかす臆して聞へ始終小音にても猶更宜からず、能程に勘弁すべし、演説終らば介錯人に目撃し早く斬らする様に致すべし、介錯人不案内なれば検使の指揮を待後になり切損する事ありと云介錯人首を打落すを見は其儘刀を取左の足を踏出し、左へ廻り立べし介錯人は切人に続て修行門より入横手の畳の左の方に着坐し刀を左の手に握り扣へし腹切刀を出すべき頃つと立て切人の後へつめ、腹切刀を差置を相図に抜放し、鞘を下に置右の足を踏込切様につめ居べし、扨首を切るに三つの規矩あり腹切刀を戴く時一つ也、左の腹を見る時二つ也、腹に突立る時三つ也、此三つの規矩を逃せは切悪き者也と云伝ふ切終らば刀を拭ひ鞘へ納め、検使の退を待て修行門より退くべし。

或は四つ間と教る流もあり、一は台を持て退く時、二は台を引よする時は、三は刀を把る時、四は腹へ突立る時と云、然れとも一は早退たり下の三つの規矩宜し。

右伝に云腹切刀を一尺許隔て差置事習也、其故は一尺許向ふにあれば否ても手を延し及ばねば取れぬ者故及へは首も共に延し此処切れよしと云、又介錯は懇意か名さして頼みあらば格別一通りにて云付けられは成丈固辞すへし、能く切て手柄にあらす、切損すれば耻辱なる故也、何程介錯に馴れたる人とても切人の臆したるは得手切損するもの也、但近い切人達て望乞にあらざれば腹切らすることなく早く切事也、延宝の頃より流例たり、士の臆して切損し耻辱なき為の仁恵なるへし。

小介錯人とて介錯の介添出る事もあり、是は介錯につゞいて死骸へ掛る布団を左の手に持切腹人の右に坐す、介錯終らは早く布団を掛へし、介錯打損せは小介錯人布団下より差殺し首をあくる也。

小介錯あれは首を実見に入るゝは小介錯の役也、作法軍礼に同し、礼家にて貴人高位の介錯は白衣を着し刀の鞆を白絹にて巻出ると云。

剣術家に上検下段中検中段下検上段と教へ、検使の上中下によりて刀を抜て腰に構る時の事也、上段は其儘打込中下は上段に構へ直し打也。

真切腹人の席
右本式也、時宜に応し省略あり座敷の上なれば白幕を張らす白張の屛風を立る抔と云。

筆者は、この「切腹」という行為の善悪を論評するだけの力はとてもないが、ただ「人を殺す」という人間にとってのタブーを、あえて肯定する武士としては、自らが死すべきだと感じた時、躊躇なく自らの命を断つという思想と、その具体的かつ礼式に則った実施方法を持たなければ、とてものこと、このタブーに怯まないで、身分社会の頂点に立つ人間としてうしろめたさを持たずに生きてはこられなかったと思う。

このように日本の「武」は、人間同士が命のやりとりをするという、このタブーを犯すことを、必要悪として認めるのではなく、積極的に認めるために「逆縁の出会い」や、「切腹」といった二重三重の思想と行動様式を背景として、世界にも他に例のないような戦闘道となっていったのであろう。したがって、その実際的剣技も「殺人」ということに良心の呵責を覚えず、怯むことがないように、自分の意識を離れ、無念無想となって行なうこと——すなわち、自分の剣が一個人の判断による剣技ではなく、大いなる自然の働きが、自分の体を通して行なわれること——を目指したのであろう。

このようにして数百年間にわたる醸成期間を経て形成された武士の思想は、泰平であった江戸期にいっそう精錬され、武士達の心に浸透していったようである。

この「切腹」に代表される武家の「行動思想」がいかに深く根強く武士達の心に根を張っていたかという証拠は、本書でとり上げたユニークな剣術思想の剣客達も、こうした武家の価値基準にはみな一致して異論を唱えなかったことからもうかがえる。

七　相ヌケの思想——無住心剣術にみる人間としての武士の悲願

1　相ヌケを起こさせるもの

前章で述べたように日本の武士は「人を殺す」という極悪行為に対するひけ目や怯みをはらう独特の思想を形成させていったが、やはり人間である以上そのことに対して本能の奥底に強い抵抗があったことは当然であろう。

そうした武士達の心の奥底の思い——武を肯定しつつも、人を殺さずに済ませることを願う——に具体的な形で答えたものが、無住心剣術の特色として日本剣術史上著名な「相ヌケ」であろう。

無住心剣術、そして特にこの「相ヌケ」に強い関心を示したのが、禅を世界的に広めた鈴木大拙である。鈴木大拙は、「相ヌケ」を英訳するにあたり、mutual escape の語を当てはめ、その説明に passing by going through を使っている。また、この「相ヌケ」と対立する「相打」は、mutual striking down と訳し、その説明には、killing each other を用いている。

しかし、常識で考えてみた場合、八百長試合でもなく、このような現象が起こるということは、まず考えられないことであろう。

当時、といっても、時代はかなり下るが、幕府の武術専門学校ともいえる講武所頭取を務めた窪田清音なども、その著書『剣法規則条目口伝』のなかで、「相ヌケ」を「良知良能向上の伝と名づけ奥義と為すの徒あれども、かくの如き理にのみ拘はるは其の業を妨ぐること多し」と厳しい口調で批判している。

果して「相ヌケ」というものは、空理空論、単なる願望の産物であったのだろうか。

筆者が調べた限り、無住心剣術・夕雲流の流史のなかでも、確かに「相ヌケ」が成立したと思われるのは、開祖夕雲と、二代一雲の間の一回と、あとどうやら「相ヌケ」に近い状態になったと思われるのが後に述べるが二代一雲と一雲の弟子で、後に雲弘流を開いた井鳥巨雲との間のみであり、夕雲流のなかでも容易には起こり得なかったことは確かだったようである。

しかし、人間の本能のなかにも、深浅があり、その最も深い本能の働きは、同種の生物である人間が殺し合うよりも、生かし合う方に働くことを感じている筆者にとって、「相ヌケ」という現象が、あり得ないことだとは思えない。ただ、その本能の働きは、最も深い所にあるため、恐怖その他、現実に直面する種々の状況下では、きわめて現われにくいことも確かであろう。

筆者が「相ヌケ」という状況が起こり得ないことはないと思う一つの根拠は、世界中で現代医学の陰に隠れつつも、絶えることなく現代までつづいてきている異端医学（または外辺医学）のなかに、相手の体の異常に的確に反応して、その異常を回復させるべく、ひとりでに手がさする、叩く、引っぱる等々さまざまに働く本能療法ともいうべきものが存在しているからである。

こうした療法は、一昔前まで「迷信」のレッテルを貼られていたが、最近は西欧でも〝手当て〟（ただ手を当てるだけ）が保険の対象にさえなってきたためもあってか、かなり社会的に認められるようになってきた。

筆者自身、このような療法、健康法を体験して、特に意識が抜けた時（別の見方でいえば、表面の意識が抜けた分、潜在意識というか、無意識的な集中が高まっている時）、驚くほどの正確さで、自分の体を調整する運動がひとりでに出たり、他人の異常箇所にひとりでに手が行くことを確認している。

特にこの状態が深くなると、狭い部屋で何人もの人間が目をつぶったまま、一見、好き勝手に手足をひとりでに出る動きにまかせて動かしていても、それによってお互いぶつかり合うことはまったくなく、触れるとすれば、すべてそれは相手の体を調整するために必要な触れ方となる。こうした事実を見聞している筆者は、無住心剣術の「相ヌケ」も、やはり現実に起こったことだと考えている。

ただ、こうした本能の働きは、人間の深い意識の底の方にあるため、身に危険を感じるような武術の立合いの場では、恐怖やその他切迫した目前の状況によって塞がれてしまい、発顕することはきわめて難しいと思う。それだけにこの状況は観念化、神秘化されやすく、そのため、すでに述べたが、「相ヌケ」が真に成立するのは、師の生涯で唯一人より他にない、という極度に神聖化された定義なども生まれてきたのであろう。この定義は、文に暗かったという夕雲によってなされたとは思えず、おそらくは諸学に造詣が深く、かつ、師の夕雲に殊の外思い入れが深かった一雲によってなされたことはまず間違いないと思われる。

2　無住心剣術、術技を捨てたその幻の剣術とは㈡

これから第二章で述べた無住心剣術の具体的な構造をひきつづき考えてみたい。さて、「相ヌケ」へと至ることをめざした無住心剣術は、前述した「気の調養法」を行ないつつ実際の稽古においては、無住心剣術特有の絹布や木綿でくるんだ竹刀を片手に持って、ただひたすら「相手に向かって真直ぐ入り、この竹刀を眉間へ引き上げて落す」ということを行なったようである。これは特に初心者に強調されたようで、そのことは『前集』のなかで川村が次のように円四郎の教えを述べていることからもうかがえる。

先生云、当流片手にてまづつかひ候事、流儀の教にて候、短きものを片手にて遣ひ習ひ、剣術手に入て勝負之道理を能く覚候得ば、長き刀両手にてつかふも同じ様に成候、長き刀は片手にて持て打込しとき、左の手を添て打候すなわち、円四郎はここで、「無住心剣術ではまず、短い太刀を片手で扱うことが流儀の定めになっている。その理由は、無住心剣術の剣理を理解しやすくするためであり、その道理さえ呑み込めば、長い太刀を両手で扱うことも出来るようになる」と説いている。しかし無住心剣術は本来的に片手打の剣術であったようで（これは夕雲が左手が使えなかったことと無縁ではないであろう）、長い刀も、引き上げる時は片手で、打ち込む時に左手を添えるように、注釈が加えられている。

ところで、無住心剣術ではなぜ片手遣いにこだわったのであろうか。その理由の一つは、いま述べた開祖夕雲の左手が自由にならなかったという肉体的条件であろう。ただ、想像できる最も大きな理由は（この、夕雲の片手が使えないという肉体条件から導き出されることであるが）、片手で太刀を持つということによって、両手で太刀を持つことより力学的に不利な状態をつくり、それによって身体技法をあきらめさせ心法への開眼を促進させるためであったと思われる。

ただ、念のため述べておくが、無住心剣術は、種々の体捌きを捨てることが前提であり、片手使いとはいっても、諸流でいう小太刀の操法（こちらは、普通の剣術よりいっそう多くの体捌きが必要である）とはまったく質的に違うものである。

《『先師口授　上下』》によれば、一雲の兄弟弟子の片岡伊兵衛は、すでに述べたように夕雲から真面目を得た門人だが、左手を添えた両手をもってする剣術を指導したようである。

しかも、「昔ヨリ形ニ種々ノ習ヒ有リ来レドモ、虎乱一名八相、一刀両断、誓眼、長短一味、此四術ニテ当流ノ意味備リヌレバ千変万化ノ業是ヨリ出ル故、予ハ此四術ニテ事足リヌト思フ故他ハ捨テテ教ヘ導キ不レ申ト被レ仰候」と同書のなかで新陰流を連想させる発言をしている。》

さて、この相打から入ってゆく稽古法が、どうしたら「相打から微妙を得て、一人勝ち（相打にならずに勝てる）をし、さらには師とも相ヌケする」ことができるようになるのであろうか。この、無住心剣術特有の構造について、これから検討を加えてみたい。

先生云、夕雲の給ふは、能《よく》あたるものは能はづれ、能外るゝものは能く中《あた》るとなり、他流は意識を専らとして、我が形にめつけして、其処へよくあてゝ来れども、我流は敵の気にはづれて出る故に、よくあてゝくるものは能はづるゝ也、我は能はづれて出る故に、我が太刀は能敵へあたるとなり。

これは、夕雲が語った無住心剣術の剣理を円四郎が解説したもので、川村が『前集』に収めている。すなわち、円四郎は夕雲が遺した「能《よ》くあたるものは能くはづれ、能く外るるものは能く中《あた》る」という言葉の意味を、無住心剣術の術者は、他流の者と立合った場合、他流の者はこちらの姿を見て、狙いを定めて打ち込んでくるのだが、こちらは別に敵を敵として認識せず、敵に影響されないため、敵の気（この場合の気は、予測という意味あいが強いように思われる）から外れて出てゆくことになるので、意識的に狙ってくる（能くあてくる）者ほどかえって打てないし、打っても外れてしまう。そしてこちらは相手の気筋（予測の読み）に外れて出るため、相手にとっては、不意に目の前に現われたことになり、戸惑い逃げることが出来ない（すなわち能くあたる）と説いているのであろう。

この『前集』に出てくる無住心剣術の剣理を説く言葉が真実、円四郎のいうように、夕雲の口から出た言葉だとすると、学問がなかったという夕雲であるが、その文学的素質はただならぬものがあったようにも思われる。

それにしても、この「能くあたるものは能くはづれ、能く外るゝものは能く中る」という無住心剣術の剣の理合は、人間が行動する際に不可欠な、知覚して、認識して、反応するというシステムの根本に深く関わっているように思われる。

禅に「柳緑花紅」——柳は緑花は紅——などという言葉があるが、人間がそこにあるものをありのままに認識するということは、一見なんでもないようにみえて実際は非常に特殊な現象である。たとえば、人間が写真や絵、また映画やテレビを見て、そのなかに立体感を感ずるのは、長年の経験からそう見えるのであって、これは「そう見える」ともいえるし、「そう見えてしまう」ともいえる。すなわち「見える」という長所は、「見えてしまう」という短所にもなるわけである。

人間が、いかに経験的要素を混じえてものを見ているか、ということの代表的な例の一つに、山や地平の端に出た月は大きく、中天高くのぼった月は小さく見えるという現象がある。

これは実際の月の大きさに違いはないのであるが、月のすぐ近くに山や建物などがあると、どうしてもそれらの風景からくる誘引力で誰でも月が大きく見えてしまうのである。しかも、その大きさは、その場の景観や天候によって時にかなり大きくみえる（人によって多少差異はあるが手にミカンを持って前へ差し伸ばしたほどに感ずることもある）ものである。ところがどのような場合でも、実際の月の大きさとは、手に小豆粒を持って差し伸ばした大きさとほぼ同じなのである。

この結果には誰でも驚くが、それほどに、人間は認識に際して、多くの連想、空想を連立させて行なっており、入ってきた情報を、いままでに自分のなかに蓄積されていた数多くのデータと突き合わせ、自分自身にとって最も理解しやすいように編集してから認識しているようである。

したがって「素直に、そのままに見る」といっても、なにをもってそれを決めるかはきわめて難しい。

剣術で、真剣勝負などの場合、相手が離れていても、非常に近く見えるということは昔からよくいわれており、そのため「真剣勝負の場合は、こちらの刀の鍔が相手の頭に当たるほど深く踏み込んで、漸く刀の物打（切先より七寸程下、刀の斬撃に最も使う場所）が相手に当たるのだ」などといわれているのであろう。

無住心剣術は、見方によってはこの人間の認識の際に働く編集機構に着目して生み出された剣術といえるかもしれない。

円四郎は『中集』のなかで「心に思慮あって勝負の場に立てば、敵間遠く見へて中の勝負に塞れて、向へ届ざるものなり」——すなわち、「心にとかくの作意があって勝負に臨めば、勝負に捉われて、足がなかなか進まず太刀が相手に届かないものだ」（ここで「遠く見へて」というのは「相手に近づけない」という状況、すなわち「相手が近く見えるから遠くて届かない」ということとまったく同じことをいっていると思われる）——と述べているが、これを克服するために無住心剣術では、まず最も強い影響がある目からの誘いを、「目ニハ色ヲ視ルト雖モ瞽ノ如ク」——すなわち目で見てはいるが、見て見えず、というか、その見ている状況に左右されないように——し、次いで「耳ニハ声ヲ聞クト雖モ聾ノ如ク」と耳からの誘いも退け、その上、種々な相手の攻撃を受けたり、躱したりする反射的な動きをも禁じ、人間が通常行なう無意識的な防禦の動きを次々と抑え込んで、その在り方そのものを別次元へと転換させようとしたのであろう。

『中集』には、編著者である川村秀東が師の円四郎の教示を川村なりに整理した無住心剣術の基本的理合が記されているが、そのなかの一部をここに引用してみよう。

気は陽也、陽はすこやかにして動く、其動く事早く見ゆる者なる故に、初学の時は早きと識《しつ》て急《いそぐ》はよきと分別の意を本として、元気を強くはりて、性心を引かたむけて、それ

より色々の機を生じ、その機即ち形にあらはれて、ひずみまがりたるなりふり《(形容)》を生ず、
早くせんとて急ぐ、急げば進みて眼《まなこ》見へず、目見へざれば、突懸て余り外る、
強くせんとて力《りき》むで、白眼《にらむ》たらしめば、足跨《またがっ》て行かれず、故に竦縮《すくみ》て飛込《とびこむ》、
気を求れば足《た》す、たせば向へとゞく、とゞけば引張る、引張れば浮く、うけば足跂《そばたっ》て
無《シ》レ根、故に倒る、
念を入れば敵を見込む、みこめば敵に附く、つけば泥《なづ》む、なづめばもたれ懸《かゝ》りて躙《ころ》ぶ、
身を惜めば囲《かこ》ふ、敵間遠く別て、見合せて道具の長短を争ふ、
躰は陰也、陰は柔に静にして遅く見ゆる故に、遅きと識て扣《ひか》へ、待はよきと分別の意を
生じ、元気を押へて性心を暗まし、躰をかゞみうづくまりて、色々の形容《なりふり》を生ず、
遅くせんとて扣へ、ひかゆれば居著《いつく》、故に足止《とゞまっ》て喰合《くひあふ》、
静にせんとて待、まてば手持《たも》つ、たもてば持出す、もちだせば出られず、出られざれば
ねろふ、
柔にせんとて弱くす、弱ければ力なし、力なければうつかりとして覚束なし、故に考へ
尋る、
知れば倚《かたよ》る、片寄《かたよる》と形にあらはる、是を形に気をかすと云、
思慮多き時は息詰《いきつま》る、詰まれば敵間遠し、遠ければ胸塞《ふさがっ》て押懸る、
右の品々は陰の端《はし》、陽の端より出る、病とや云はんか、

一―性―心―元気

- 陽・動・剛
  - 識
    - 早セントテ急進ク眼不見突懸ル余リ外ル
  - 意
    - 強セントテ力ム白眼《ニラム》足跨不レ行竦縮《スクム》飛込
    - 気ヲ求テ足《タス》引張浮足跋無レ根倒ル
    - 念ヲ入レハ見込敵ニ付泥《ツクナツム》モタレ懸リ躅《コロブ》
    - 身ヲ惜メハ囲《カコフ》敵間遠ク別レ見合テ道具ノ長短ヲ争
  - 機
  - 清濁
  - 善悪
- 元気
  - ○
  - 無意―無必
    - 気者建剛―朝日之如出東山早見不急進
    - ・不起一念之時気者則万物之先而其象円満也神変妙用尽備心能応レ物
  - 動／静
    - 無端空気与万物連立
  - 無固―無我
    - ・一念僅生則気者則万物之後而其象方也難レ変難レ転難レ化
    - 躰柔順―水如在深渕遅見ヘテ不扣待
- 陰・静・柔
  - 善悪
  - 清濁
  - 機
  - 意
    - 遅クセントテ扣ヘ居著ク足止喰合
    - 静セントテ待手持持出不レ被レ出寃《ネラフ》
    - ヤハラカニセントテ弱《ヨワクス》無レ力ウツカリ無二覚束一考尋
    - 知レハ片寄形顕是ヲ形ニ気ヲカスト云
  - 識
    - 思慮多時ハ息ツマル敵間遠胸塞押リ懸シル

すなわち、ここで川村は「早カラズ、遅カラズ、好《ヨ》キ加減トイフコトモナク」と一雲が『夕雲流剣術書』で説いていることを、さらに詳しく遅速強弱の例を挙げて述べ、意識的に行なうあらゆる分別や加減を排することを説いている。

さらに川村は、無意、無必、無固、無我の無住心剣術としてのあるべき姿と、いま引用した、「陰の端、陽の端より出る、病」の問題点とを前ページのような一覧表にまとめている。

これを読めば明らかであるが、無住心剣術は、いま述べたとおり、無意、無必、無固、無我となって恐怖や捉われを除き、それによって人間がつい行ないがちなさまざまな動きを全部捨てさせて答えを求めているようなものであり、見方によれば、まさに禅の公案を剣術に移して工夫したといえるかもしれない。

しかし、この恐怖やこだわりを自己の心内から取り除くということは、難事中の難事であろう。捉われのない、何心ない状態というものは、ただ修業すれば得られるというようなものではない。

円四郎も、『中集』のなかでそのことに触れ次のように述べている。

先生云、心は尋ればさかうと古人も被二仰置一候、是れと覚へ知るは尋るなり、さかうと云は、譬へば上戸に酒を強ゆれば、いやと云が如し、是も知れば心のさからひて自然のものにあらず、静なるをよきと覚ゆれば、それが心の主と成て動くと静なると二つになりて、端《はし》有て本《もと》のものにあらず、何にても、是こそよき心持と云ものを覚へ知て業をせんとすれば、又それが心の主に成て、よきとあしきと覚る二つ出来る故に、よき時とあしき時と有て、本のものにあらず、尊書云、一念僅生《ニズルとき》則、気《ハ》者則万物之後《ニシテ》而其《ノ》象《かたち》方也、難レ転難レ変難レ化《シ》、

（この「尊書」とは一雲の書いた『天真独露』をさす。——引用者）

このなかで円四郎が説いているように、人間はたとえ、自分の好きなことであっても、強制されることを嫌うものである。そして、その強制は、この円四郎の話にもあるとおり、他からはもちろん、自分自身のなかで行なわれるものであっても自然の働きを失わせる。捉われず、何心なく、自然となすべきことをなすこと、その大切さを円四郎は次のような詩的表現で述べている。

常の何心もなく障子を明て、庭へ下りて行く有様こそ本のもの也、又云、不レ起《ラ》二一念一時、気者則万物之先《ニシテ》而其象円満也、神変妙用尽《ことごとク》備《テ》二于心一《ニ》能応《クズ》レ物《ニ》矣、

現に刀を構え、打ち気満々の相手に向かって、「常の何心もなく障子を明て、庭へ下りてゆく有様」で対するということは、繰り返すがまさに至難であろう。ただ、この「一念

起ラザル」状態となれば、相手のそういった殺気や争気に圧されることもなく、しかも相手の動きは、非常によく自分のなかに写ってくると思われる。

しかし、無住心剣術は繰り返し述べてきているように、その自分に写ってくる相手の状態に応じて種々の体捌きや太刀捌きを使うわけではない。そしてここが、無住心剣術が諸流の剣術はもちろん、母流ともいえる新陰流とも大きく異なっている点であろう。新陰流の開祖、上泉伊勢守は、その直筆の伝書『影目録』(原文は漢文)のなかで、

敵に随つて転変して一重の手段を施すこと、恰も風を見て帆を使ひ、兎を見て鷹を放つが如し

懸をもつて懸と為し、待をもつて待となすは常の事なり、懸、懸に非ず、待、待に非ず、懸は意、待に在り、待は意懸に在り

牡丹花下の睡猫児、学ぶ者、此句を透得して識る可し

と新陰流の術理を説いているが、このように意識的にせよ無意識的にせよ、相手の出方に応じて、種々技を使い分けるということは、敵に泥むといって無住心剣術では嫌うところである。

もっとも、無住心剣術でも「よく変じ、よく転じ、よく化する」ことの重要性については、「変ずれば則ち他を破り、動けば則ち敵を砕く、能く顕はれ能く隠れ、竜の雲を得る

が如し」などと『天真独露』等でも説いているが、これは心法、気術のなかでの変転であって、具体的に剣や体を種々変化させて動き相手に応ずることではもちろんない。

このような心法的な剣の使い方については、伊勢守も工夫していた形跡があるが（新陰流の極意の一つである「転《まろばし》の太刀」などの術理をみると無住心剣術の原形が感じられる）、この方面をつきつめてゆくと、剣術という武士の文化芸術を否定し、ひいては武家の存在そのものの否定にもつながることに気がつき、こうした心法的世界のみに進むことを避けたように思われる。

しかし、なんといっても、無住心剣術も命がかかっている武術である以上「出来なければ意味がない」。ただ、この「出来なければ」ということは無住心剣術の場合必ずしも「勝たなければ」ということではなく、自らが、この流儀の法により「悔いなく相手と立合えるか」ということである。もちろん、命がかかることが前提の武術で「勝つ」ことはきわめて重要なことであるが、勝ちにこだわるということは、そこから破綻を生じやすい。したがって、結果はどうあれ、その術により、その法により、相手と立合って（仮に敗れることがあっても）、悔いなく戦えるかということが「出来る」ということであったと思われる。そして、そこを目指して無住心剣術では、初学者には「相打を習うこと」から入らせたのであろう。

しかし、口でいえばそれだけだがこれは容易なことではない。単なるスポーツ的な試合ならば「負けても悔いなし」などという言葉は気楽にいえるであろうが、こと命がかかっている場合、単なる信念や信仰で、相打を承知で相手に向かって踏み込んでゆくことは不可能に近いであろう。しかも無住心剣術の場合、この「相打を習う」というのは、相打を覚悟して、必死になって踏み込むのではない。「勝ちを望むな、相打をめざせ」という教え方は無住心剣術以外にも、本書の前半で触れた平山行蔵の講武実用流をはじめ時折みかけるが、これらのほとんどは、必死の覚悟を定めて勇猛心を奮い起こして行なうものである。しかし、無住心剣術は「常の気のまま」を尊重する流儀であり、「必死の覚悟」では、この流儀の主旨に反する。すでに紹介したが、そのことを一雲は『天真独露』のなかで「必死というのは、生きるか死ぬかというような数の理（一か〇かということであろう。もっとも当時の日本に〇という概念はなかったであろうが）であり、勝負の原理とは違うものである。勝負というのは風が起こり、雲が流れるような自然で、生死に捉われない円満な心をもってはじめて取り扱うことが出来るのだ」として、次のように説いている。

兵法に必死の地無し。曰く、必死は則ち数之理にして兵法に非ず。夫れ死は、敵多きが為めの故に之を得ず、敵少きが為めの故に免るゝ事を得ず、数尽れば則ち必ず死を得る、数未だ尽きざるときは死を得ざる也。兵法は勝負の理にして、数の外なり。唯生死に拘はらず、風の発《おこ》るが如く、雲変ずるが如くにして、本心自如たり。若し必死の心を以て之を行はんと欲すれば、則其象ち堅強重濁、方にして円満ならず。円満ならざれば則ち勝理と業と自ら亡滅せん。

しかし、形相凄まじく迫ってくる者や、目にも止まらぬ早業をもって襲ってくる練達した剣客を相手にして、気負わず、覚悟せず、一切の具体的な剣の術技を捨てて、ただ真直ぐと踏み込んでゆくという至難さは、想像を絶するほどのものであろう。

では、他流の者が無住心剣術に立ち向かった場合どのような状態になったのであろうか。無住心剣術では具体的な受け外しも、躱しもせず「能くあたるものは能くはづれ」と相手の予測に外れて出て、相手を惑わせ、次いで、「能く外るるものは能く中《あた》る」と出るわけだが、これは立ち向かってきた他流の者にとっては「あるはずのものがなく、ないはずのものがある!」という予測外の驚きがつづけざまに来たようなものであったと思われる。すなわち、たとえてみると、高さが同じと思われた床に段差があり(つまり、あるものがない)、これに思わず体をよろめかせた時、前方に今度は、まったく気がつかなかった厚いガラスの壁があり(ないはずのものがある)、これに激突して強烈な衝撃を受けたようなものであろうか。そして、この状態は無住心剣術的な表現によれば、立ち向かって来る者は、目の前に突然まばゆい光が輝くようなショックを受けたようである。

この状態を円四郎は昇る朝日にたとえて、「朝の太陽に向かっては、目が眩んで誰も正視できないが、当流の太刀を引き上げた様は、まさにこれと同じである。とても前に立っては居られまい。ましてや、この太刀が落ちる時の凄まじさは、まったく他流の比ではない。かつてどれほどの剣の名人といえどもこのことに気がついた者は、無住心剣術の使い手以外にはいないのだ」と、次のように凄まじい自信をもって述べている。

陽発の気生を見よ、朝日の出る所、陽発気生のあらはるゝ所なり、朝日の光りは、山に移るか、水に移るか見留《みと》めんとすれば、眼くらみて見る事なるべからず、吾流の敵に対して太刀を引上る所、陽発気生天理と等しくあらはるゝ所なれば、何ぞ我が面《おもて》を見る事のなるべき、況んや、太刀の下り落る所をや、他流の諸芸古今名人と云し人に、爰《ここ》を見付たる語をいまだ聞かず、漸々月の光の水に移るを見付たるや、諸流に水月と云ふ教の名あり、月は陰光なれば見留る事、成り易し、其影の水に移ると云は、跡の事なり、形の上を以て論ぜば、止水に移る月と、流水に移る月とは、先と後と有て、同じかるべからず、

(このなかで、諸流によく見受けられる「水月移写」とか「水月の極意」といわれるものを、いささか恣意的解釈で揶揄しているところは、いかにも皮肉屋の円四郎らしい。)

《『口碑録』によれば、一雲の高弟の矢橋助六から奥義を授かった駿州田中藩の小山宇八郎重之に試合を申し込む者は多かったが、重之は木刀や竹刀を使わず、あり合わせの扇などを持って立つと、すぐに敵の後に廻ってもとどりを摑んで扇で打ったり、あるいは莨莚などを持って立ち合い、それで相手を巻いて手拭いや帯で結び、その場を退いた。「敵は

太刀を下ろす間もなく、只あきれ」ているだけだったが、そばで見ていた人が言うには、ことさら走るわけでもなく、静かに歩いて行って対処していたとのことであるが、試合相手に聞くと、「旭の光り眼を射るの如く、其のかたちを見る間もなく、」このようにされてしまったと言ったそうである。ちなみに、同書や、同じく田中藩内に伝わる逸話を集めた『田中葵真澄鏡』には、宇八郎重之がどんな兜も一矢で射抜いてしまうので甲冑師が恐れをなしたという話や、夢想願立の開祖松林左馬助と似たような、不意打ちに見事に対応した話が記されている。》

こういう状況は宗教的世界では昔から時折みられるようであるが（たとえば、ある程度行を積んだ者が、道力のすぐれた師匠の所へ手の内を観に来て一目で参ってしまい、その場に平伏するなど）、実際に体を通して行なう武術の世界でこうした境地を開くということは非常に難しかったと思われる。そのため無住心剣術では、無意、無必、無固、無我によって生まれる何心ない状態――一雲の言葉によれば「聖」ということであろうか――を重視し、一般の他流剣術の常識を超えるため、静かに柔順に、いささかも闘志や争気を出さぬようにして相手に対する工夫をしたのであろう。

しかし、無住心剣術の太刀の遣い方が静かに柔順でありながら、こうした相手を一瞬にして潰すような迫力のあるものであったことは、一雲が門弟の植松三右衛門（前に触れたが、天心独明流や眼思流の免許者で、一雲の他流試合の相手として唯一人記録に残っている人物。

一雲との立合いでは一雲に羽箒であしらわれ、その門人となった）へ宛てた手紙『九ケ条』のなかで、興味深い表現をもって書いているのでここに引用してみよう。

当流之意味は、元来出生之砌より、当るものは即天下之ものに当て有レ之常道に而、何ぞ今改而当りを求め、打ぞといふ心を発すべけん哉と云道理に而候、中和之妙は天真之自然に而、面々に具足し而、右ののろ〳〵と行ものゝ中にも、一盃ふくみ候て、はこびの内よりおゝひかぶり行事に御坐候得ば、行詰る時分は、おのづから当り申候、少しも打にはあらで、細かに申て見候得ば、おどしかくる様のものにて、大きなる手桶抔に水を一盃入置候て、高き所より敵の頭之上に一度にあびせ懸け申候気味に候、是は和気を能々工夫候得ば、自然に当り之事も御心にうつり可レ申候。

ここで一雲が説いている「水を桶にいっぱいに入れ（こぼさぬように）のろのろと進み、相手との間がつまった時、自然と相手の頭上に浴びせかける」という表現は、円四郎の「昇る朝日」のたとえと対をなし、無住心剣術の剣理を体感的によく表わしているように思われる。また、この相手を一気に潰すということについては『前集』に次のようなたとえもみられる。

先生云、禅語に、

如何ナルカ　是剣刃上《コレケンニンジャウ》ノ一句、
答云、香炉上ノ一点ノ雪
剣刃上といふは、勝負の場に立たる所也、剣術之上手、剣刃上の場に立たる時は、心中明かにして、香炉の火の起りて有るが如し、其上へ一点の雪の降りかゝりて、其まゝ消るが如く、敵を殺すと也。

これは無住心剣術で上手の名をとった剣客をよく熾《おこ》っている香炉の火にたとえ、相手を雪の一片にたとえ、香炉に舞い降りた雪が瞬時に溶けて消えるように、無住心剣術では、一瞬のうちに相手を倒すことを禅語に托して円四郎が説いたのであろう。

このように打つべき間に入った瞬間に相手を圧倒する無住心剣術は、ただ心理的な圧力が強大なばかりではなく、具体的な太刀打の威力も凄まじかったようで、そのことは、すでに紹介した円四郎の竹刀打のエピソード（無住心剣術の打撃力を実体験したいと、兜を持って一雲の許へ訪ねてきた者を円四郎が代って兜の上から打ち、相手は庭のすみで大量に血を吐いて漸く帰っていった）からもうかがえる。

無住心剣術のこの打ちの威力は、むろん単なる腕力ではなく、全身を調養して偏りをなくし、その体をきわめて効率よく調和させるために、おそらく体の沈みがよく太刀に乗ったためであろう。無住心剣術が、こうした筆者が想像するような太刀の使い方であったと思われることは、円四郎が『前集』で、先生云、諸流の剣術は、重き刀を軽く遣ひなすをよしとす、当流には軽き刀を引あぐるに重く覚て、軽き刀をおもくつかひなすをよしとする也、

すなわち、「諸流は重く丈夫な刀を、その重さを感じないように楽に振りまわせることをよしとしているが、当流は他流のように刀を種々振りまわすわけではないから、むしろ軽い刀を重く使うことを重視している」と述べていることからも察せられる。

そして、この刀の重さに関しては別の章で

先生云、刀を引あぐるに、おもく覚ゆるはよし、軽く覚ゆるはあしゝと也。

とも述べ、まださらに念を入れて、「刀はどれほど重くとも片手で引き上げられる重さであれば、後は自然に落すだけであるからかまわない」という夕雲の言葉と、「未熟者には軽い刀を重く使うことは難しい」という円四郎の話を次のように載せている。

夕雲云、刀はいか様重くても不ㇾ苦、片手にて引あげられさへすればよし、落時は道具の儘に落し候故、此方の力の入る事はあらずとなり、先生云、急なる場にて、軽き刀に重みを付て打事は、剣術下学の人は成りにくからんとなり。

そしてそうであったからこそ無住心剣術は、すでに紹介したように、

常に静に柔順を専と修行して、一毛も破らざる如く見ゆる内より、大地にひゞく程の剛み出るよと、元祖上泉よりも不伝之妙を、夕雲自得有し所をさして、向上の一路、先生の不伝となり。

という上泉伝の新陰流とは異なった特色を備えたのであろう。

ただ、この凄まじい打ち込みも、無住心剣術の剣客に立ち向かう者、敵意を持って相対する者に対してのみ起こるもので、向かってこない者に対しては、まったくなんの働きも示さなかったと思われる。つまり、逃げる相手を追って打つ剣術ではなかったということである。

3　感応同調の剣術

したがって、無住心剣術はあくまでも「専守防衛」の剣術であり、相手を打つのも、自分が相手を打つ、というより「自然の法則（天理の自然）が自分の体を通して行なわれた」という思想解釈となるのであろう。

このように、両者が「天理の自然」の理法そのものになりきって対すれば、両者ともに

敗れるはずがなく、そこに「相ヌケ」が現出するのは術理的には当然の成り行きともいえる。

ただ、ナマ身の人間が、一度極意を得れば常にその状態でありつづけられると観たところに、無住心剣術の夢想があったように思う。

この夢想はたしかに貴いが、こうした夢想は容易に神話化し、ナマな人間を見失うおそれが多分にある。

それを思うと、無住心剣術という流儀にとっては不幸であったかもしれないが、三代真里谷円四郎が二代小出切一雲に「相ヌケ」ではなく打ち勝ってしまったということは、後世のわれわれにとっては神話化の呪縛を解く貴重な試合であったといえるかもしれない。

このようないきさつを背負った円四郎は、この「相ヌケ」に特別な関心は示さず、『前集』のなかでは、次のようにただサラリと触れている。

先生云、両方立向て、互の気に相争ふものなき時は、あたるべきものなし、是を相ぬけとかゝれたり、争ふものあれば相討なり、

すなわち、円四郎はここで、「両者が立合って互いに争う意識をまったく持たなかったらあたることはない。これを『相ヌケ』というのである。もし双方に争う意識があれば相討となってしまう」と、非常に簡潔に述べている。

もとより無住心剣術は柔和無拍子、赤子の心になって遣うことが大前提であるから、争う気をわずかでも持った方が自滅することになる。これをもってみれば、一雲が二度立合って二度とも円四郎に敗れたのは、やはり一雲のなかに毛の先ほどにもせよ、円四郎に対して争気、あるいはあせり、などが生じたのであろう。

円四郎が「相ヌケ」について、さほど重要視せず、ましてや師一雲の、「無住心剣術においては、師（無住心剣術の奥義を得た師）と相ヌケできる弟子は、師の生涯を通じて唯一人である」という極度に神秘化、神聖化した説を次のように公然と批判しているのは、一雲と立合って実感としてこれをあまりに誇大な表現と感じたためであろう。（この、一雲の説に疑問を持った者は他にもいたかもしれないが、実際にこのことを口にできる資格を持った者は現に一雲を破った円四郎以外には存在しなかったであろう。）

先生云、相ぬけは一人なり、当流相弟子中にも、同じ様のもの、一世に弐人は有べからずとあるは、先生之心には不レ叶、国に聖帝ましくて、其外に聖人出来る事あれば、壱人と限り給ふは、余り道理すぎたりと也。

すなわち、川村は「師と相ヌケの出来る弟子は師の一生のなかで唯一人しか出てこないという一雲先師の説には、先生（円四郎）は賛成されていない。先生は、国にすばらしい聖帝がいらしても、その外に聖人が出現することもあるのだから、無住心剣術の奥義を極められる者は、弟子達のなかで唯一人より他に出ないという説は、あまりにも仏典などにかぶれた考え方である、とわれわれに話された」と述べているのである。

ここで円四郎が述べているように、相ヌケは、相手との争気を捨てた同調が起これば実現するのであるから、感覚的に合う者同士であれば（もちろん、そうめったに起こることではなかろうが）、「師の生涯で唯一人より他に出ない」という一雲の説には無理があるように思われる。

さて、いま述べた「同調」ということに関して興味ある事実がある。

さきほど、「相ヌケを起こさせるもの」のところで二人の人間が、余分な意識を抜いて、相手の体に接すると、お互いに相手の体を調整し合う動きが出てくることを述べたが、おもしろいことに、この二人が組になってお互いを調整し合う時、その二人が体に感じる異常感は、お互いに相手の体の異常を感じとっているということである。

つまり、相手の体の状況がこちらに、こちらの体の状況が相手に映るのである。

この感応現象を具体的に研究し、心身の在りようを研究指導されている、社団法人整体協会の野口裕之講師（現、整体協会身体教育研究所所長）は筆者の畏友であり、また師ともいえる存在であるが、この感応現象こそが、人間が人間の心身を調整する最も人間らしい方法であり、これはまた日本文化の最大特色ではないかと語られている。

筆者は縁あって、この野口氏の研究の一端を武術における筆者の体感的研究と重ね合わせて意見交換と私的な交流を行なっているが、この野口裕之氏との出会いがなければ、無住心剣術の研究をここまで進めることは出来なかったと思う。

すなわち、その具体例としてここで、この「感応」という現象をさらに深く掘り下げて無住心剣術を考えてみると、一段とまた興味深い人間の構造が浮かび上がってくる。

無住心剣術の術者は、無意、無必、無固、無我な、一切のこだわりを捨てた状態で、他流の者と立合うと、その、他流の剣客は、無住心剣術の捉えどころのなさに戸惑い、そのあせりや不安は、つまった硬さ、ぎごちなさ等の体の状態となって現われる。すると、その状態は一切のこだわりを捨てた無住心剣術の術者に映ってきたのであろう。

——筆者などは心身の調養がまだまだ未熟で、とてもここまでは体現できないが、ただこのように確信をもって推定できるのは、現段階の筆者でも、体術（柔術等素手で行なうもの）においては組みついてくる相手の体との接点に「なじみ」を作って対応していると、相手が相撲のように体当たり的に踏み込んできても、柔道のようにつかみかかってきてこちらを投げようとしても、それなりに対応して、相手を潰したり、投げたりが、一応出来るようになってきているからである。

この「なじみ」というのは、さきほど述べた野口氏との共同研究でも重要なテーマになっているが、筆者の場合、相手の体とこちらの体が接触する時、その圧力変化を溶暗（フェード・アウト）または溶明（フェード・イン）、すなわち徐々に変化させて相手との同調回路を作りだす。そのため触れた時、離れた時から技が始まるのではなく、「触れんとする時、離れようとする時」から技が始まっており、予測や気配といったものが筆者の場合具体的な技法として非常に重要な位置をしめるのである。

すなわち、無住心剣術の術者は、捉われのない透明な状態で相手に臨むため、相手は捉えどころがなくてあせるが、無住心剣術の術者には、その相手のあせりによる体の偏り、異常不調和が自分の体のなかに生じてくるのであろう。そして、その異常を解消するように動く。（ここでいう「動く」とは外面的な動きではなく——外面的には、ただ相手に向かって真直ぐ入り太刀を引き上げて落すだけであろうから——内面に生じた異常、不調和を「偏らざるごとく全身を調養する」すなわち気の調養をすることであろう。）

そうすると、それが自然とその相手、他流の剣客を打つことになったと思われる。（そして、この時、相手は凄まじい衝撃を受けたのであろう。）

つまり、これは、相手（その他流の剣客）が自分で自分の不完全さを暴露し、相手（無住心剣術の術者）を通して自分を打った——すなわち、すべては自分の一人相撲である——ということにもなろう。

この筆者の無住心剣術に対する見方を、さらに驚くほど発展的な形で如実に示す例として、次のような話が現代にもある。

これは前述の野口裕之氏が以前、筆者に直接話されたのであるが、この裕之氏の父君で整体協会の創設者、故野口晴哉氏の許へある時、脊椎カリエスの後遺症を持っていた作家のY氏が、自分の乗っていた車に他の車が追突してムチウチ症気味になり、そのためその体の調整を依頼にみえた時のことである。体を観た晴哉氏は、「これはあなたの体自身が、こうした通常ではない刺激を欲しているからで、これによってかえって体はよくなってゆくでしょう」といわれたという。Y氏はこの言葉に半信半疑ながらも、どこかで「なるほど」と納得するところがあったらしい。するとそれから約一年ほどの間に、Y氏は乗っていた車は自家用車やタクシー等さまざまでありながら何度も追突され、おまけに、この間に出かけた外国ででも追突されたという。そして妙なことに、たしかにその度に体が変わってゆき、その後遺症にほとんど問題がなくなると、今度はピタリと、そうした追突事故に遭うことがなくなったそうである。

このエピソードの興味深い点は、不慮と思われる事故や怪我すらも、それに遭う側が、そうなるなんらかの要素を持っているのではないかということである。これは宗教（特に新宗教）等で、「三界は唯心の現われであり、現実に身のまわりに起こることはわが心の影である」などと説くこととも重なってくるように思われる。ただ、宗教等では時にかなり強引な我田引水的解釈が行なわれることがあるので、そこは冷静に見据えなければならない。（筆者も、災害に遭うのはすべてその人に責任があるなどというつもりはもちろんない。）ただ、この考え――怪我をするのは怪我をする側にそれを招く要素がある――を剣の場に当てはめて考えてみると、負ける人間は、その負けること（相手に打たれること）を自らの深い意識の底で望んでおり招いているとも考えることが出来るわけである。そして、この考え方は、無住心剣術の「相手からの太刀を受け外したり躱したりは一切しない」という無住心剣術の鉄則の意味を解く上で非常に興味深い鍵であるように思われる。

すなわち、相手の太刀を受け外したり躱したりするということは、「打たれるかもしれない不完全な自分」を認めたということにもなるわけで、こうした種々の身体動作をはじめから一切捨てるということは、「打たれるかもしれない不完全な自分」(つまり自分で引き寄せる負ける要素)を徹底的に除くという意味があると思われるからである。一雲が書いた『天真独露』のなかに、どうやらそのあたりのことを述べたと思われるところがあるのでここに引用してみよう。

夫れ勝たんとする者は、自己負るの理を尽《ことごと》く消滅して、毫釐《がうり》も負るの理無ければ、則ち求めずして勝たん。己れ負るの理を具へて、未だ尽さずして強ひて勝を求むれば、則ち譬へ勝つと雖も、己れも亦た負けて相討ちなり。益無からん。然ば則ち平日の稽古は、負る理を除くを以て専要とす。聊《いささ》かも勝つことを習ふべからざるなり。

「負けるの理を除くこと」すなわち打たれるはずのない自分を確立することを目指すという無住心剣術の考え方をみていると、一雲が『夕雲流剣術書』のなかでしきりと「聖」ということを強調した意味も十分に納得がいってくる。

ただ、「聖」という言葉を使い、無意、無必、無固、無我な立場に立って一切の捉われをなくし、人間本来の「天理の自然」に生きることを剣術を通してめざした無住心剣術が、多分に夢想的願望によって支えられていたことは、いまさらここで繰り返し確認をとるまでもない。生活技術としての本能（なにを食べ、どこに住み、どう行動するか）を持たない人間にとって、「これこそが本来的な、人間としてのあるべき生き方だ」と断言できるようなものはなにもない。

しかし「天理の自然」という神の理法とも呼べる理想（別のいい方をすれば大いなる虚構）を、矛盾に満ちた人間の体を通して具現しようとしたということは、無住心剣術が剣術を単なる倒敵護身の術とみず、殺し合いという、人間にとっての極悪行為を通して、その矛盾を超えようとした日本の武術の究極の精華である、という説の一つの証しでもあり得よう。

しかし、人間の作意による創造を捨て「天理の自然」に帰一することで、殺し合いという人間の極悪行為の矛盾を超えた無住心剣術では、当然無為自然を尊ぶ立場をとるのであるが、その一方、武家の武術という枠のなかに無住心剣術もいる以上、武家社会という人間が意識的に作った人為の構造をも肯定せざるを得ない立場にもあり、この矛盾は、真綿で首を締めるような働きとなって、無住心剣術を衰微へと追いつめたように思われる。

次節では、この人為と天理の自然の問題を剣術を通して論じ、本章の結びとしたい。

4　人間にとっての自然とは

無住心剣術でいう「天理の自然」の会得、また天真白井流でいう「練丹」によって得られた悟境が「人間にとって真に望ましいもの」であるかどうか、それは筆者にはわからない。だいたい「人間にとって真に望ましいもの」あるいは「人間にとって本来踏むべき正しい道」などというものは「あるが如くしてなく、ないが如くしてある」というじつに捉えがたいものだからである。

つまり、そういう人間にとってあるべき道徳やものの価値観などが、民族によっても決まっておらず、また時代とともに変わってくる（すなわち「あるようでない」）からこそ、人間は文化を発達させてこられたのだと思うし、また「ないようでいてある」からこそ、とにかく日々一応は安心して日常生活が送れる（治安が守られている）のであろう。

また、すでに多少触れたが、「天理の自然」、すなわち人間に本来具有、具足していると無住心剣術で考えられている働きと、後天的な人為による学習によって得られた技術との境界を明らかにすることも難しい。この分かちがたい二つの働きは互いに関連し合いながらともに人間社会を築く基盤となってきたからである。

本来具有の働きと、後天的な学習の働きとの区別の難しさは、たとえば以前は本能の働きそのものと思われていた野生動物の日常活動、たとえば捕食行動や水生の哺乳類では泳ぎの方法といった基本的なことまでが、近年の動物行動学の発達に伴って、それらの多くが親や他の成体の行動から学んでいることがわかってきた。したがって、これら野生動物の行動ですらそれを「生まれたままの天理自然の働き」というのか、それとも「後天的な学習によるもの」というのか、その区別さえ難しくなってきているのである。まして、それらの動物よりはるかに複雑な人間の行動のなかで、どれを天理の自然といい、どれを後天的学習による人為とみなすのであろうか。

もちろん、このような区分けの議論をどれほどしても、無住心剣術の解明にはなんの役にも立たないことはわかっている。しかし、いま述べたように、これらがいかに捉えがたく、曖昧なものであるかということをここで確認しておかないと、これから展開する無住心剣術の検討が、いままでの剣道評論の域から一歩も出ないおざなりなもので終わってしまうおそれがある。つまり、いままでの剣道評論のほとんどは、「人格の完成」であるとか「剣の奥義を極めた」などといった非常に抽象的で曖昧なものを「不動の真理」として固着した論じ方をしているからである。

だいたい「天理の自然」だの「畜生兵法」だのといっても、これはみな一つの表現であり「たとえ」であって、それが絶対的な意味を持っているわけではない。そのようなことは、よく考えてみるまでもなく当然のことであるが、いままで、こと「剣」の思想を論じるとなると、どうしても過剰な思い入れや強引な正当化が行なわれてきたように思われる。

これをほどいてゆかなければ、筆者自身、今回筆を起こした意味がない。しかし、「ほどく」といっても、これは実に容易ならざるものであり、また、ほどけばそれでことが済むというものでもない。「逆縁の出会い」の章ですでに述べたように、他の動物と違い、決められた生き方も、それに伴う生活技術の本能も持たない人間は、その生き方を人為的に自分達で作り出さなければならないからである。そのため人間は「人間にとっての本来踏むべき道」、言葉をかえていえば、「人間が最も人間らしく生きるすべとは」という問題に対して、哲学者、宗教家はもとより、いままでに数えきれないほどの人びとが歴史のなかで向き合ってきたのであろう。

日本の武術の背景となる思想も、そうした無数の試みのなかの一つであったともいえよう。「殺すなかれ」という人間としての強い本能の抑制と真向から対立する「命のやりとり」という「武士の所業」。それを乗り越えるものとして、武士は「武」を「逆縁の出会い」と観じ、また、自らも常に死と対面して生きることを習慣化させるため「切腹」を己に課したのであろう。

また、これは今回のテーマとは外れるが、日本の武術は、この「命のやりとり」をなるべく行なわなくて済むように、相手を殺さずに制圧する柔術が独特の発達を遂げた。日本の柔術(体術)の特色は、中国拳法などが、同じ素手でも、殺傷の技術を高度に発展させたのに対し、なるべく相手を傷つけずに取り抑える、という傾向が強い。これは武士が統治者として、表社会の頂点にいた関係上道徳的見地から、そうなったのであろうが、こうした雰囲気も無住心剣術成立の背景の一つとなっていたと思われる。

江戸時代という戦国時代とは異なった泰平期とはいえ、なんといっても剣術という武術の世界で公然と一流を樹てるためには、まず、実際に他流の剣客と剣を合わせて、一般レベルの剣客はもちろん、一流の名を得ている者にも勝つか、せめて同等の技倆があることがやはり絶対条件であったろう。そして、その上で、その流儀を使うことで、精神的にも満足が得られること——すなわち、うしろめたさや引け目や怯みがなく、自流儀に誇りが持てることも重要な要素であったと思われる。このことは、日本のように武士が表社会のトップとして身分が高かった場合、特に必要なことであったろう。

以上、二つの要件が満たされれば、かなり奇抜、風変わりな動きの剣術であっても一流を樹てることが出来たはずである。

しかし、ただ勝つだけのことならともかく、いまも述べたように、士農工商という身分社会のなかで武士が頂点にいた日本において、その樹立した剣術の動きに十分誇りを持てるという要件を満たすとなると、奇抜で奇想天外な動きを持ったものは自然と生まれにくくなる。

もちろん、こと命がかかっているだけに例外は多少あるが、日本の武術の動きに、中国武術のような猿や蛇の動きを、そのまま取り入れたような動物的な動きがほとんどみられないのは、そういった理由によるものであろう。（それだけに、中国武術の実用的効果を追求した職人的技術体系は凄まじいものがあったといえる。ただ、そういった武術家があくまでも特殊な職人的存在であり、日本の武士のように社会における身分が高くなかったことは、現在、名を知られている著名な中国武術家がほとんどここ百年内外の人物で、それ以前の武術家の名前は、他の分野の職人同様歴史のなかに忘れ去られてしまっていることからも察することが出来る。）

他流を「畜生兵法」と蔑んだ夕雲も、夕雲だけが特別だったというより、いま述べた日本武術のプライドの高さが夕雲のこの言葉の背景にあったのであろうし、それに夕雲の場合、なによりも夕雲の師の小笠原玄信（源信斎）が、そうした「人の行なう剣術は動物の動きとは違うのだ」という意識を持っていたからのようである。

小笠原玄信が、そのような考え方を持っていたということは、いままで知られていなかったが、『切紙究理秘解弁』によれば源信斎は、

唐人ト会スルホドノ人故、文字ニモ達シタリ。是迄ハ燕廻、或ハ燕飛ナドト書シヲ、人ハ天地人ノ三才也。天地ニ目鼻ヲ付タルモノハ人也。其尊キ人ガ燕猿ニ譬ヘタルハ誤リ也トテ、円快ト字面ヲ改メラレシヨシ。

と、新陰流の技名の音を残して字を改めたと出ており、上泉伝の新陰流に用いられていた（現在も柳生新陰流では使われている）燕や猿の字を嫌って、円の字等を技の名称に用いたようである。そして、この考え方は弟子の夕雲にも伝わったのであろう。夕雲は学問の素養がほとんどなかったというだけに、聞き伝えの耳学問には大きな影響を受けたと思われる。そして、さらに、夕雲は単に技の名称ばかりではなく、剣術の実際の動きそのものも（片腕が使えなくなったということもあって）、一切の受け外しや変化の太刀捌きを捨てた簡潔なものにしたのであろう。

こうした、動きに誇りを持とうとする志向は、たとえば、無住心剣術の母流でもある新陰流が（特に現代にまで継承されている将軍家の御流儀になった柳生新陰流が）、低い姿勢で下から攻防をする技が、ほとんどないことにもあらわれているように思われる。すなわち、

これは、天下を治める将軍家の流儀「王者の剣術」としては、上から見下す体の使い方はしても、下から見上げるような姿勢は、極力これを採らないようにしたからであろう。それにしても、排他的雰囲気が強くにおう、無住心剣術の自流に対する強烈な誇りは、ちょっと他には例がないほどである。『中集』には、その誇りの根拠の一つである自流の太刀使いの特色（ただ太刀を引き上げて落すという以外の太刀使いを捨てた理由）が次のように、皮肉を交えて説かれている。

又太刀を一本身の垣に頼み、その陰に隠れてその下にて暫時の間身命をたすかりたがり給ぞや、鳥獣もはげしく追ば、草木を頼みてかくるゝぞかし、是皆万物霊長の人の業とは見へず、悉く皆鳥獣の業をまねて、其形《なり》振《ふ》りするは、人に似合ぬ業なり、常晴《はれ》なる所にて、犬の真似、鳥の真似する人あらば、諸人笑ひあざけり給はん、故に真似する人はなし、それ程よく知てたしなみ給ふ人が、武士の一生一度の晴なる生死の場に立て、人間の本の業と云事の有ると云所に眼を付ずして、何としたる事にて魚鳥獣の業を手本にし給ふぞや、されども世間には、意識を本にして教給ふ流のみなれば、同気相求め同類相集るのならひなれば、早く合点ある故、あの味ひ此の道理と感じ入給ば、意識増長すべし、彼《かれ》を以て是《これ》を観じ、彼是取交へて修行せんと思ひ給ば、一生の長き年月を過し給ふと云ども、当流の本源にもとづく事は難からん、是皆、他流の非をとがむる噂には非ず、彼と是とは、根本眼の付所に違ひ有ると云事を知らしむる斗《ばか》りの事也。吾流初心の門弟中、よく爰《ここ》に眼を付て修行有たきもの也、書に他流を畜生心とあれば、よその事とばかり思ひ給ば、あやまり知らず、只管《ひたすら》欲にばかり目を付て、一生貪者《どんしゃ》の真似して暮す人も有、是皆己れが利徳々々と思ひし事が、後はあだと成て身を亡し家を破り、兄弟妻子同居する事成らず、いつぞの程にか、をめ〳〵と引込て隠れ、人に後ろ指さゝるゝ事、人の本意《ほい》にてあるべきや、此有様にて一生を送て無事と申さるべきや、

すなわち、「(他流派では当然のこととしている) 太刀を身の楯として敵の打ち込みを防ぎ身を守るなどという行為は、ちょうど鳥や獣が激しく追い立てられれば草木を頼ってその陰に隠れるようなもので、とても万物の霊長である人間のなすべきこととは思えない。大切な晴れの舞台で犬や鳥の所作を真似すれば、誰からも笑いものにされるだろう。したがって、そのような馬鹿げたことをする者は一人もいない。それなのに、武士にとって最も大切な命がけの真剣勝負という晴れの舞台に臨んで、どうして人間としての本来の動きをせず、魚や鳥、獣の動きを手本にするような浅ましいことをするのであろうか。しかし、そうはいっても、そういう浅ましい剣術は一般に理解しやすく、そのため世間の諸流はみなこうした意識をもって、かれこれの動きを教えるものばかりである。そして「類は友をもって集まる」という諺もあるように、そうした所には「どの技がいい、この動きがいい」といったことにしか目の行かないレベルの者達が集まり、腕自慢をし合っている。このような者達は、たとえ一生修業したとしても、当流のような人間の本質にもと

づいた剣術への自覚は得られないであろう。

このことは別に他流をことさら誹謗していうわけではなく、当流と他流とでは根本的な目のつけどころが違うことを説いたにすぎない。当流に入門したての初心者は特にこのことを心得ておいてもらいたいものだ。一雲先生の書かれた『夕雲流剣術書』に、他流の剣術は畜生心にもとづくものだ、と書いてあるが、この言葉はなにも他流の剣客のことのみを指しているわけではない。(当流の者であっても)欲深く貪る心のある人は自分の利益のみを追い求める結果、身を亡ぼし、家を潰し、家族離散して人に後ろ指を指されるようなことになってしまうものだ。どうしてそれが人としての本来的なあり方といえようか」。

しかし、この円四郎の主張については、すでに述べたように「万物の霊長の人間」といっても、他の動物と同じように動植物を食べ、消化し排泄をして生きており、そうした種々の行為や動作のあり方一つ一つについて、どれが動物的「畜生動作」で、どうすれば「人間動作」か、という区別は、人間の動作自体地域によっても時代によっても種々変わる曖昧なものだけにきわめて難しいであろう。

こうした面からみても、無住心剣術の理論はそれが過激な分相当に偏頗しており、すでに何度も述べてきたように、無住心剣術が武士の武術として、その構造にかなり無理を持っていることは明らかである。

ただ、真里谷円四郎が、他流試合千度不敗という空前の記録を残していることからみて、無住心剣術は、他流の剣術概念とは、よほど違うなにか（それが無住心剣術が持っている偏頗の度合の強さからくるものかもしれないが）を持っていたと考えるべきであろう。それは身体を通して得た、よほど確かな感覚であり、深い宗教的な開悟や信仰にも比肩し得るほどのものであったと思われる。

なぜならば、剣術という相手が現に自分に向かって打ち込んでくるという状況のなかで、それを受け外しも躱しもせず、ただただ、真直ぐに入って行き、自然と太刀を引き上げて落すというのは、人間の最も基本的な身を守ろうとする本能的反射行動を超えてゆかなければならないだけに、宗教をただ観念的に信じた、悟ったというものとは、その深さと質がまったく違うからである。

これは、よほど深い信仰や、開悟でようやくそこまで行けるかもしれない境地である。ほとんどの場合の信仰は、理屈ぬきでその教義や神話を肯定しようとする域を出ないものであり、「たとえ」ていえば本質的自覚、自得を消化吸収とするならば、一般的な、いわゆる信仰とは「点滴」のようなものであろう。消化吸収を経ないで体内に入る薬物は、一時的には体に大きな影響を与えるが、体にとって正常で恒久的なものとはいえず、そのような環境外の日常生活では無理があるからである。

また「悟り」といっても、観念的な骨董趣味的な世界のなかにとどまっている場合がはなはだ多く、単に宗教によって、ナマ身を持った人間が、この無住心剣術が開いた世界に迫ることは実際容易なことではなかったと思われる。

それだけに、禅の強い影響を受けて成立したといわれる無住心剣術であるが、やはり「禅」そのものとは重ならないであろう。

「剣禅一致」などという言葉はよくいわれているが、さすがに円四郎は安易にそうしたムードには同調していない。『中集』には、弟子の川村が、

其形を離れ、太刀も持たるばかりにして、何の心もなく、外想に勢なく出ればよきと覚へ知て、是れぞと思ひ、先生へ見せ申候へば、

すなわち、この時川村は「その体を意識せず、太刀もただ持つに任せてそれをどうこう使おうということもなく無心に気張らず出る」ということに多少自覚するものがあり、そのため、喜んで師の円四郎の許へこのことを証明してもらいに行ったのであろう。円四郎は、この川村の話を肯定せず、次のように答えている。

先生云、それは禅僧の修行振りにして、我が道にあらず、剣は形も入用なり、持たる太刀も入用なり、形にも太刀にも、先き迄我が性気のみつるやうにして、立たる所より直に敵へとゞくやうに修行すべし、禅家は四大を捨て修行せしに、又形も入用なり、形共に成仏せよと被レ仰候は、古今一休和尚ばかりなりと被レ仰候、

「それは禅僧の場合ならば、それでいいかもしれないが、われわれ剣客の世界のことではない。剣術は形（身体）も入用であり、持った太刀も大事である。そして、身体にも太刀先にまでも生気が満ち満ちているようにして、それが直接敵に届くように修行しなければならない。

禅は四大（仏教でいう地、水、火、風の四元素。ただここでは、これら四元素から成り立っている身体そのものを指していると思われる）を捨てて修行するが、われわれは身体も重要なのである。禅で心身ともに成仏するよう修行すべきだ、と身体にも着眼した教えを説かれたのは古今を通じてただ一休和尚より他にはいない」。

この円四郎の答えは、剣術が宗教である禅とは本質的に異なった世界であることを明らかにしている。円四郎は、すでに述べたように、禅僧愚堂の弟子である岡本水也居士や桂堂和尚等から称賛されており、禅的境地にも深いものがあったようであるが、それだけに禅の問題点、禅と剣術との本質的相違等についても洞察していたようである。いまの引用の最後にある「形共に成仏せよと仰せられ候は、古今一休和尚ばかりなり」という円四郎の感想は、剣術という切実な世界から禅を見た時に自然と生まれてくる実感だったのであろう。

そういった点、権力に媚び諂わず、宗門の権威にもソッポを向いて「風狂の禅者」といわれた一休を歴代の禅僧のなかで円四郎が最も評価したということは、非常に興味深い。

とにかく、無住心剣術は精練しぬかれた型も、熟練を積み重ねた鮮やかな太刀捌きもなく、一雲が『夕雲流剣術書』で説くところによれば、

凡ソ太刀ヲ取テ敵ニ向ハヾ、別ノ事ハ更ニナシ。其間遠クバ、太刀ノ当ル所マデ行ベシ。行ツキタラバ、打ベシ。其間近クバ、其マヽ打ベシ。何ノ思惟モ入ルベカラズ。

すなわち、「相手との間が遠ければ、太刀が当たるところまで進み、そこで打てばいい。その間が近ければ、そこでそのまま打てばいい。それ以上に、さまざまな思慮、術を用いることはなにもない」という、あっけないほどに単純なものである。一雲は、この無住心剣術に対比させるために、これにつづけて次のように他流の剣術を論難している。

然ルニ敵ヲ一目見テ、目付ト云事ヲ定メ、其間ノ遠近ニ慮ヲ加ヘ、活地、死地ノ了簡ヲ生ジ、或ハ太刀ノ長短ノ寸尺ニ泥《ナツ》ミ、其上ニ与ヘ、奪ヒ、ウカガ(窺)ヒ、劫《オビヤカ》シ、動カシ、擒《カラ》メ、縦《ユ》ルメ、遅速品々ノ習ヒ心ドモヲ発シテ、上手メカシク働ク。如レ此ノ心入レニ天理本分ノ良知良能ハ聊《イササカ》モキザ(萌)スベカラザルニ、

すなわち、「敵を見れば、どこに目をつけるか、という規準を種々設け、敵との間合の遠近によって技を考え、また、どうすれば敵を打つことができ、どうなれば敵に打たれる

かを論じ、あるいは、太刀の長短による得失を研究し、その上さまざまな相手を混乱させる心理的小細工をして、これこそ剣の練達者だといった顔をする者達、このような諸流の剣客には天理の働きは、少しも生じないであろうに」、こういう連中に限って、

向上ヲ談ジ聖仏ノ言句ナドヲ引言ニシテ、心ヲ説キ気ヲ談ジテ極意ノヤウニセラルヽハ、恥ノ上ノ恥ナレドモ、自己心元来明カナラヌ上ニ、暗師ノ伝ヲ受テ弥々意識ノ増長シタル輩ナレバ、尤トモ云ベシ。

すなわち、「儒仏の聖句などを例に引いて、自流の剣術を説明するものだ。このようなことは、まさに恥の上塗りであるが、もともと暗愚な師に習い、高慢増長した者達だからしかたがないだろう」と、こきおろしている。

その上さらに、執拗な性格の一雲は、

金屑眼ニ入テ翳トナルトイフハ、畢竟聖仏ノ言句、イカヤウ《(如何様)》ノ向上ナル言モ、心上ニトヾムレバ障リトナルノタトヘ也。

すなわち、「貴重な金も、目に入れば障害になるのと同じで、どのように貴い教えも、それを意識すれば障害となる」と述べ、念を押している。そして、当流、無住心剣術の太

刀の使いようは、

敵ニ向ツテ太刀討《(打)》ストイヘドモ、早カラズ遅カラズ、好《ヨ》キ加減トイフ事モナク、我ガ自然ノ常ノ受用ニマカセ、強カラズ弱カラズ、能キカゲン《(加減)》ト云事モナク、此又自然ニ任ス。勇気ヲ俄ニ張リ発スル事モナク、又怯ヲ示サズ、敵ヲ不㆑見我ヲ不㆑覚、畢竟近ク取テ、タトヘテイハヾ、朝夕ノ物ヲ喰フ時ニ膳ニ向テ箸ヲ取ル手ノ内、太刀ヲ取ルニ好シ。飯ニ向テ箸ヲ取直シテ喰フ心ニテ、敵ニ向ツテ太刀ヲ用ルマデノ働ノ外ニハ、何ナリトモ一毫モ添ヘ足スモノハナシ。若シ少シソヘタスモノアレバ、当流成就ノ人ニハ非ズ。

すなわち、「敵を太刀で打つ時も、早からず遅からず、といってちょうどいいようにと、意識的に調子を加減して打てばいいというわけでもなく、そういった一切のはからいを捨てて、自然に任せて打つことが無住心剣術の本旨である。また、その大切な勝負の場に臨んで、怯むようでは話にならないが、かといってあらためて覚悟を定め勇気を奮い起こすようなことでは無住心剣術とはいえない。要は、敵を敵として見ず、また、敵と対立する自分というものを意識しないで、敵と向き合うことが肝要である。そして、この時の太刀の持ち方は、身近な「たとえ」でいえば、毎日食事をする時、膳に向かって箸を使う、その何心ない手の内がまさにそれにあたる。もし、太刀を持つ時に、この箸を持つ手の内の感触以上のなんらかのコツや心得をつけ加えるならば、それは当流の本旨に外れることであり、そうしたなんらかの特別な太刀の持ち方を説く者は当流を会得できない」と、説いている。このなかで「早カラズ遅カラズ、好キ加減トイフ事モナク」という説き方は、いかにも技術を否定し、老子を好んだ一雲らしい表現である。もちろん、実際には、早くも遅くもなくて、ちょうど好い加減となることを指しているのであろうが、それが一切のはからいを捨てた結果としての「好キ加減」でなければならないことをいいたいのであろう。

このような自流の剣術理合の表現に対する気の遣いようは、後年、この一雲の影響を最も強く受けた白井亨にもみられる。白井は、その創始した天真白井流が、臨機応変に相手に対応する剣術である、と他から見られがちなことについて、神経を遣い、次のように念を入れて述べている。

当流ハ自然ヲ技トスル故、先々後先ナシ又臨機応変モナシ、先々後先ハ敵ヲ受テ相気ニナル故也、又臨機応変モ同ジ、唯其《ソノ》自然ニ応ジテ遣フ《ウ》中チニ自然ニ先々モアリ、又後先モアリ求テセズ、又自然ニ応ズルヲ臨機応変ト云ヘバ云フ也、求テ臨機応変ハナシ。

(『天真白井流兵法譬咄留』)

さらに白井はすでに述べたように、一雲がここで説いている「敵ヲ見ズ我ヲ覚ズ」という無住心剣術の特色にも、強い影響を受けており、自流――天真白井流――を学ぶ初心者に対して、すでに述べたとおり、当流では「忘レテ捨ル物」が三つある、それは、「敵ノ躰ト、我躰ト、我持タル剣」であると説いている。

さて、無住心剣術の太刀の取り方として、一雲が「膳ニ向テ箸ヲ取ル手ノ内、太刀ヲ取ルニ好シ……」というくだりは、いままでに無住心剣術が書籍等で紹介される際、その技術を超えた玄妙な――そして玄妙即平凡な――心法の剣術の特色としてよく引用されてきた。たしかに、このくだりは、いかにも簡潔で見事な表現である。ただ、筆者はかねがねスマートなだけに、ついそのまま読み下してしまう、この一雲の主張にある多少の無理と矛盾が気になっていた。一雲は繰り返し、所作を捨て（後天的に身についた習いごとを否定して）、天理の自然にもとづく良知良能を、そのまま発揮することを説いて、たとえば、

面々ガ二三歳ノ時、母ニ懐（抱）カレ母ノ乳ブサヲヒネリテ乳ヲ飲タル時分ガ、良知良能ト云フ天理自然ノ妙用アリテ我ニ足レリ。這《コ》ノ良知良能ニテ、我ガ一生ノ間六十年七十年ニテモ、万物ニ応ジテ自己十分ノ用ニ足ル筈ノモノナレドモ、五六歳ノ時ヨリソロ〳〵良知ヲ失テ、外ニ智解ト云モノ出来テ、良能ヲバ忘レテ、才覚働《バタラキ》ノ所作カシコクナル程ニ、漸々ニ失テアト（跡）形モナクナシタリ。

すなわち、「諸氏が二、三歳（満でいえば一、二歳）の頃、母に抱かれ、母の乳房を摑んで乳を飲んでいた時分は、自然の良知良能という、学ばずして自然に備わっている命を全うする働き、そのままに守られて、なんの不足も不都合もなかったであろう。人間は本来

この良知良能のみで、六、七十年の人間の生涯にわたるすべての物事に対応して無事に身を全うできるはずであるが、五、六歳（数え年）の頃からしだいに良知を失って智解――意識的な知識――が生じ、良能をも忘れて、自己の利益を考える才覚を覚えて用いるようになってくる。そうなるとしだいに本来の良知良能は失われはじめ、やがて跡形もなく消えてしまう」と『夕雲流剣術書』のなかで説いているが、生活技術の本能を持たず、意識による文明を創らざるを得なかった人間が、生来持っている基本的な本能の「良知良能」のみで、人間一生の間のさまざまな物事に対応できたであろうか。筆者は、はなはだ疑問がある。さらにまた、この「母ノ乳ブサヲヒネリテ乳ヲ飲タル」という本能動作と、何心なく自然に「膳ニ向テ箸ヲ取ル」という動作は、果してどちらも同じ良知良能にもとづく動きといえるであろうか。何心なく自然と箸が使えるほどに箸使いに習熟しているということは、幼時から絶えず訓練を重ねてきた結果であり、この後天的学習によるもの――まさに技術――と、赤子の哺乳とを同じ良知良能にもとづくものとして説くのはどうにも無理があるように思う。

箸は、それを使う対象となる膳の上の食物の種類や形状によって、手の内のさまざまな微妙な扱い方が必要であり、そういった種々の箸使い――技術――を肯定しておいて、諸流剣術にみられる種々な太刀捌き、体捌きを否定する、というのはいささか筋があわない。

すでに講武実用流の平山行蔵のところで述べたが、自分の思想や考え方を説明するために用いる「たとえ」というものは、元来、論理的にはなんの根拠もない思いつき的なものが多く、それだけに多くの矛盾を含んでいるものである。もちろんそうした性格のものに対して、いちいち目くじらを立て、論理的に追及、検討することもないが、この一雲が説いている「膳に向かって箸をとるように太刀をとる」という「たとえ」は、無住心剣術という技術否定の剣術が、根本的に抱えている無理——すなわち技術を否定し尽せないがあらわれているとみるべきであろう。

技術を開発し文明を発達させることによって、人間が人間として生きてきた長い歴史が現にあるなかで、それに目をつぶり技術否定を打ち出すことは、どうみても無理がある。しかし、やっかいなことには、この無理——技術否定の考え——は、人間の根源的な生命現象から直に生じる考え方でもある。つまり人間の生命の働きは、ああ、こう、思いわずらうこだわりがなくなった時、最も効率よく働くからである。たとえば、赤子や酔漢が階段などから落ちても、恐怖や気張りがないぶん軽傷で済んだり、いろいろと手を尽しても治らなかった長年の慢性病が、そういった一切の治療や節制をやめて、自分のやりたいことをやり、動きたいように動いていたら治ってしまったなどということがある。もちろん、このようなことは、どのような場合にでもいえることではないが、こうした現象は、生物が（当然人間も含めて）本来的に備えている身体保全機能の働きといえよう。

意識をもって社会を築き、集団で生活する人間はどうしても意識才覚を働かさねば世の中を渡ってはいけない。しかし、身体それ自身が持っている自然律は、そうしたこだわりや束縛でずいぶんと狂わされているのである。ただ、多少狂ってきても、そのことに対する身体自身の訴えは、人間の社会生活の場における「是非損得」のような明確な形ではみえにくいため、いきおい、そういった意識的な約束事で運営されている日常生活の場では抑制されているのである。（そのため身体は多かれ少なかれ、そのギャップとストレスで歪み、また消耗してゆく。）そうした、人間が本来的に持っている矛盾と相克のなかにあって、より、身体が持っている自然律に近い立場から流儀を興したのが、無住心剣術といえるかもしれない。

したがって、この無住心剣術が自流を社会に適応させるために着る衣には当然種々の無理がかかり、あちこちに綻びが出来るのは当然である。しかし、社会の枠のなかにいる以上、裸になるわけにもいかず、古人の金言名句の恣意的引用という、綻びやすいつぎはぎだらけの着物でも脱ぐわけにはいかなかったのであろう。

言葉を代えていえば、無住心剣術は現実の人間社会のなかにあって、無理を承知で荘子的な人間離れした精神の世界に棲もうとしたようである。しかし、やはりその無理は現われてきた。門弟一万人というほど隆盛を誇った円四郎の流儀も円四郎の没後急速に衰微してしまったが、これは無住心剣術が人間の特性である創意工夫（文化の形成発達）と鋭く対立してしまったからであろう。

《もっとも、すでに述べたように、その後の調査で発見された『武田真里谷家譜　全』によれば、真里谷家には円四郎義旭の後も代々無住心剣術が相伝されたようで、特に三代目の円四郎信栄の時に、一時隆盛の兆があったようだ。同書によれば、「信栄、家の剣術、幼は尋常にてありしが、深き病に染て、よふやく病いへしより、一度に妙を得て、今まで免《ゆる》し受し父が門弟も、一人として向ひ立ものなかりしとこそ」と書かれている。つまり、義旭の孫の三代目の円四郎信栄の幼い時は、家伝の無住心剣術の腕前も普通だったが、重病から回復してから急に上達し、それまでに父親の円四郎義品から印可を受けていた父の弟子達の中には、信栄に肩を並べられる者が一人もいなくなったという内容なので、ここから、円四郎義旭・円四郎義品・円四郎信栄と真里谷家三代に無住心剣術は相伝されたことと、信栄の兄弟子の印可持ちが複数いたことがわかる。そして、信栄の実力が相弟子だけではなく、外部の者にも発揮された様子が、先ほどの引用部分に続いて書かれているので要約すると、その頃久留米で藩主の一族の有馬内蔵助という武術の好きな人が、城大八・丹羽朋蔵ら同志と鍛錬に明け暮れていた。その後、城大八は江戸に出府した時に円四郎信栄の家を訪ね「一太刀試」したいと申し込むと、信栄は何の躊躇もなく引き受け、稽古場で試合をした。その様子は、立ち上がったかと思ったら、すぐに大八が倒れてしまったという。そして感服した大八はすぐに入門したので、内蔵助も丹羽も久留米から誓紙を書いて入門したということである。こうして、信栄のもとで再び盛んになるように思われた真里谷家の無住心剣術だが、信栄が壮年にして没してしまい、衰微したようである。このことは、『武田真里谷家譜　全』とともに真里谷家に現在まで伝わっている物の内に、「天真独朗書」（『天真独露』のことであろう）と冒頭に書かれた一枚の書からも推定できる。

この書は、信栄の子が早世したため跡を継いだ新右衛門信興が、清水次郎という者に『天真独朗』を天保六年（一八三五）三月に渡す時の添え状の下書き（もしくは控え）と思われるが、この中で信興は「予《よ、》非知奥秘者《おうひをしるものにあらず》」とことわっているので、信興には無住心剣術は相伝されていないものと思われる。

このように一時は再興されかかった無住心剣術だが、やはり、どうしても代々伝わって後世に遺るようにはならなかった。》

すなわち、すでに述べたとおり、無住心剣術は諸流の剣術にとっては命ともいえる、その流儀特有の「型」を持たず、また武士にとっては大きな関心事である刀剣の良否についても論ぜず、それどころか、そういった道具にこだわることを馬鹿にするようなところがあったからである。このような武家の常識と美意識に逆らう無住心剣術は、大方の武士にとってその強さには興味を持たれたであろうが、同時に面白からざる存在として白眼視されたことは、十分に考えられる。

また、武士に限らず、こうした道具や、具体的な術技にこだわらない無住心剣術の思想は、さまざまなものを発明し、創造工夫してゆくことが本能の一つともいえる人間の志向と、どうしても矛盾することになってしまう。

すなわち、技術を開発し、文化を進展させてゆくことは、それに伴って種々の環境破壊など、人間にとってきわめて深刻な問題を起こしており、それが決して「いいこと」とは断言できないが、人間の、いわば「業《ごう》」として、同時に人間が人間であることの証しとして、止めるに止められないものであることは認めないわけにはいかないと思う。たとえば、ことの善悪は別として、現に原子力エネルギーまで解放してしまっている。人間がここまできてしまった以上、現実的には、これ以上に科学を進展させ、この原子力の問題（軍事的にせよ原子力発電のようないわゆる平和利用にせよ）を乗り越えて先に進まねばならないように思える。

となると、人間にとって「天理の自然」という言葉を老荘的にのみとらえることは、やはり不可能かもしれない。

老荘、特に荘子が好きな筆者がこのようなことをいうのは辛いが、人間にはどうしてもその場にとどまっていられない、先へ進もうとする本能、創造し、工夫し、解明しようとする知の働き（あるいはこれこそが「業」かもしれないが）が、あるように思われる。それを抑え込み、とどめるということは、いかにしても無理が出てくるようである。無住心剣術や、天真白井流の命が短かったのは、こうした人間の本性とぶつかって混乱を起こしたことが大きな原因であったように思われる。

そうした混乱の一例として次のようなものがある。

吉田は『天真伝一刀流兵法』や『天真白井流兵法譬咄留』のなかで、白井の教えとして『荘子』の天地篇に出てくる畑に水を遣るのに槹《はねつるべ》のような効率のいい機械を使うと、機心（機械に使われて、自分の主体性がなくなってしまうという意味か）が生じて自然の心を失

うといって、水甕でいちいち水を汲んで畑に水を遣っている老人の行為を、自流である天真白井流の稽古にたとえて、

此語ノ如ク剣術モ槹ニテ水ヲ汲ヤウナ意識ノ早業ニテハ本然ノ得ラレザル也、本然ノ修業ハマダルクトモ井戸ノ水ヲ甕ニテ汲ヤウニ練丹シテ真空ヲ実シ赫機ヲ以テ遣フ也、度々重ネテ修業スル中チニ自然ト得ル也、

すなわち、「剣術もこの荘子の話にもあるように、槹で水を汲むような意識によって工夫した合理的で能率のいい仕事ぶりでは本当のところは得られない。本物の修業は手間がかかって進歩が遅いようでも、井戸の水を甕で汲むように練丹して、真空を充実させ、それによって赫機《ノビ》を出すようにつとめなければならない。このことは、ただ修業を怠らずに重ねてゆくことで自然とわかってくるであろう」と述べているが、同時に同書では、白井の門人で信州小諸牧野家の家臣で下勘定役を務める長沼丈太夫が、白井に就いて剣術を学んだ結果、剣術よりもこの長沼の本業である計算に異能を発揮するようになり、両方から同時に数字を読み上げるのを、左右の手で算盤を入れ、少しも間違わない、といういわば曲使い的な効率の良さを称揚しているのである。

この矛盾（一瞬で左右を斬り払うような太刀捌きは嫌いながら、このような算盤の曲使いを称揚するというのは明らかに矛盾があろう）は、「天理の自然」による向上と人為による創意工

夫の向上とが、いかに分かちがたく複雑に入り組んでいるかを示しており、それを主観的に強引に分類することによる混乱を具体的に示している。

つけ加えていえば、この天真白井流の伝書に引用されている『荘子』の天地篇の槹の話は、まだ先があり、この水甕で水を遣っていた老人は、「彼は渾沌氏の術を仮に脩めたる者なり、其の一を知りて、其の二を知らず、其の内を治めて、其の外を治めず……」と結局は批判されているのである。つまり、天地篇のこの話は、真に道を得たものは機械を使っても、機心を生じない——すなわち機械に使われない——という、いわば道教の大乗思想を説いたものであり、白井のこの天地篇の引用はずいぶん強引で恣意的な使い方といえよう。荘子のなかにさえこういった傾向が出てくるところをみても、人間の創造進歩というものは、いかに抑えがたいものであるかを示しているといえよう。

人間は神（超越者としての絶対的存在という意味での神）ではあり得ない。肉体という枠に入れられ、その肉体をある程度自由に動かすために手足腰（身体を動かす機能）があり、その枠のなかで動いている。この枠は人間を不自由にしているが、その枠があるからこそ、人間が人間として保たれている。枠がなければ、肉体もなく、喜びも悲しみも、生命体としての活動はなにもなくなってしまうであろう。

そして、この枠はまた、それがあるからこそ、それから自由になりたい解放されたい、と人間の創意工夫を刺激してきた。翼なき人間が空を飛行し、鰓《えら》や鰭《ひれ》がないのに深海に潜る。このことは、もはや善悪の論議の出来る話ではなく事実であり、いまは誰にも止めることが不可能である。

これに対し老荘思想にみられるこういった人間の知識を否定し、身体運動の自由度も極度に減らし、それによって心気の活動を引き出そうという志向はきわめて高次な思想ともいえるが、考えようによっては、神に近づこうとする不遜な（この表現に異論のある向きは多かろう。かくいう筆者も少なからぬ異和感を覚えているがあえていう）思想かもしれず、あるいは「開きなおり」（この表現も問題があろうが）といえるような気もしてくる。

この「開きなおり」という印象は荘子にしばしばみられる「不自由さこそ自由だ」と説く逆説的表現に対して特に感じられるところである。こういう表現は読む限りにおいては、たしかに面白いが、現実にナマ身の肉体を持っている人間の世界で、果してどこまで説得力があるであろうか。

すでに述べたように老荘思想は、古来、その東洋的ユートピアの発想と同時に匂う虚無的な「粋」さから、多くの人びとに好まれ、読み継がれてきたが、その内容が常にどの時代の体制とも対立するシニカルなものであっただけに、ナマな形で社会の表舞台に出ることはなく、常に文学作品的な衣を着て命を繋いできた。

実際、老荘思想を本気で実践し、人間がいままでに生み出してきた道具や制度の工夫を廃するということは、人間が意識を持ってしまった動物である以上、出来るはずがない。繰り返すがそれは、人間が道具やさまざまな文化を発展させてきたということ自体が、一つの人間の本能であるともいうことが出来るからである。そのため、古来、東洋思想はその根幹に流れる自然随順の考え方と、人間の本能の一つともいえる創意工夫による諸分野の学問研究の進展との、どこに折り合いをみつけるかが非常に重要なポイントになっていた。

もちろん、その境界点を決める明確な基準はない。したがって、時代の進展とともに自然随順思想が最もナマな形であらわれている老荘思想も、現実の世の中の変化に合わせるために修正せざるを得なくなり、人間の作意を一切認めなかった「無為自然」の考え方は、しだいに人間が技術の鍛練を通して自然を会得してゆくという有為自然、すなわち「技術の鍛練を通して人は自然の理法に目覚めてゆく」といった具体的な人間の修業を肯定してゆく形に変わっていったのであろう。東洋における技術の道が、時に宗教的な深まりを感じさせるのは、こうした背景があったからだと思われる。

この傾向は、特に日本において著しいが、これは「武士」という本来は職能階級の人間が、長い間にわたって政権の座についていたことと無関係ではなかったと思われる。

つまり、無住心剣術のように極端に心法化せず、あくまでも身体技法の側面を色濃く残した上での精神的深まりが、トータルとしての人間を深くみつめるというのが日本武術の本道であったと思う。その点からみれば、筆者は『猫之妙術』のなかで樗山が「道器一貫の義なれば所作の中に至理を含めり」と述べ、具体的な身体技法をも軽視していないことには共感を覚える。

しかし、筆者のなかにある真里谷円四郎への熱い思いは、いまも消えたわけではない。

円四郎という音の響きに対しては、もはや肉親に対する情に近いものがあり、その想いは特別である。この先、この円四郎への「想い」が、また別の形で筆者のなかに吹き上がってこないとはとても保証できない。

今回、ここに、筆者が真里谷円四郎にこだわって武術探求を進めてきた過程と、それによって得たものをとにかく書くことが出来た。

筆者のこれまでの研究を土台に、これから真里谷円四郎と無住心剣術の本格的探究を志して下さる方があれば、筆者としてこれにまさる喜びはない。

結び

身体感覚を通して追求してゆく技芸が人間の内面と深く関わり、一つの完結した世界を形成するという、いわゆる東洋の悟りの世界が持つ「極意」「奥義」などというものは、その世界（境地）に達した充足感により、それ以上を望まない、という心境であり、これは茫漠たる宇宙をはるかにのぞみつつも、自らがその宇宙の涯までも見届けた、という満足感といえるようにも思う。

たとえば、「日本剣術の精髄」といわれることがある居合で（残念ながら、現代の居合でそう評価できるほどのものはごくごくわずかであるが）、太刀が鯉口（鞘の口）から出て、相手に届く時間は、実際にはもちろん〇・何秒か、〇・〇何秒かかかっているのであるが、「極意を得た」者にとって、この間の時間はないのである。これは「離れの至極」と呼ばれているが、その術の世界において、その時間は、時間ならざる時間であり、空間ならざる空間なのであって、その時空そのものが自己の存在と一つになっているのである。（これは、きわめて詩的、主観的な世界であるから表現方法はさまざまにあろう。）

すなわち、実際には、〇・何秒かは、かかっているのであるが、その術者にとっては、それが完璧なのである。つまりその〇・何秒を、仮に〇・三秒とすれば、それを〇・二秒にしよう、などという発想は、決して湧かないのである。あまりいい「たとえ」ではないかもしれないが、牛は、自分より足が早くても馬になろうとは思わない（であろう）というようなことであろうか。

すなわち、一つの完成された「技」の世界とは、単なるスピードや力で分析的に優劣が決められるものではなく、一つの「種」というほど、それを構成している、さまざまな要素が過不足なく組み上がって出来ているものなのである。

こうした「極点」といえるものを置く、東洋の思想は、絶えず進行形で際限なく広がってゆく人間の欲（これは悪い意味はもとより向学心、好奇心等、いわゆる善い意味もすべてを含む）といういわば鋭い針先を、まるで人間が生来持っていた本能のように、非常に巧みに包み込んで、この人間をとりまく環境というゴム風船を傷つけないように守ってきた。

しかし、近代思想、特にその一番の原動力となった「科学思想」は、この針先のカバーを持たないため、進みに進んで、ついに、その針は、風船を傷つけはじめた。フロン、二酸化炭素による地球の温暖化、酸性雨、放射能等々、種々の深刻な環境破壊の現実は、いま、切実な問題となってわれわれにつきつけられている。

知る者は言わず、言う者は知らず

と『老子』にあるが、この「言う」とは、人間のさまざまな「科学研究」によって、自然の仕組みを暴くことをさしていたのかもしれない。

しかし、すでに何度も述べてきたように、欲を持ち、研究し、知ろうとすることは人間の本性である。その方法が性急で、間違いも数多く犯してきたとはいえ、ここまで人間の科学や諸文明が発達してきたいま、人間と人間、また人間と自然の関係を上古の昔に帰して論ずることは、もはや不可能であろう。もちろん、現に人間をとりまく環境が人間自身の手によって日々劣悪化していることは間違いない事実であり、いまも述べたように、こうした問題がもはや予断を許さない切実さでわれわれに迫ってきていることも事実である。ただ、こうした現状を踏まえ、いまわれわれにできることは、諸問題に対する個別な対応もさることながら、まさに「天理の自然」と「人為」すなわち「人間にとっての自然とはなにか」ということを、単に思考を通してだけではなく、既成の概念を捨てて根本的に検討しなおすことではないだろうか。

そう考えると、この課題をすでに歴史のなかで、しかも「武」という人間にとっての切実な状況下で問題提起していたように思える日本の剣術は、見方によってはただの骨董にすぎないが、扱いようによっては、これからの時代を拓く重要な鍵の一つであり、日本に遺されていた人間把握のための貴重な遺産といえるようにも思われる。

この遺産を受け継ぎ、人間の体感と遊離させずにこれを探究してゆけば、たとえば、赤子の心——すなわち根本的な生命の意志に逆らわずに——ハイテクを扱えるようになるかもしれず、そうなれば人類の未来も、まったく新しい展開が訪れるかもしれない。

それがいったいどのようなものなのか、現在はまったく想像もつかないが、いままでの科学文明の単なる延長線上にないことだけは確かであろう。

（系図１）無住心剣術を中心とした新陰流からの展開

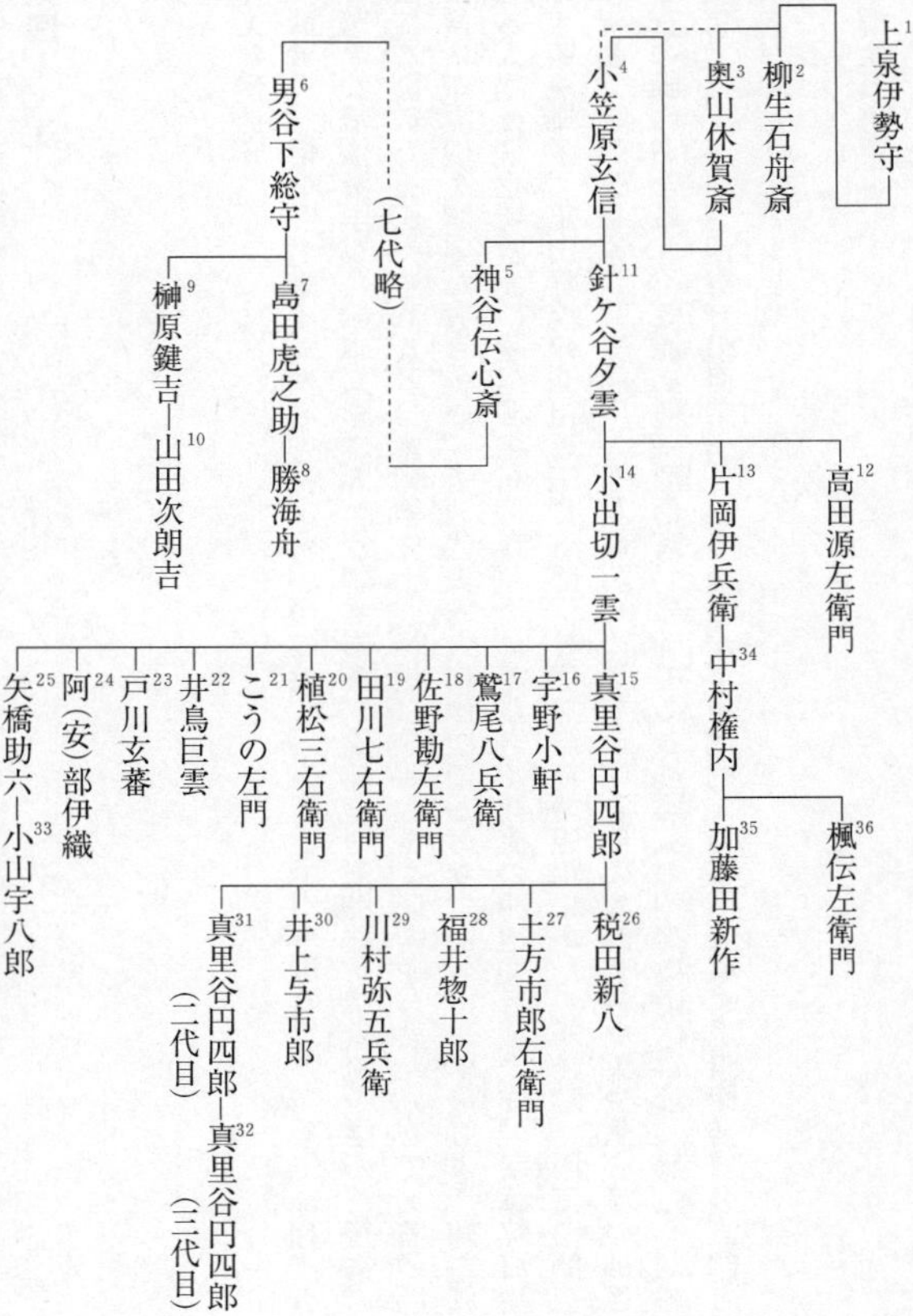

上泉伊勢守[1]
柳生石舟斎[2]
奥山休賀斎[3]
小笠原玄信[4]
神谷伝心斎[5]
男谷下総守[6]
（七代略）
島田虎之助[7]
勝海舟[8]
榊原鍵吉[9]
山田次朗吉[10]
針ケ谷夕雲[11]
高田源左衛門[12]
片岡伊兵衛[13]
小出切一雲[14]
真里谷円四郎[15]
宇野小軒[16]
鷲尾八兵衛[17]
佐野勘左衛門[18]
田川七右衛門[19]
植松三右衛門[20]
こうの左門[21]
井鳥巨雲[22]
戸川玄蕃[23]
阿（安）部伊織[24]
矢橋助六[25]
税田新八[26]
土方市郎右衛門[27]
福井惣十郎[28]
川村弥五兵衛[29]
井上与市郎[30]
真里谷円四郎（二代目）[31]
真里谷円四郎（三代目）[32]
小山宇八郎[33]
中村権内[34]
加藤田新作[35]
楓伝左衛門[36]

系図1・注

1上泉伊勢守

後、武蔵守。信綱と名乗る（初名秀長、次いで秀綱）。上州大胡の城主の子として生まれ、当時の著名な流儀を学び、松本（杉本という説もある）備前守や愛洲移香に陰流を学んだ後に、新陰流を開いたと伝えられる。日本剣術史上、後世に最も大きな影響を与えた剣客である。門弟で後に新流儀を開いた者も多い。その代表的人物は次のとおりである。まず最もよく知られている人物は柳生新陰流の開祖柳生石舟斎。それからタイ捨流の開祖丸目蔵人佐、宝蔵院流槍術の宝蔵院胤栄、疋田陰流の開祖疋田文五郎、神道無念流の遠祖にあたる新神陰一円流の開祖野中新蔵、駒川改心流の開祖駒川太郎左衛門、そして無住心剣術の針ケ谷夕雲や直心流の神谷伝心斎の師にあたる、小笠原玄信（源信斎）の師である神陰流の開祖奥山休賀斎（無住心剣術の伝書では小笠原を伊勢守の直弟子としているが、年代的にみて小笠原を上泉伊勢守の直門とするのは無理があると思う）。

2柳生石舟斎

初名は新介、後に新左衛門。宗厳と名乗り、石舟斎と号する。はじめ新当流や一刀流を学んだともいい、壮年になって上泉伊勢守に新陰流を学び、伊勢守の信任を得て、伊勢守より無刀にて相手を制する無刀取りの工夫を托された話は有名である。後年徳川家康に招かれて無刀取りを見せ、家康は宗厳に入門の誓詞を入れた。石舟斎は、この時六十六歳。老年の故をもって辞し、代りに同行していた五男又右衛門宗矩を推挙して、その後は柳生庄に隠棲し、慶長十一年（一六〇六）七十八歳（一説に八十歳）で没する。法名は芳徳院殿故但州刺史荘雲宗厳居士。

3奥山休賀斎

通称孫次郎、初名定国、休賀斎、あるいは急賀斎と号する。本姓は奥平という。三河国作手城主奥平美作守の家臣奥平出羽守の子。上泉伊勢守の門に入り、後に三河国の奥山明神に参籠して自得するところがあり、自らの流名を奥山流と称したという。ただ直心影流の伝承では新陰を改めて神影流にしたと伝えている。徳川家康に剣を指南し、公の一字を贈られて公重と名乗り、晩年は奥平美作守の許に帰って、慶長七年（一六〇二）七十七歳で没したという。

4小笠原玄信

玄信斎、源信斎とも書く。経歴等に関しては異説が多く、豊臣秀吉の旗本とも今川家の家臣ともいう。通称金左衛門、長治と名乗る。後に上総入道と称する。無住心剣術系統の伝書では上泉伊勢守の直門というが、年代的にみて、直心影流系統の伝承である奥山休賀斎の門人とした方が、無理がないように思われる。入唐して「八寸ノ延金」の秘術を得たといわれている。伊勢守伝の新陰流から真新陰流を開く。

5神谷伝心斎

通称文左衛門（丈左衛門と書いたものもある）直光と名乗る。晩年は紙屋伝心頼春と称し、自流を紙屋流とも呼んだという。小笠原玄信斎の門人で玄信斎を打ち負かし、直心流を樹てた。直心影流は、門人の高橋弾正左衛門重治（直心正統流を称する）の門人、山田平左衛門光徳から称しはじめる。山田が面、籠手、竹刀などの防具を工夫しはじめ、門人の長沼四郎左衛門国郷が広く普及したといわれている。直心影流では流祖を松本備前守（伝書では杉本）とし、伊勢守を二代に、神谷を五代、高橋を六代、山田を七代としている。

6男谷下総守

通称精一郎、信友と名乗り、静斎と号す。団野真帆斎から直心影流を受け継ぎ十三代目となる。剣技、人格ともに群を抜き、また非常に聡明な人物であったという。時勢を観て海外に目を向けるように[8]勝海舟に説いたのも、この男谷であるという。門人中、[7]島田虎之助（見山と号する、勝海舟の師）が最も傑出したが、三十九歳で夭折したため、十四代は[9]榊原鍵吉が継いだ。榊原は、維新後剣術の衰退を憂えて、相撲興行に倣い撃剣興行を興すなど、山岡鉄舟とともに明治期の剣客を代表する人物となった。榊原の後を継いで十五代となった[10]山田次朗吉は、『日本剣道史』をはじめ多くの剣術伝書を活字化して後世に遺した。男谷は元治元年（一八六四）六十七歳で、榊原は明治二十七年六十五歳で、山田は昭和五年六十八歳でそれぞれ没した（十五代は野見鍉次郎であるという説も根強い）。

11針ケ谷夕雲

通称五郎右衛門、無住心剣術・夕雲流開祖。はじめ新陰（神影）流であった頃、免許を与えた弟子が八十三人いたというが、無住心剣術を伝えたのは四人であったという。その四人のうち二人は片岡・小出切の両人であろうが、あとはわからない。他に夕雲の門弟として記録に残っているのは、神之信影流の開祖 12高田源左衛門能種であるが、流名からみて、無住心剣術を伝えられてはいないと思われる。小出切一雲に真面目の免許を与えてほどなく七十歳ほどで死去したという。晩年、紀州徳川家から隠し扶持を得ていたという。

13片岡伊兵衛

秀安を名乗る。黒田美作の家臣。幼年より夕雲に就いて学び、「真面目」の免許を受ける。長い間、弟弟子にあたる一雲の門弟と錯誤されていた人物。多くの門弟がいたが、中村権内に道統を譲る。元禄十年（一六九七）三月十五日没。法名は无真院莫実日忠居士。

14小出切一雲

小田切と書いた記録もある。初名を長谷川如庵、石英と名乗り、出家してから空鈍と称する。無住心剣術の二代目として最もその名を知られている。白井亨は一雲について「日本にて剣術にては此外は有べからざる名人、その教も至て妙術なれども、無学の人はその教入難く、世事を務る人はその術習ひ難しと云」と、自著『天真録』のなかで述べている。宝永三年（一七〇六）四月二十六日七十三歳で没し、麻布春桃院に葬るという。

15真里谷円四郎（初代）

初名山名勝之助（山名孫八と書いたものもある）、義旭を名乗る。二十五歳で師の一雲を破り、一雲より円四郎の名と無為軒の軒号を贈られる。また、岡本水也より無窮軒の軒号を贈られ、桂堂和尚より賞美され真里谷大道居士とも号した。晩年不存を名乗る。久留米藩有馬家の客分。他流試合は千回を超え不敗、門人は一万人を数えたという。寛保二年（一七四二）正月四日八十三歳で没し、三田南臺寺に葬る。法名は心流院一法不存居士。

16宇野小軒

17鷲尾八兵衛

18佐野勘左衛門

19田川七右衛門

この四人は、円四郎とともに一雲の初期の門弟のなかで名をあらわした遣い手で、宇野、鷲尾は浪人、佐野は旗本、田川は旗本の秋田淡路守の家臣であったという。なかでも田川は一時円四郎とライバル視されたほど遣えたようである。

20植松三右衛門

旗本、久世大和守の家臣で、天心独明流や風心流剣術の達人として名があったが、一雲と試合って敗れ、後、一雲の弟子となり、一雲にも愛されたようである。一雲から植松にあてた書簡『九ケ条』は貴重な無住心剣術に関する資料である。

21こうの左門

河野と漢字をあてた資料もある。旧名をなかまち仙右衛門といい、もともと円四郎の弟子であったらしいが、その後一雲の許へ行き、最後まで一雲の間近にいた門人であったようだ。前後の事情から察するに、円四郎とは最も気まずい間柄であったらしい。

22井鳥巨雲

旧名を氏家八十郎、通称五郎右衛門。樋口七郎右衛門不擲に弘流を学び、後に一雲の門に入って、両流をもとに雲弘流を開く。一雲の巨雲に対する接し方をみると門人というより客分に近く、巨雲は一雲にとって得がたい知己であったようである。

23戸川玄蕃

『御家人分限帳』によれば、戸川玄蕃は寛文十二年（一六七二）生まれと思われる。火消し役人で、戸川土佐守の子、備中に五千石の領地を持ち、与力六騎同心三十人を抱える大身の旗本である。

24阿部伊織（安部伊織か？）

阿部伊織正甫は二千石取りの旗本で、老中阿部豊後守正武の甥に当たるが、一雲の高弟になるのは年代的に無理である。年代の合う旗本に阿部ならぬ安部伊織信世がいるが、二千石には遠く及ばない小禄取りである。戸川・矢橋は『前集』にも記述があるので一雲の高弟で間違いないであろう。安部については、臼井亨が著わした『天真録』の巻末に「空鈍子之高弟四人」として初代円四郎、戸川、矢橋と共にその名が載っているが、『前集』に記されていないので、高弟であったかどうか疑わしい。

25矢橋助六

矢橋助六は、『御家人分限帳』によれば、御小姓組で近江と下野に合わせて七百石の領地を持つ矢橋助六郎のことと思われる。この矢橋は、延宝二年（一六七四）に生まれたようで、傑出した門人小山宇八郎を得ている。

26税田新八好教
27土方市郎右衛門備正
28福井惣十郎精勝
29川村弥五兵衛秀東

四人とも円四郎の高弟で『前集』もこの四人が企画し、筆の立つ川村が書いている。なお、この四人のなかで剣の技倆は福井が最もすぐれていたようで、実質的には師範代であったらしい。

30井上与市郎

はじめ矢橋助六の門弟で、矢橋をも凌ぐほどになり、円四郎の許へ試合に来て福井に敗れ、円四郎の門人となる。

31真里谷円四郎（二代目）

初名真里谷孫八、義品を名乗る。義旭の四男で、久留米藩竹之間組の平士。家伝の剣術を指南。明和五年（一七六八）十月朔日没。法名は全忠院義山了節居士。

32真里谷円四郎（三代目）

初名真里谷家八、信栄を名乗る。義品の嫡男で、久留米藩竹之間組の平士。家伝の剣術を指南。重病が癒えてから格段に剣術の腕が上り、無住心剣術も再度隆盛しそうになったが、天明四年（一七八四）二月二十日、壮年にして没する。法名は義性院大道哲勇居士。この法名は、本書の原本の新曜社版では二代目の真里谷円四郎のものではないかと考えられていたが、『武田真里谷家譜　全』の発見によって、三代目の円四郎信栄のものであることが判明した。

33小山宇八郎

重之を名乗る。駿州田中藩士。矢橋助六より空鈍の奥義を授かり、また日置流竹林派弓術にも達する。兄の松野女之助直方も卓抜した武術家であったようだ。

34中村権内

安成を名乗り、直心と号す。黒田美作の臣。幼年より片岡伊兵衛に就いて学び、初代の真里谷円四郎義旭と試合って互角以上の腕であったということで、その道統を継ぐ。享保十五年（一七三〇）十二月二十九日没。法名は無伝直心居士。

35加藤田新作

初名は土肥九兵衛、武述と名乗る。筑前藩士、のちに久留米藩士。中村権内の門人でその伝を継ぎ、代々幕末まで加藤田神陰流をつたえている。寛延三年（一七五〇）九月二十二日七十二歳で没する。法名は天外義鑑居士。

36楓伝左衛門

重房と名乗り、夕煙と号す。三奈木黒田家に仕える。剣術を中村権内に学び、印可を受ける。伝左衛門の娘が権内の嫡男に嫁いだこともあり、向かいに住んでいた片岡伊兵衛の位牌を楓家が現在も祀っている。重房は寛延元年（一七四八）八月十日没。法名は義天院一誉楓月夕煙居士。

（系図２）天真兵法・北辰一刀流・無刀流に至る中西派一刀流からの展開

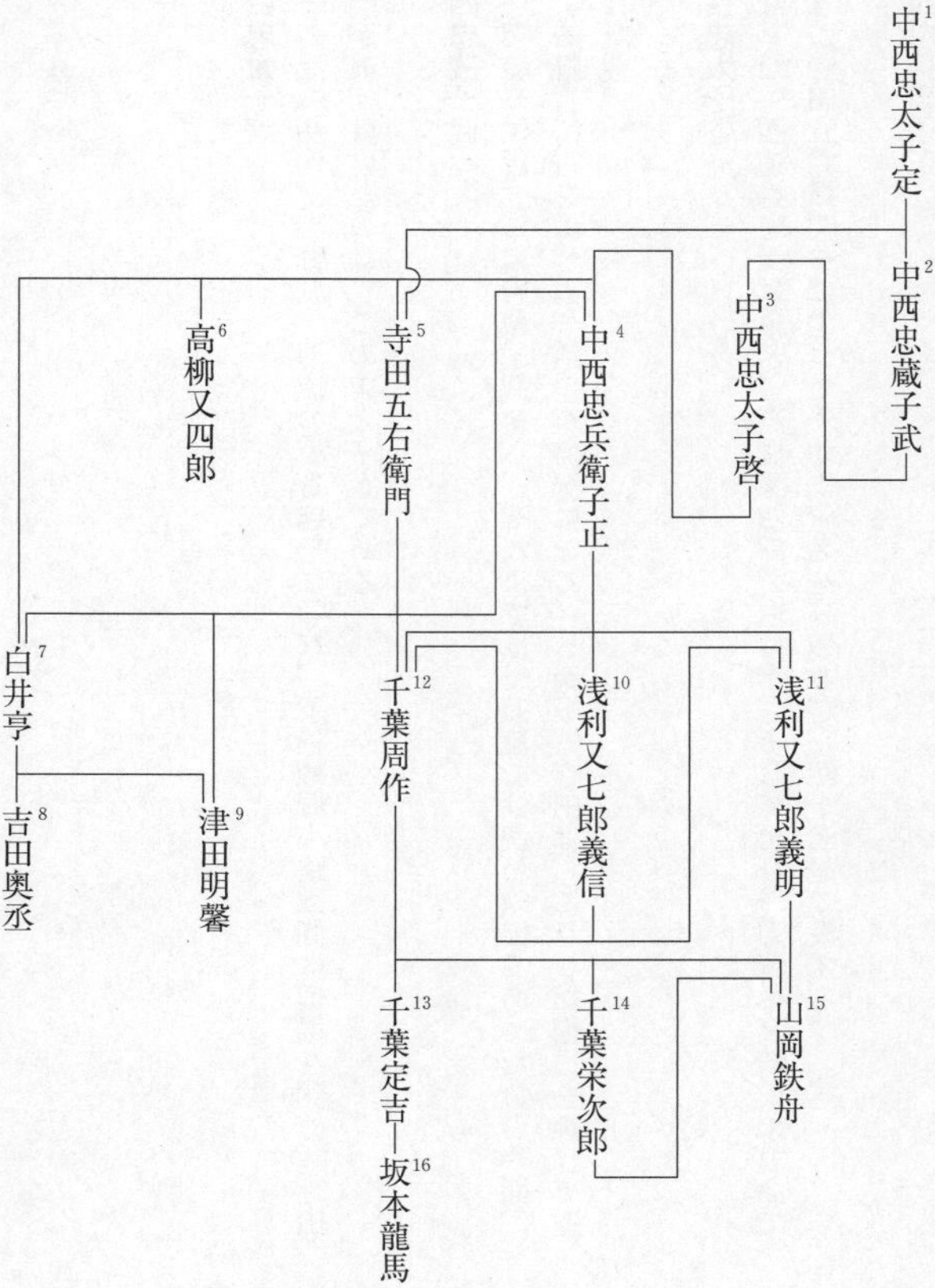

系図2・注

1中西忠太子定

中西派一刀流の初代。小野派一刀流の小野忠一に学び、下谷練塀小路東側に道場を開く。寺田五右衛門が最初就いたのは、この忠太子定である。

2中西忠蔵子武

中西派一刀流二代目。この忠蔵子武から、それまでは一刀流では使わぬ掟であった竹刀や面、籠手による打合稽古をはじめ、道場が盛況になる。しかし、寺田は、こうした稽古を嫌って道場を離れた。

3中西忠太子啓

盛況となった中西道場を受け継ぎ、高柳又四郎、白井亨、そして再び一刀流へ高崎侯の君命で戻ってきた寺田五右衛門らによってますます名を高めるが、四十七歳で没する。

4中西忠兵衛子正

前名是助。中西派の四代目を継ぎ歴代の宗家のなかでは最も声望高く、浅利又七郎義信、千葉周作をはじめ多数の俊英を輩出し、当時その規模は江戸一番の大道場となった。弘前藩に召し抱えられる。

5寺田五右衛門

高崎藩松平右京亮の家臣（世上、五郎右衛門と誤まって伝えられている）、宗有と名乗る。中西派一刀流の初代子定に就くが、二代目になって竹刀打合を取り入れたため、中西派を離れ、平常無敵流の池田成春に就く。後、君命で一刀流に再入門し、三代目子啓より免許を受ける。その後中西道場の筆頭門人として高柳又四郎、白井亨らと並び称せられ、四代目子正や千葉周作に組太刀を指導する。また、白隠の法嗣、東嶺に就いて禅を学び、天真翁の道号を授けられてから、天真一刀流を称する。文政八年（一八二五）八十一歳で没する。法名は究竟院天翁宗有居士。

6高柳又四郎

義正と名乗ったとも利辰と名乗ったともいう。家伝の剣術戸田流を学び、後に中西忠太子啓に就いて中西派一刀流を学んで、寺田五右衛門宗有、白井亨義謙と共に中西道場の三羽烏の一人と謳われたというが、生没年とも確かな資料がない。一説に文化四年（一八〇七）生まれという。高柳又四郎の名が後世に広く伝わったのは、北辰一刀流の開祖千葉周作が、その著『剣術名人の位』のなかで、高柳のことを、誰と試合をしても、自分の竹刀に相手の竹刀を触れさせることなく、相手の出る頭、起こる頭を打ちまた突いて、他流には一度も負けず、その試合ぶりから「音なしの勝負」と高柳自身が称していた、と述べ、このような人物を上手・名人と言うのだろうと紹介したからであろう。

7 白井亨

天真兵法開祖、天真一刀流二代目、義謙と名乗る。号は鳩州。はじめ機迅流を次いで中西派一刀流を三代目子啓に学び、寺田と兄弟弟子であったが、後に寺田の許に入門して寺田の天真一刀流の二代目を継ぐ。その後同流は寺田の門弟でもあった津田明馨に三代目を継がせ、自らは独自の流派「天真兵法」、通称「天真白井流」を開き、多くの門弟が集まったようである。白井は一般に岡山藩士と称されているが（たしかに深い関係はあったが）、正式に藩に籍を置いたことはなかったようである。天保十四年（一八四三）六十一歳で没する。法名は顕名院栄誉徳昌秋水居士。

8 吉田奥之丞

富山藩士、有恒と名乗る。天保二年（一八三一）白井の許へ入門し、白井に信頼されて、天真兵法に関する詳しい資料や伝書を後世に伝えた。

9 津田明馨

高崎藩士。はじめ寺田の門弟であったが、寺田の没後白井に就き、白井から天真一刀流の道統を受け継ぎ三代目となる。『一刀流兵法韜袍起源』を著わし、寺田、白井を顕彰している。

10浅利又七郎義信

中西忠太子啓の門人で、若狭小浜藩の酒井家に仕える。千葉周作を育て、後に養子とするが、千葉が浅利家を出て北辰一刀流を開いたため、あらためて師の忠兵衛子正の二男を迎えた。

11浅利又七郎義明

中西忠兵衛子正の二男で、浅利家を継ぐ。山岡鉄舟が「真に明眼の達人と云う可し」と称して生涯の師と仰いだ。

12千葉周作

成政と名乗る。家伝の北辰夢想流を受け継ぎ、後に、中西派一刀流を浅利又七郎義信、中西忠兵衛子正に、また一刀流の組太刀を寺田五右衛門に学び北辰一刀流を開流、江戸一といわれた玄武館を構えた。水戸藩に召し抱えられ、その関係からか、門人に維新の志士が多数出た。また高名な剣客も多く育ったが、なかでも、海保帆平、森要蔵、庄司弁吉、稲垣定之助、塚田孔平らは傑出していたという。安政二年(一八五五)没。法名は高明院勇誉智底教寅居士。

13千葉定吉

千葉周作の弟で、京橋桶町に道場を開き小千葉と称された。維新の志士、土佐の16坂本龍馬が、この道場の塾頭を務めたといわれている。

14千葉栄次郎

成之と名乗る。周作の二男で、その剣技は父を凌ぐと評され、千葉の小天狗と謳われた。水戸家に仕えたが三十歳で夭折する。周作には他に三男一女あり、男子はみな剣才があったが、ことごとく二十代、三十代で夭折している。

15山岡鉄舟

旗本小野家に生まれ、山岡家を継ぐ。通称鉄太郎、高歩と名乗り、鉄舟と号する。北辰一刀流を中心に諸流を学び、後、浅利又七郎義明を生涯の師とする。また、滴水、独園等、当時の著名な禅僧に就いて参究し、明治十三年一刀正伝無刀流を開く。明治二十一年没、五十三歳。法名は全生庵殿鉄舟高歩大居士。

参考文献

1　公立機関および私設文庫に保管されているもの

⊙国立公文書館蔵

『夕雲流剣術書』

無住心剣術の伝書としては、最も多く活字化されている、小出切一雲の代表作。漢字混りのカタカナで、国学者の山崎美成が次の『前集』と同じく天真兵法の白井亨から借り受けて手写したと思われる。

『夕雲流剣術書前集』

川村弥五兵衛が編した円四郎の語録、『前集』のことで、手写者は同じく山崎美成。本書の題名は、図書の分類上近代になってつけられたもので、奥書には「右一巻、或日、辞足為経法、以白井亭（亨の誤写であろう）本書写」とある。

⊙富山県立図書館蔵

『無住心剣術書』

内容は、いわゆる『夕雲流剣術書』で国立公文書館の所蔵本と、ほぼ同じである。ただ、巻末に一雲（空鈍）の墓表の銘文が記されている。白井亨の門人、吉田奥丞による手写本。

〔以下、版行本以外はすべて吉田による手写本。〕

『無住心剣術三代之伝法辞足為経法』

真里谷円四郎の語録である『前集』と『中集』が、『辞足為経法前集』『辞足為経法中集』の題名のもとに一冊になっている。『前集』は漢字混りのひらがな、『中集』は漢字混りのカタカナ。

『梅華集』

白井亨が史上四大名人として名を挙げた法心流の開祖、金子夢幻弥次左衛門範任が著わした伝書で、跋文を小出切一雲と禅僧雲巌全底が書いている。

『兵法未知志留辺』

白井亨の代表的著作で、江戸で版行されたもの。上下二巻で、下巻は『明道論』の注解書。

『兵法未知志留辺拾遺』

本書は『天真兵法真剣活機論』の注解で、版行の予定であったが、白井亨の急死により版行に至らず、その下書きを遺族より吉田が借り受けて手写したもので、白井の最晩年の著作。

『天真伝白井流兵法天真録』

内容は無住心剣術二代小出切一雲が著わした『天真独露』であり、巻末に白井が調査した針ケ谷夕雲、小出切一雲に関する資料が付されているもの。

『天真伝白井流兵法真剣遺方』

白井の著作『明道論』に若干の補訂を吉田が加えたものを収録している。

『天真白井流兵法神妙録』

『兵法未知志留辺』『明道論』と並ぶ白井の代表的著作。

『兵法至途宇乃千利』

『神妙録』の注解書で、これも白井の急死により下書きのままであったものを吉田が書き写したもの。

『天真伝一刀流兵法』

『天真伝白井流兵法遣方』

『天真白井流兵法遣方留』

『天真白井流兵法譬咄留』

これらの著作はいずれも吉田奥丞が白井亨から教えを受けた天真兵法の術技や理合、さらには白井の生い立ちや種々のエピソードなどを書き記したもので、重複した記載内容も多い。

『心定ノ抜書』

『兵法未知志留辺』『中集』『天真独露』の各伝書のなかから、吉田にとって特に印象深かったと思われる箇所を抜粋してわが子のために遺したもの。

⊙高知県立図書館蔵

『無住心剣伝』（空鈍著）
はじめに漢字混りのカタカナの『夕雲流剣術書』を載せ、次に漢文の『天真独露』を収録している。寛政元年（一七八九）に大神好井なる人物が槍術の深井赤山斎より借り受けて手写したもの。

『無住心剣伝』（秀東著）

同じく大神なる人物の手写しと思われる『前集』と『中集』を収録。『前集』『中集』ともに漢字混りのひらがな。国立公文書館所蔵の『夕雲流剣術書前集』と伝系を同じくする富山県立図書館所蔵の『無住心剣術三代之伝法辞足為経法』（ともに原本は白井亨本）とは別系統の写本で、章のたて方、字句に若干の相違がある。この写本の特色としては、巻末に一雲と雲弘流開祖の井鳥巨雲との試合の様子を載せていることである。

『前集』

表紙には「前集」の文字以外「剣術ノ事ヲ記ス」とのみあり、川村秀東の『前集』の異系統の写本とみられ、ところどころに注釈や書き込みがある。ただ惜しいことに四十八章の前半までの写しかけで終わっている。

⊙久留米市民図書館蔵

『加藤田文書師系集伝』

『師系集伝』として本書で引用したもの。天保十四年（一八四三）藤重秀が書いたもので、原本は武道専門学校剣道同窓会蔵。片岡伊兵衛が夕雲の直弟子であったこと、真里谷円四郎の没年、法名を載せているなど、貴重な記録がいくつも記されている。

『久留米小史』全二十二巻（戸田乾吉著、宮原直太郎刊行、一八九五年）

主として『師系集伝』の資料を採録しているが、「我藩ニテ神隠流、一伝流、直神隠流等ノ諸派蔓延セシモノハ皆円四郎ノ薫陶余流ニ出デザルハナシ」（巻ノ二十一）という記載が注目される。

『有馬義源公』（坂本辰之助著、東京郵便通信社、一九〇八年）

同書に付随している「久留米教育小史」に「梅巌公の時、真里谷円四郎義旭を聘した」という記載がある。

⊙牧堂文庫（富永文男）蔵

『無住心剣伝法書』

『天真独露』と『夕雲流剣術書』が一冊にまとまっている。手写者はあきらかに直心影流の関係者らしく、ところどころに、それを匂わせる注釈や書き込みがある。『天真独露』は漢文、『夕雲流剣術書』は「無住心剣法二」の見出しで漢字混りのカタカナ。

『切紙究理秘解弁』

直心影流の同門剣友であったとみられる九人の武士が互いに意見を出し合って書いた珍しい本で、文化五年（一八〇八）に書かれている。小笠原玄信斎の「八寸ノ延金」を解説し、さらに一雲、円四郎を論評するなど貴重な記載があり、よく検討すればさらに興味深い発見がありそうである。手写者は直心影流の長沼門下「武七徳堂」とあるが、筆跡からみて、前記の『無住心剣伝法書』も、この人物が写したように思われる。

2　その他のもの

『剣術諸流心法論集』上下巻（筑波大学武道文化研究会編集発行、一九八八・一九九〇年）

研究資料として小部数刊行されたもの。上巻は天真兵法（天真白井流）、無住心剣術、弘流、雲弘流の伝書が活字化されている。『中集』の全文が活字化されているのは、おそらく本書が初めてだと思われる。

『天真独露』の書き下し文も貴重。下巻は、平常無敵流、天真白井流の伝書が載っている。

『兵法未知志留辺拾遺』『兵法至途宇乃千利』の活字化も本書が初めてであろう。

『剣士松崎浪四郎伝』（園田徳太郎著、久留米図書館友の会、一九五九年）

幕末から明治にかけて天才剣客と謳われた松崎浪四郎の伝記である本書は、松崎が加藤田神陰流の流れを汲むことから、無住心剣術についても『師系集伝』や『久留米小史』を使ってかなり詳しく述べている。ただ錯誤や校正ミスがきわめて多く、その点は用心が必要。

『剣道集義』（東京商科大学剣道部、一九二三年）

『続剣道集義』（同右）

『剣道叢書』（水心社、一九三六年）

いずれも山田次朗吉の編纂した剣術の伝書。『剣道集義』は窪田清音の一連の著作や平山行蔵、松浦静山の著作等を収録。『続剣道集義』は、やはり窪田清音の著作に『剣法夕雲先生相伝』（『夕雲流剣術書』）『天真独露』、その他『五輪書』『天狗芸術論』等を収録。『剣道叢書』は『兵法未知志留辺』『猫の妙術』『理学抄』他を収録。

『日本剣道史』（東京商科大学剣道部、一九二五年）

山田次朗吉が豊富な資料を駆使してまとめあげた日本の剣術のガイドブック。錯誤やその後の研究で明らかとなった点などもいくつかあるが、おおむね信頼出来る基礎参考書である。

（以上、『剣道集義』『続剣道集義』『剣道叢書』『日本剣道史』は東京商科大学（現一橋大学）剣道部等の戦前の発行であるが、現在は一橋剣友会から復刻版が刊行されており、入手は比較的容易である。）

『武道の名著』（渡辺一郎編、東京コピイ出版部、一九七九年）

雑誌『武道』の連載を、その後補丁して一冊としたもので、『猫之妙術』『夕雲流剣術書』『一刀流兵法韜袍起源』『剣術論』『兵術要訓』『芸術二葉始』など二十篇が収録されている。

『千葉周作遺稿』（千葉栄一郎著、桜花社出版部、一九四二年）

千葉周作の著述『剣法秘訣』（「剣術初心稽古心得」や「剣術名人の位」が収録されている）や『剣術物語』、さらに千葉の和歌や狂歌、そして北辰一刀流の組太刀の解説と、千葉の略伝記から成っている。現在、体育とスポーツ出版社から復刻版が刊行されているので入手は容易。

『聖中心道肥田式強健術』（肥田春充著、聖中心道研究会、一九三六年）

丹田、練丹を、正中心鍛練という現代的用語で詳細に説いた肥田の自伝的大著。壮神社より復刻版が刊行されている。

『夜船閑話』（荒井荒雄著、大蔵出版、一九七九年）

白隠の有名な著作である練丹の本『夜船閑話』の解説本の一つ。

『武芸流派大事典』（綿谷雪・山田忠史編、東京コピイ出版部、一九七八年）

日本に伝わる武術の流派と人名を最も広範囲に採録した本書は、他に類をみない貴重な参考資料であるが、それだけに、錯誤も若干みられ、無住心剣術に関しても、片岡伊兵衛を一雲の弟子とするなど『剣士松崎浪四郎伝』の誤りを、そのまま受け継いでいる。

『高士 山岡鉄舟』（葛生能久著、黒龍会、一九二九年）

山岡鉄舟の伝記として代表的なものだが現在はほとんど入手が難しい。山岡に関しては他にも多く本が出ているので関心のある方は、それらを参照していただきたい。

『居合術精義』（黒田鉄山著、壮神社、一九九一年）

日本武術の具体的実態を知るには、日本武術の特色を最も端的に表わしていると評される居合の世界を知ることが大きなヒントになると思う。本書は、古伝の精妙な術理の世界を解き明かした本としては卓絶している。

『武術を語る』（甲野善紀著、壮神社、一九八七年／徳間文庫、二〇〇三年）

筆者の武術に関わったいきさつと展開を述べたもの。他に肥田式強健術について述べた『表の体育・裏の体育』、『人との出会いが武術を拓く』、黒田鉄山氏との共著『武術談義』等がある。

改訂版用参考文献

本書の底本となった『剣の精神誌』が新曜社から刊行されたのが一九九一年四月であるが、それ以降に発見され、今回の文庫化に伴う増補で使用した資料のうち主立ったものを挙げる。

『武田真里谷家譜　全』（真里谷繁氏蔵）

文政十二年（一八二九）に、真里谷円四郎義旭の曾孫の真里谷新右衛門信興が撰述し、その嫡の真里谷太郎吉義彬が代筆した系図・家譜。前半は甲斐武田氏の流れで、戦国時代に西上総を支配した真里谷武田氏代々について、後半は円四郎義旭の祖父から玄孫までの来歴が記されている。宝暦十年（一七六〇）の大火で麻布本村町の住居が類焼し、家譜・古器・系図や多くの古墨・刀剣を失ったようであるが、義旭が無住心剣術に入門した動機や、三代に渉って剣術が相伝されたことなどが記されている。なお、この資料は、千葉県立総南博物館平成十六年度企画展「燎原の火の如く——上総武田一族」に出展された。また、この資料とともに、『天真独朗書添状下書』とでも名付けるべき書など三点も遺されている。

『口碑録』（藤枝市郷土博物館蔵）

駿州田中藩内の言い伝えを、藩校の副教である能澤惟興が文政八年（一八二五）に記した自筆稿本。これを活字化したものが、藤枝市立図書館から発行されている。

『田中葵真澄鏡』

これも田中藩内の言い伝えをまとめたもので、明治十五年脱稿、明治三十六年刊行された。著者は高田忠謹。一九九四年に『田中藩叢書』（大房暁編）として、藤枝市郷土博物館より出版されている。

『加藤田家伝　剣道伝書』（久留米市民図書館蔵、原本は武道専門学校剣道同窓会蔵）

加藤田家に伝わった十二点の伝書を二冊にまとめたもの。そのうち無住心剣術に関係したものは、『直面目《ママ》印可　秘書』『秘書　帰嬰書』『先師口授　上下』『一雲先師書翰之写』の四点で、あとは神陰流の伝書と、幕末の廻国修業・他流試合の記録などである。

『剣術等級伝書　全』(久留米市民図書館蔵、おそらく原本は武道専門学校剣道同窓会蔵)

無住心剣術の印可の書『真面目印可』が、神陰流の伝書類数点とともに収められている。

『兵法得悟　無住心剣術　全』(富山県立図書館蔵)

天保五年に白井亨の門人の吉田奥丞が手写したもので、『先師夕雲口伝幷自分兵法得悟条々目録』と『無住心剣術　小田切一雲剣術之書簡之写』の合冊。

『空鈍一百韵』(国立国会図書館蔵)

空鈍が出家に臨んでの心境を詠んだ漢詩を百首集めた漢詩集の写本。その序文には、出家の動機や、出家した日、空鈍の号の意味などが記されている。なお、水戸の彰考館文庫には、ほぼ同じ内容の『空鈍百頌』が所蔵されているようである。

『虎伯和尚語録』(松ケ岡文庫蔵)

内題は「武州天沢山龍光禅寺開山虎伯和尚語録」。夕雲の禅の師である「東福寺の隠居」「虎伯和尚」のことと思われる虎伯大宣の記録。無住心剣術と関連すると思われるものに、「離相流　真之巻物」「離相流　行之巻物」の二つの章がある。

『武技略伝　全』(富山県立図書館蔵)

富山藩の各武術流派について記したもので、大正元年の手写本。「白井流兵法略伝」の項に、富山藩主前田利保と天真白井流の関係が記されている。

『印可之書』『神之信影流秘伝　表・中通・奥』『深秘之壱巻』『太刀秘伝書』『免明之大事』(い

ずれも金沢市立玉川図書館蔵）

この五点は、いずれも文政七年から安政四年にかけて、山森伊織近林が武田清左衛門らに授けた、神之信影流の伝書である。

その他の引用・参考文献

『田中藩武道史』（大房暁著、一九七五年）・『盲安杖』（鈴木正三著、大日本徳義会、一八九三年）・『養性訣』（『日本衛生文庫　第三巻』日本図書センター、一九七九年に所収）・『撃剣難波之楳』（『武道　一三六号』日本武道館、一九七八年に所収）・『一刀正伝無刀流開祖　山岡鉄太郎先生年譜』（村上康正編発行、一九九九年）・『剣と禅』（大森曹玄著、春秋社、一九八三年）・富永堅吾「肥後藩に於ける雲弘流」（『肥後武道史研究史料　第三輯』熊本県教育会肥後文教研究所、一九三八年）・長尾進「肥後雲弘流における形、「組方」について」（『武道学研究二三—二』日本武道学会、一九八九年）・三田南臺寺過去帳・麻布春桃院過去帳・『楓氏家系』（楓氏所蔵）・『窓の寿佐見追加　乾』（国立公文書館蔵）・『御家人分限帳』（国立公文書館蔵）・『木更津市史　富来田編』（木更津市史編集委員会編、木更津市、一九八二年）・黒田基樹「上総武田氏の基礎的検討」（『袖ケ浦市史研究　第六号』袖ケ浦市教育委員会、一九九八年）・『江戸幕府寺院本末帳集成　上』（寺院本末帳研究会編、雄山閣、一九九九年）・『禅——現代に生きるもの』（紀野一義著、日本放送出版協会、一九六六年）・『日本剣客伝』（有馬頼義著、朝日新聞社、一九六九年）・渡辺誠「秘剣探訪⑬相抜け（無住心剣）」（『月刊剣道日本　一九八一年四月号』スキージャーナル）・『中世房総の政治と文化』（小笠原長和著、吉川弘文館、一九八五年）・清川一史「上総真里谷城」（『城郭史研究　第十一号』日本城郭資料館調査会、一九七一年）・『房総武田氏の興亡』（府馬清著、崙書房、一九七九年）・川名登「上総武田氏について――その発給文書を中心として――」（『千葉経済論叢　創刊号』千葉経済大学、一九八九年）・佐藤博信「房総における天文の内乱の歴史的位置――とくに上総真里谷武田氏の動向を中心として――」（『おだわら――歴史と文化―五号』小田原市役所企画調整部文化室、一九九一年）・『平成十六年度千葉県立総南博物館企画展図録「燎原の火の如く――上総武田一族」』（千葉県立総南博物館、二〇〇四年）・『新訂　寛政重修諸家譜』（続群書類従完成会、一九六三年）・『改訂　房総叢書　第五輯』（改訂房総叢書刊行会編・発行、一九五九年）・『禅とは何か――それは達磨から始まった――』（水上勉著、新潮社、一九八八年）・『高鍋郷友会報告　第六〇号』（泥谷良次郎編、高鍋郷友会発行、一九三〇年、高鍋町立高鍋図書館蔵）・『日本の歴史別巻五　年表・地図』（児玉幸多編、中央公論社、一九六七年）・『上毛剣豪史（上）』（小西敬次郎著、みやま文庫、一九六九年）・『御家人分限帳』（鈴木寿校訂、近藤出版社、一九八四年）・『江戸城下変遷絵図集　第五巻・第九巻』（幕府普請奉行編、原書房、一九八五・一九八六年）・『修行目録授与人員』（『日本武道大系　第六巻　柔術・合気術』同朋舎出版発行、一九八二年に所収）・『琴平霊験記』（細野平格原著、市川清編、琴平神社発行、一九七九年）・『高崎市史　下巻』（高崎市編・刊、一九二七年）・『病家須知　研究史料編』（看護史研究会編著、農村文化協会、二〇〇六年）・『東京探墓案内』（佐々木庄蔵著、旅の趣味会、一九三七年）・『上毛剣客史』（下島孳一著、高城書店出版部、一九五八年）・『東筑摩郡・松本市・塩尻市誌第二巻　下』（東筑摩郡・松本市・塩尻市誌郷土資料編纂会編・発行、一九六八年）・『史料明治武道史』（渡辺一郎編、新人物往来社、一九七一年）・『一刀正伝無刀流開祖　山岡鉄太郎先生遺存剣法書』（村上康正編・発行、一九七九年）・『山岡鉄太郎先生直筆剣道書』（春風館文庫編・発行、一九八七年）・『山岡鉄太郎先生直筆剣道書　続編』（春風館文庫編、全生庵発行、一九八七年）・『日本仏家人名辞書』（鷲尾順敬編、東京美術、一九九六年）・『日本仏教人名辞典』（法藏館、一九九二年）・『藩史大事典』（雄山閣、一九八八〜一九九〇年）・『全国寺院大鑑』（法藏館、一九九一年）・『日本寺院総鑑　二〇〇〇年版』（寿企画）・『国書総目録』（岩波書店、一九八九〜一九九九年）・駒込光源寺過去帳・『温知叢書　第十編』（岸上操編、博文館、一八九一年）・『御系図御家譜大略　二』（藤枝市郷土博物館編・発行、一九九二年）・『藤枝市史　上巻』（藤枝市史編纂委員会編、藤枝市、一九七〇年）・『藤枝市史資料　第二集』（藤枝市史編纂委員会編、藤枝市、一九六八年）・『東福寺誌』（白石虎月編、思文閣出版、一九三〇年、一九七九年復刻）

最後に、増補改訂版の制作にあたり、非常に多くの方々からご教示・ご協力をいただいた。紙数に限りがあるため、全てのお名前を挙げることは出来ないが、特にご協力いただいた図書館、寺院、博物館等とお世話になった方々のお名前を記し、感謝申し上げたい。

国立公文書館、国立国会図書館、富山県立図書館、千葉県立総南博物館（現・県立中央博物館大多喜城分館）、藤枝市立図書館、藤枝市郷土博物館、久留米市民図書館、金沢市立玉川図書館、松本市中央図書館、高鍋町立高鍋図書館、松ケ岡文庫、三田南臺寺、渋谷東福寺、麻布春桃院、駒込光源寺、蔵前法林寺、都農町龍雲寺、足利市東陽院。

真里谷繁氏、寺田春水氏、鬼木正道氏、故松井道治氏令夫人、小高春雄氏、丹羽敏之氏、椿原靖弘氏、小用茂夫氏、小野明氏、田丸勲氏、須藤英夫氏。

文庫版へのあとがき

今回の文庫化にあたって、その増補大改訂に最も貢献して頂いたのは宇田川敦氏である。元々は本書の原本である新曜社版『剣の精神誌』の読者であった宇田川氏は、この本によって大変興味を喚起され、この本に書かれている剣客の歴史について更に詳しく知ろうと、図書館や子孫の方々を訪ね歩く活動を開始されたのである。そのお陰で白井亨の最大の後援者であったらしい「此方様」なる人物が富山藩主の前田利保である事が判明した他、現在も広く剣道界に知られている天真一刀流の開祖である寺田五郎右衛門宗有が、実は五郎右衛門ではなく五右衛門であった事、白井が『天真録』のなかで触れていた小山宇八が田中藩の小山宇八郎と思われる事など、貴重な情報と資料をいくつも見つけていただいたが、何といっても奇跡とも思える最大の功績は、本書の主人公ともいえる真里谷円四郎に関する極めて詳しい新資料『武田真里谷家譜　全』を発見された事だろう。

一体どういう経緯で、この『武田真里谷家譜　全』が見つかったかというと、宇田川氏がこの真里谷という極めて珍しい姓に着目し、まず一〇四の電話番号案内で各都道府県のこの姓を探し、それから国会図書館で該当した人物が載っていると思われる市町村の電話帳を調べて、そこに記されている真里谷姓の住所に、「真里谷家の御先祖様に関する調査」なる手紙を送付するという方法が的中したからである。円四郎が、もし佐藤とか加藤、鈴木といったありふれた姓であれば、こうした調査方法は不可能であったろうが、真里谷という大変稀な姓であったため可能になったのである。とはいってもこのような調査をするというのは並大抵の情熱や興味で出来ることではない。

とにかく全部で十九通送付された手紙に、十通の返信があり、その中に関西在住の真里谷繁氏からのものがあって、この真里谷氏の家に伝わっていた『武田真里谷家譜 全』が世に出たのである。真里谷氏によれば、この『家譜』以外にも資料や掛け軸、さらに銘刀が真里谷家や、その親族に伝わっていたという事だが、いまは処分されたり、行方知れずになったりしているという。

このように、新曜社版の『剣の精神誌』を出してから十数年の間に、新事実や新資料の発見があった。それから私自身が最も関心を持っていた江戸時代の剣客、松林左馬助が開いた流儀、夢想願立に関する資料『願立剣術物語』を発見し、これを読む事で、心法の剣と呼ばれる無住心剣術と対極にあるような観のあった超人的な技法を伝えられている松林左馬助の流儀に、無住心剣術で説かれている事と重なるような記述を見つけることができ、私のなかの日本の剣術に対する認識が広がったのである。例えば『願立剣術物語』二十一段目の「たとえば上より強くもの撃ちひしがんと落ちかかるを押し退かんとかせぎ、うけ留めんと敵に取りつき、我が剣体を崩し、却って一ひしぎに成るべし。重き物落ちかかるとも他をかせぐことなく、ただそのままの剣体我独り立ちあがれば、重きも独り落ち我も独り行く道也」や、五十九段目の「敵そのまま討つ時、我そのままにして当たらぬを一の道と言う。此の一の道を何くまでも続けたる物ぞ。敵よりまた二と変じて打つは敵の変動なり。其変動の処へは我そのままの道を行くは、ひききえ水のさくるが如し」などの記述を読むと、それまではおよそ別種の剣術といった観のあった無住心剣術と夢想願立が、やはり日本という国の武の文化のなかから生まれてきたという共通性を感じることができた。

とにかく、こうした気づきを得ている間に、私の武術の技もずいぶん変わった。最も大きく変わった点は、刀の持ち方が昨年（二〇〇八年）の五月まで一般の剣道と同じように、左右両手の間隔を離して持っていたのを、両手を寄せて持つようになった事であろうか。これは夢想願立の伝書の絵に影響を受けたのであるが、その後、大変驚いたことに、『天真伝一刀流兵法』のなかの剣術の構えに関する図でも、刀を持つ両手が極めて寄せられており、なかにはまるで合掌しているほど左右の手を重ねたようにして刀の柄を握っている絵を発見した。（この本は、本書でもその術理を詳しく説いている白井亨の天心白井流の具体的な説明を、白井に深く傾倒していた門人吉田奥丞が書いた本である。）

しかし、この事からあらためて詳細に江戸期の剣術の伝書や『北斎漫画』等にみられる当時の風俗を描いた絵の中の剣の持ち方を検討してみると、驚くべき事に六割から七割の絵は、刀を持つのに左右の手を寄せて持っている事が判明した。この事は以前から目にしていた筈であるが、写真と違い、絵であるという事で、どこか観察が甘くなっていたのだろう。それが、筆者自身、三十年以上も続けてきた左右の手を離して刀の柄を握る持ち方から、左右の手を寄せた持ち方に大きく変えた事で、あらためて昔の剣客達の刀の持ち方に関心が出たため判明した事である。

筆者がなぜ、長年持ち慣れた左右の手を離した刀の持ち方から左右の手を寄せた持ち方に変えたかというと、勿論この持ち方の方が、様々な面で以前の左右の手を離した刀の持ち方よりも優っているからである。ちょっと考えると、左右の手を寄せた持ち方では、「テコの原理」も利かず、刀を左右に切り返すなどといった動きは大変やりにくいように思われる。しかし、一般的にやりやすい左右の手を離した持ち方では、手や腕で刀を使いやすいため、胸や背といった体幹部分が刀の操作に直接参加出来ないことになってくる。そのため、手や腕など人間にとって動かしやすいところをどうしても多用し、その結果、全身をうまく使って刀を扱えなくなっていたのである。

ごく普通の感覚で、反復稽古を繰り返して身につけた動きは、どうしても単なる慣れの延長でしかない。しかし、日本の文化の基にある「型」の思想は、使いやすい身体の部位を型によって制限し、その結果全身がうまく働き、単なる慣れの延長とは次元の違う動きを生み出したと、筆者はかねてから考えている。この観点から観れば型がないといわれた無住心剣術の、「ただ刀を引き上げて落す」という在りよう自体が「型」と言えるかもしれない。

もっとも、無住心剣術も片岡伊兵衛の伝系では新陰流にみられるような四つの型をもって教えたというし、小出切一雲も晩年は雲弘流の井鳥巨雲の乞いに応えて三本の型を授けたというから、心法という無住心剣術も、これを学ぶ上での手掛かりとなる「型」らしきものは、真里谷円四郎の伝系にも何らかの形で存在したのではないかと思う。

とにかく武術の実践研究者として、いまも筆者は筆者自身の身体と感覚を通して古の精妙な術を駆使した先人を慕い、そうした先人には遥かに及ばぬとしても、生涯その技と術理を追い求めて行きたいと思っている。

その過程で、今後新たに無住心剣術や夢想願立の伝書を読む目が大きく開いてきたら、また稿をあらためて書いてみたいと思う。

本書の文庫化にあたっては、既に述べたように宇田川敦氏の実に献身的な協力をいただいた。ここであらためて深く御礼を申し上げたい。また、文庫化の企画と編集にあたっては伊藤正明氏にお世話になった。併せて感謝の意を表したい。

己丑之年三月日　　　　　　　　　　甲野善紀

本書は一九九一年四月二十日新曜社より刊行された『剣の精神誌——無住心剣術の系譜と思想』を底本とし、大幅に増補改訂を施したものである。ただし底本にある「無眼流のこと」は削除した。

戦後日本漢字史　阿辻哲次

GHQの漢字仮名廃止案、常用漢字制定に至る制度的変遷、ワープロの登場。漢字はどのような議論や試行錯誤を経て、今日の使用へと至ったか。

現代小説作法　大岡昇平

西欧文学史に通暁し、自らの作品においては常に事物を明晰に観じ、描き続けた著者が、小説作法の要諦を論じ尽くした名著を再び。（中条省平）

折口信夫伝　岡野弘彦

古代人との魂の響き合いを悲劇的なまでに追求した人・折口信夫。敗戦後の思想まで、最後の弟子が師の内面を描く。追慕と鎮魂の念に満ちた傑作伝記。

日本文学史序説（上）　加藤周一

日本文学の特徴、その歴史的発展や固有の構造を浮き上がらせて、万葉の時代から源氏・今昔・能・狂言を経て、江戸時代の徂徠や俳諧まで。

日本文学史序説（下）　加藤周一

従来の文壇史やジャンル史などの枠組みを超えて、幅広い視座に立ち、江戸町人の時代から、国学や蘭学を経て、維新・明治、現代の大江まで。

村上春樹の短編を英語で読む 1979～2011（上）　加藤典洋

英訳された作品を糸口に村上春樹の短編世界を読み解き、その全体像を一望する画期的批評。村上の小説家としての「闘い」の様相をあざやかに描き出す。

村上春樹の短編を英語で読む 1979～2011（下）　加藤典洋

デタッチメントからコミットメントへ――。デビュー以来の80編におよぶ短編を丹念にたどることで浮かびあがる、村上の転回の意味とは？（松家仁之）

江戸奇談怪談集　須永朝彦編訳

江戸の書物に遺る夥しい奇談・怪談から選りすぐった百八十余篇を集成。端麗な現代語訳により、古の妖しく美しく怖ろしい世界が現代によみがえる。

江戸の想像力　田中優子

平賀源内と上田秋成という異質な個性を軸に、江戸18世紀の異文化受容の屈折したありようとダイナミックな近世の〈運動〉を描く。（松田修）

後鳥羽院　第二版　丸谷才一

後鳥羽院は最高の天皇歌人であり、その和歌は藤原定家の上をゆく。「新古今」で偉大な批評家の才も見せる歌人を論じた日本文学論。（湯川豊）

図説　宮澤賢治　天沢退二郎／栗原敦／杉浦静編

賢治を囲む人びとや風景、メモや自筆原稿など、約250点の写真から詩人の素顔に迫る。第一線の賢治研究者たちが送るポケットサイズの写真集。

宮沢賢治　吉本隆明

生涯を決定した法華経の理念は、独特な自然の把握や倫理に変換された無償の資質といかに融合したのか？　作品への深い読みが賢治像を画定する。

東京の昔　吉田健一

第二次大戦により失われてしまった情緒ある東京。その節度ある姿、暮らしやすさを通してみせる、作者一流の味わい深い文明批評。（島内裕子）

日本に就て　吉田健一

政治に関する知識人の発言を俎上にのせ、責任ある市民に必要な「見識」について舌鋒鋭く論じつつ、路地裏の名店で舌鼓を打つ。甘辛評論選。（苅部直）

甘酸っぱい味　吉田健一

酒、食べ物、文学、日本語、東京、人、戦争、暇つぶし等々について、つらつら語る、どこから読んでもヨシケンな珠玉の一〇〇篇。（四方田犬彦）

英国に就て　吉田健一

少年期から現地での生活を経験し、ケンブリッジに進んだ著者だからこそ書ける極めつきの英国文化論。既存の英国像がみごとに覆される。（小野寺健）

私の世界文学案内　渡辺京二

文学こそが自らの発想の原点という著者による世界文学案内。深い人間観・歴史観に裏打ちされた温かな語り口で作品の世界に分け入る。（三砂ちづる）

平安朝の生活と文学　池田亀鑑

服飾、食事、住宅、娯楽など、平安朝の人びとの生活を、『源氏物語』や『枕草子』をはじめ、さまざまな古記録をもとに明らかにした名著。（高田祐彦）

紀貫之　大岡信

子規に「下手な歌よみ」と痛罵された貫之。この評価は正当だったのか。詩人の感性と論理的実証によって新たな貫之像を創出した名著。（堀江敏幸）

現代語訳 信長公記（全）　太田牛一　榊山潤訳

幼少期から「本能寺の変」まで、織田信長の足跡をつぶさに伝える一代記。作者は信長に仕えた人物で、史料的価値も極めて高い。（金子拓）

現代語訳 三河物語　大久保彦左衛門　小林賢章訳

三河国松平郷の一豪族が徳川を名乗って天下を治めるまで、主君を裏切ることなく忠勤にはげんだ大久保家。その活躍と武士の生き方を誇らかに語る。

雨月物語　上田秋成　高田衛／稲田篤信校注

上田秋成の独創的な幻想世界「浅茅が宿」「蛇性の婬」など九篇を、本文、語釈、現代語訳、評を付しておくる〝日本の古典〟シリーズの一冊。

古今和歌集　小町谷照彦訳注

王朝和歌の原点にして精髄と仰がれてきた第一勅撰集の全歌訳注。歌語の用法をふまえ、より豊かな読みへと誘う索引類や参考文献を大幅改稿。

枕草子（上）　清少納言　島内裕子校訂・訳

芭蕉や蕪村が好み与謝野晶子が愛した、北村季吟の注釈書『枕草子春曙抄』の本文を採用。江戸、明治と読みつがれてきた名著に流麗な現代語訳を付す。

枕草子（下）　清少納言　島内裕子校訂・訳

『枕草子』の名文は、散文のもつ自由な表現を全開させ、優雅で辛辣な世界の扉を開いた。随筆文学屈指の名品は、また成熟した文明批評の顔をもつ。

徒然草　兼好　島内裕子校訂・訳

後悔せずに生きるには、毎日をどう過ごせばよいか。人生の達人による不朽の名著。全二四四段の校訂原文と、文学として味読できる流麗な現代語訳。

方丈記　鴨長明　浅見和彦校訂・訳

天災、人災、有為転変。そこで人はどう生きるべきか。この永遠の古典を、混迷する時代に生きる現代人ゆえに共鳴できる作品として訳解した決定版。

梁塵秘抄　植木朝子編訳

平安時代末の流行歌、今様。みずみずしく、時にユーモラス、また時に悲惨でさえある、生き生きとした今様から、代表歌を選び懇切な解説で鑑賞する。

藤原定家全歌集（上）　藤原定家　久保田淳校訂・訳

『新古今和歌集』の撰者としても有名な藤原定家自作の和歌約四千二百首を収録。上巻には私家集『拾遺愚草』を収め、全歌に現代語訳と注を付す。

藤原定家全歌集（下）　藤原定家　久保田淳校訂・訳

下巻には『拾遺愚草員外』『同員外之外』および『初句索引』等の資料を収録。最新の研究を踏まえ、現在知られている定家の和歌を網羅した決定版。

定本　葉隠〔全訳注〕（上）（全3巻）　山本常朝／田代陣基　佐藤正英校訂　吉田真樹監訳注

武士の心得として、一切の「私」を「公」に奉る覚悟を語り、日本人の倫理思想に巨大な影響を与えた名著。上巻はその根幹「教訓」を収録。決定版新訳。

定本　葉隠〔全訳注〕（中）　山本常朝／田代陣基　佐藤正英校訂　吉田真樹監訳注

常朝の強烈な教えに心を衝き動かされた陣基は、武士のあるべき姿の実像を求める。中巻では、治世と乱世という時代認識に基づく新たな行動規範を模索。

定本　葉隠〔全訳注〕（下）　山本常朝／田代陣基　佐藤正英校訂　吉田真樹監訳注

躍動する鍋島武士たちを活写した聞書八・九と、信玄・家康などの戦国武将を縦横無尽に論評した聞書十、補遺篇の聞書十一を下巻には収録。全三巻完結。

現代語訳　応仁記　志村有弘訳

応仁の乱――美しい京の町が廃墟と化すほどのこの大乱はなぜ起こり、いかに展開したのか。室町時代に書かれた軍記物語を平易な現代語訳で。

現代語訳　藤氏家伝　沖森卓也／佐藤信／矢嶋泉訳

藤原氏初期の歴史が記された奈良時代後半の書。藤原鎌足とその子貞慧、そして藤原不比等の長男武智麻呂の事績を、明快な現代語訳によって伝える。

古事談（上）　源顕兼編　伊東玉美校訂・訳

鎌倉時代前期に成立した説話集の傑作。空海、道長、西行、小野小町など、奈良時代から鎌倉時代にかけての歴史、文学、文化史上の著名人の逸話集成。

古事談（下）　源顕兼編　伊東玉美校訂・訳

代々の知識人が、歴史の副読本として活用してきた名著。各話の妙を、当時の価値観を復元して読み解く。現代語訳、注、評、人名索引を付した決定版。

古事記注釈　第四巻　西郷信綱

高天の原より天孫たる王が降り来り、天照大神は伊勢に鎮まる。王と山の神・海の神との聖婚から神武天皇が誕生し、かくて神代は終りを告げる。

風姿花伝　世阿弥　佐藤正英校注・訳

秘すれば花なり――。神・仏に出会う「花」（感動）をもたらすべく能を論じ、日本文化史上稀有な、奥行きの深い幽玄な思想を展開。世阿弥畢生の書。

万葉の秀歌　中西進

万葉研究の第一人者が、珠玉の名歌を精選。宮廷の貴族から防人まで、あらゆる地域・階層の万葉人の心に寄り添いながら、味わい深く解説する。

日本神話の世界　中西進

記紀や風土記から出色の逸話をとりあげ、かつて息づいていた世界の捉え方、それを語る言葉を縦横に考察。神話を通して日本人の心の源にわけいる。

解説　徒然草　橋本武

『銀の匙』の授業で知られる伝説の国語教師が、「徒然草」より珠玉の断章を精選して解説。その授業実践が凝縮された大定番の古文入門書。（齋藤孝）

解説　百人一首　橋本武

灘校を東大合格者数一に導いた橋本武メソッドの源流と実践がすべてわかる！　名文を味わいつつ、語彙や歴史も学べる名参考書文庫化の第二弾！

江戸料理読本　松下幸子

江戸時代に刊行された二百余冊の料理書の内容と特徴、レシピを紹介。素材を生かし小技をきかせた江戸料理の世界をこの一冊で味わい尽くす。（福田浩）

萬葉集に歴史を読む　森浩一

古の人びとの愛や憎しみ、執念や悲哀。萬葉集には、数々の人間ドラマと歴史の激動が刻まれている。考古学者が大胆に読む、躍動感あふれる萬葉の世界。

ヴェニスの商人の資本論　岩井克人

〈資本主義〉のシステムやその根底にある〈貨幣〉の逆説とは何か。その怪物めいた謎をめぐって、明晰な論理と軽妙な洒脱さで展開する諸考察。

現代思想の教科書　石田英敬

今日我々を取りまく〈知〉は、4つの「ポスト状況」から発生した。言語、メディア、国家等、最重要論点のすべてを一から読む！　決定版入門書。

記号論講義　石田英敬

モノやメディアが現代人に押しつけてくる記号の嵐。それに飲み込まれず日常を生き抜くには？　東京大学の講義をもとにした記号論の教科書決定版！

プラグマティズムの思想　魚津郁夫

アメリカ思想の多元主義的な伝統は、九・一一事件以降変貌してしまったのか。「独立宣言」から現代のローティまで、その思想の展開をたどる。

増補　女性解放という思想　江原由美子

「女性解放」はなぜ難しいのか。リブ運動への揶揄を論じた「からかいの政治学」など、運動・理論における対立や批判から、その困難さを示す論考集。

増補　虚構の時代の果て　大澤真幸

オウム事件は、社会の断末魔の叫びだった。衝撃的事件から時代の転換点を読み解き、現代社会と対峙する意欲的論考。（見田宗介）

言葉と戦車を見すえて　加藤周一　小森陽一／成田龍一編

知の巨人・加藤周一が、日本と世界の情勢について、何を考え何を発言しつづけてきたのかが俯瞰できる論考群を一冊に集成。（小森・成田）

敗戦後論　加藤典洋

なぜ今も「戦後」は終わらないのか。敗戦がもたらした「ねじれ」を、どう克服すべきなのか。戦後問題の核心を問い抜いた基本書。（内田樹＋伊東祐吏）

思想的地震　柄谷行人講演集成　1995-2015　柄谷行人

根底的破壊の後に立ち上がる強靭な言葉と思想――。この20年間の代表的講演を著者自身が精選した待望の講演集。学芸文庫オリジナル。

柄谷行人講演集成 1985-1988
言葉と悲劇 柄谷行人
シェイクスピアからウィトゲンシュタインへ、西田幾多郎からスピノザへ。その横断的な議論は批評の可能性そのものを顕示する。計14本の講演を収録。

増補 **広告都市・東京** 北田暁大
都市そのものを広告化してきた80年代消費社会。その戦略と、90年代のメディアの構造転換は現代を生きる我々に何をもたらしたか、鋭く切り込む。

インテリジェンス 小谷賢
スパイの歴史、各国情報機関の組織や課題から、情報との付き合い方まで——豊富な事例を通して「情報」のすべてがわかるインテリジェンスの教科書。

20世紀思想を読み解く 塚原史
「自由な個人」から「全体主義的な群衆」へ。人間という存在が劇的に変質した世紀の思想を、無意味・未開・狂気等キーワードごとに解読する。

緑の資本論 中沢新一
『資本論』の核心である価値形態論を一神教的に再構築することで、自壊する資本主義からの脱出の道を考察した、画期的論考。（矢田部和彦）

反＝日本語論 蓮實重彦
仏文学者の著者、フランス語を母国語とする夫人、日仏両語で育つ令息。三人が遭う言語的葛藤から見えてくるものとは？（シャンタル蓮實）

橋爪大三郎の政治・経済学講義 橋爪大三郎
政治は、経済は、どう動くのか。この時代を生きるために、日本と世界の現実を見定める目を養い、考える材料を蓄え、構想する力を培う基礎講座！

フラジャイル 松岡正剛
なぜ、弱さは強さよりも深いのか？ 薄弱・断片・あやうさ・境界・異端……といった感覚に光をあて、「弱さ」のもつ新しい意味を探る。（高橋睦郎）

言葉とは何か 丸山圭三郎
言語学・記号学についての優れた入門書。ソシュール研究の泰斗が、平易な語り口で言葉の謎に迫る。術語・人物解説、図書案内付き。（中尾浩）

戦争体験　安田武

わかりやすい伝承は何を忘却するか。戦後における戦争体験の一般化を忌避し、矛盾に満ちた自らの体験の「語りがたさ」を直視する。（福間良明）

〈ひと〉の現象学　鷲田清一

知覚、理性、道徳等。ひとをめぐる出来事は、哲学の主題と常に伴走する。ヘーゲル的綜合を目指すのでなく、問いに向きあいゆるやかにトレースする。

モダニティと自己アイデンティティ　アンソニー・ギデンズ　秋吉美都／安藤太郎／筒井淳也訳

常に新たな情報に開かれ、継続的変化が前提となる後期近代で、自己はどのような可能性と苦難を抱えるか。独自の理論的枠組を作り上げた近代的自己論。

ありえないことが現実になるとき　ジャン＝ピエール・デュピュイ　桑田光平／本田貴久訳

なぜ最悪の事態を想定せず、大惨事は繰り返すのか。経済か予防かの不毛な対立はいかに退けられるか。認識の根源を問い、抜本的転換を迫る警世の書。

空間の詩学　ガストン・バシュラール　岩村行雄訳

家、宇宙、貝殻など、さまざまな空間が喚起する詩的イメージ。新たなる想像力の現象学を提唱し、人間の夢想に迫るバシュラール詩学の頂点。

リキッド・モダニティを読みとく　ジグムント・バウマン　酒井邦秀訳

変わらぬ確かなものなどもはや何一つない現代世界。社会学の泰斗が身近な出来事や世相から〈液状化〉の具体相に迫る真摯で痛切な論考。文庫オリジナル。

社会学の考え方〔第2版〕　ジグムント・バウマン／ティム・メイ　奥井智之訳

日常世界はどのように構成されているのか。日々変化する現代社会をどう読み解くべきか。読者を〈社会学的思考〉の実践へと導く最高の入門書。新訳。

コミュニティ　ジグムント・バウマン　奥井智之訳

グローバル化し個別化する世界のなかで、コミュニティはいかなる様相を呈しているか。安全をとるか、自由をとるか。代表的社会学者が根源から問う。

近代とホロコースト〔完全版〕　ジグムント・バウマン　森田典正訳

近代文明はホロコーストの必要条件であった——。社会学の視点から、ホロコーストを現代社会の本質に深く根ざしたものとして捉えたバウマンの主著。

フーコー文学講義
ミシェル・フーコー
柵瀬宏平訳
シェイクスピア、サド、アルトー、レリス……。フーコーが文学と取り結んでいた複雑で、批判的で、戦略的な関係とは何か。未発表の記録、本邦初訳。

ウンコな議論
ハリー・G・フランクファート
山形浩生訳／解説
ごまかし、でまかせ、いいのがれ。なぜ世の中、こんなものがみちるのか。道徳哲学の泰斗がその正体とカラクリを解く。爆笑必至の訳者解説を付す。

21世紀を生きるための社会学の教科書
ケン・プラマー
赤川学監訳
パンデミック、経済格差、気候変動など現代世界が直面する諸課題を視野に収めつつ社会学の新しい知見を解説。社会学の可能性を論じた決定版入門書。

世界リスク社会論
ウルリッヒ・ベック
島村賢一訳
迫りくるリスクは我々から何を奪い、何をもたらすのか。『危険社会』の著者が、近代社会の根本原理をくつがえすリスクの本質と可能性に迫る。

民主主義の革命
エルネスト・ラクラウ／シャンタル・ムフ
西永亮／千葉眞訳
グラムシ、デリダらの思想を摂取し、根源的で複数的なデモクラシーへ向けて、新たなヘゲモニー概念を提示した、ポスト・マルクス主義の代表作。

鏡の背面
コンラート・ローレンツ
谷口茂訳
人間の認識システムはどのように進化してきたのか、そしてその特徴とは。ノーベル賞受賞の動物行動学者が試みた抱括的知識による壮大な総合人間哲学。

人間の条件
ハンナ・アレント
志水速雄訳
人間の活動的生活を《労働》《仕事》《活動》の三側面から考察し、《労働》優位の近代世界を思想史的に批判したアレントの主著。（阿部齊）

革命について
ハンナ・アレント
志水速雄訳
《自由の創設》をキイ概念としてアメリカとヨーロッパの二つの革命を比較・考察し、その最良の精神を二〇世紀の惨状から救い出す。（川崎修）

暗い時代の人々
ハンナ・アレント
阿部齊訳
自由が著しく損なわれた時代を自らの意思に従い行動し、生きた人々。政治・芸術・哲学への鋭い示唆を含み描かれる普遍的人間論。（村井洋）

責任と判断
ハンナ・アレント ジェローム・コーン編
中山元訳
思想家ハンナ・アレント後期の未刊行論文集。人間の責任の意味と判断の能力を考察し、考える能力の喪失により生まれる〈凡庸な悪〉を明らかにする。

政治の約束
ハンナ・アレント ジェローム・コーン編
高橋勇夫訳
われわれにとって「自由」とは何であるのか――。政治思想の起源から到達点までを描き、政治的経験の意味に根底から迫った、アレント思想の精髄。

プリズメン
Th・W・アドルノ
渡辺祐邦／三原弟平訳
「アウシュヴィッツ以後、詩を書くことは野蛮である」。果てしなく進行する大衆の従順化と、絶対的物象化の時代における文化批判のあり方を問う。

スタンツェ
ジョルジョ・アガンベン
岡田温司訳
西洋文化の豊饒なイメージの宝庫を自在に横切り、愛・言葉そして喪失の想像力が表象に与えた役割をたどる。21世紀を牽引する哲学者の博覧強記。

事物のしるし
ジョルジョ・アガンベン
岡田温司／岡本源太訳
パラダイム・しるし・哲学的考古学の鍵概念のもと、「しるし」の起源や特権的領域を探求する。私たちを西洋思想史の彼方に誘うユニークかつ重要な一冊。

アタリ文明論講義
ジャック・アタリ
林昌宏訳
歴史を動かすのは先を読む力だ。混迷を深める現代文明の行く末を見通し対処するにはどうすればよいのか。「欧州の知性」が危難の時代を読み解く。

風水
エルネスト・アイテル
中野美代子／中島健訳
中国の伝統的思惟では自然はどのように捉えられているのか。陰陽五行論・理気二元論から説き起こし、風水の世界を整理し体系づける。（三浦國雄）

コンヴィヴィアリティのための道具
イヴァン・イリイチ
渡辺京二／渡辺梨佐訳
破滅に向かう現代文明の大転換はまだ可能だ！ 人間本来の自由と創造性が最大限活かされる社会をどう作るか。イリイチが遺した不朽のマニフェスト。

メディアの文明史
ハロルド・アダムズ・イニス
久保秀幹訳
粘土板から出版・ラジオまで。メディアの深奥部に潜むバイアス＝傾向性が、社会の特性を生み出す。大柄な文明史観を提示する必読古典。（水越伸）

ちくま学芸文庫

増補《ぞうほ》改訂《かいてい》 剣《けん》の精神誌《せいしんし》 無住心剣術《むじゅうしんけんじゅつ》の系譜《けいふ》と思想《しそう》

二〇〇九年四月 十 日 第一刷発行
二〇二二年一月十五日 第二刷発行

著 者 甲野善紀（こうの・よしのり）
発行者 喜入冬子
発行所 株式会社 筑摩書房
東京都台東区蔵前二―五―三 〒一一一―八七五五
電話番号 〇三―五六八七―二六〇一（代表）
装幀者 安野光雅
印刷所 明和印刷株式会社
製本所 株式会社積信堂

ISBN978-4-480-09209-0 C0195